Binladenistão

Binadonsto

Luiz Antônio Araujo

BINLADENISTÃO

*Um repórter brasileiro na região
mais perigosa do mundo*

ILUMI/URAS

Copyright © 2009
Luiz Antônio Araujo

Copyright © *desta edição*
Editora Iluminuras Ltda.

Capa
Eder Cardoso / Iluminuras
sobre foto do autor
"Afegãos em Spin Boldak, Afeganistão, junto à cerca que separa o país do Paquistão".

Revisão
Ana Luiza Couto

As fotos incluídas neste livro foram feitas pelo autor entre 7 de outubro e
4 de novembro de 2001 e gentilmente cedidas pelo jornal *Zero Hora*.

(Este livro segue as novas regras do Acordo Ortográfico da Língua Portuguesa.)

CIP-BRASIL. CATALOGAÇÃO-NA-FONTE
SINDICATO NACIONAL DOS EDITORES DE LIVROS, RJ

A69b

Araujo, Luiz Antônio
    Binladenistão : um repórter brasileiro na região mais perigosa do mundo /
Luiz Antonio Araujo. - São Paulo : Iluminuras, 2009.
    il.

    Apêndice
    Inclui bibliografia
    ISBN 978-85-7321-312-6

    1. Araujo, Luiz Antônio - Viagens - Afeganistão. 2. Araujo, Luiz Antônio -
Viagens - Paquistão. 3. Araujo, Luiz Antônio - Viagens - Oriente Médio.
4. Bin Laden, Osama, 1957-. 5. Guerra contra o terrorismo, 2001-.
6. Repórteres e reportagens. I. Título.

09-4967.   CDD: 956.7
                              CDU: 94(567)

18.09.09   29.09.09   015398

2009
EDITORA ILUMINURAS LTDA.
Rua Inácio Pereira da Rocha, 389 - 05432-011 - São Paulo - SP - Brasil
Tel./Fax: 55 11 3031-6161
iluminuras@iluminuras.com.br
www.iluminuras.com.br

Para Alessandra,
Lucas e Tiago

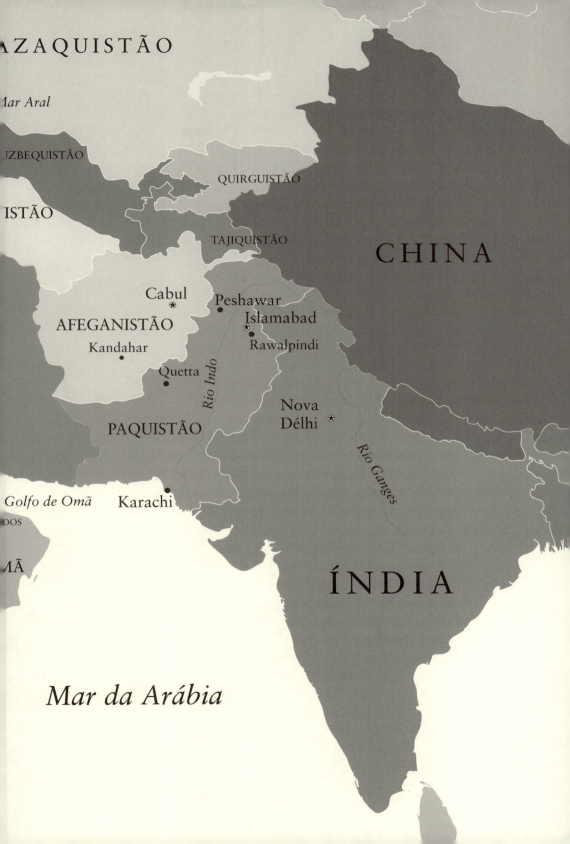

ÍNDICE

Apresentação, 15
  Lourival Sant'Anna

Introdução, 17

1. Rumo ao Binladenistão, 25

2. Ogivas e madrassas, 35

3. O príncipe na caverna, 41

4. Semeadores de minas, 51

5. A capital dos patanes, 69

6. O mulá e o iPhone, 87

7. Eu vi um exército rezando, 105

8. "Estes meninos também irão para a jihad", 123

9. "São inimigos do povo hazara", 141

10. "Capturá-lo ou matá-lo?", 157

11. Coisas para nomear com uma palavra sem sentido, 173

12. A guerra esquisita, 191

13. "Estamos acostumados com bombardeios", 205

14. O pesadelo não acabou, 225

15. Da cura da água ao *waterboarding*, 239

Posfácio, 253

Apêndice I, 257

Apêndice II, 261

Notas, 265

Protagonistas e termos, 279

Cronologia, 285

Agradecimentos, 291

Referências bibliográficas, 295

APRESENTAÇÃO

Lourival Sant'Anna

Repórter especial do jornal O Estado de S.Paulo,
Autor de Viagem ao mundo dos taleban

A tarefa de um repórter é interpretar o presente, com a compreensão de um historiador e o despojamento de um contador de histórias. Para cumprir bem essa tarefa, ele precisa esquecer-se de si mesmo, de suas ideias preconcebidas, de suas preferências e ojerizas adquiridas ao longo da vida. Uma nova reportagem é um pouco como nascer de novo, olhar para o mundo com os olhos de uma criança, deixar que a realidade se manifeste em sua complexa simplicidade, em suas nuances, detalhes e contradições, que nunca cabem em uma tese.

Foi o que Luiz Antônio Araujo fez no final de 2001 e agora nos apresenta na forma de um instigante livro-reportagem, mediado por reflexões, por estudos e pela análise dos fatos desencadeados pelos atentados de 11 de setembro ao longo desta década. Desde o seu embarque para Islamabad, Luiz Antônio manteve os cinco sentidos em alerta, perscrutando as várias camadas da realidade, que se manifesta nos gestos, nos olhares, nas roupas, enfim, nas inúmeras formas de representação dos sentimentos humanos. É aí que se encontra a verdade de uma cultura, de um povo, de um país, não nas declarações de seus dirigentes, que são produto de racionalizações, de elaborações de assessores treinados para isso, de interesses passageiros, que no entanto insistem em ocupar as páginas de nossos jornais.

A *Luiz Antônio foi confiada por Zero Hora e pelos veículos do Grupo RBS a dura missão de desfiar o emaranhado de teias culturais, étnicas, econômicas e políticas que a História teceu na Ásia Central e no Subcontinente Indiano e que resultou nos atentados contra as Torres Gêmeas e o Pentágono. No calor daquela ação espetacular, que revoltou o Ocidente, Luiz Antônio encontrou "do outro lado do mundo" o sentimento de orgulho, de satisfação e de admiração que os atentados despertaram em milhões de muçulmanos, cobrindo Osama bin Laden de glória e veneração.*

Luiz Antônio percorreu as ruas e estradas poeirentas do Paquistão — o centro nevrálgico criador do Talibã e irradiador do "terrorismo islâmico" na região — com uma simples pergunta: Como a percepção sobre um mesmo acontecimento pode ser tão discrepante? Para entender isso, é preciso examinar a longa cadeia de disputas e conflitos e vasculhar as mentes dos habitantes daquela região singular, deixá-los à vontade para pensar alto, falar como falam na cozinha de sua casa, e apenas ouvir, sem julgar, concentrando-se no esforço de compreender como a História e o presente se entrelaçam.

É o que Luiz Antônio faz neste livro, uma contribuição valiosa e rara para o leitor brasileiro que tenta compreender o que se passa nessa região, que continua sendo um epicentro de instabilidade mundial — e da perplexidade ocidental.

INTRODUÇÃO

Os últimos talibãs que vi, os dentes reluzindo ao sol em meio às barbas negras, pareciam a imagem do triunfo. Eram dois e estavam acomodados com seus fuzis Kalashnikov na carroceria de uma picape vermelha que acelerava em direção a uma multidão de afegãos famintos e aterrorizados em Spin Boldak, junto à fronteira com o Paquistão.

O Afeganistão já sofria os efeitos daquela que seria chamada de "guerra global ao terror". Os bombardeios aéreos maciços das forças dos Estados Unidos e da Grã-Bretanha tinham se iniciado havia 21 dias. O Paquistão proibira a entrada de refugiados, sem conseguir interromper o tráfego clandestino pelas montanhas. Avançavam a fome, as doenças e o desespero que sempre acompanham as guerras. Os talibãs de Spin Boldak não pareciam incomodados. Eles riam do pavor que sua presença provocava. Enviado do jornal *Zero Hora* e dos veículos da RBS, eu estava do lado paquistanês da fronteira, na localidade de Chaman, junto à cerca de arame farpado que separa os dois países. A meu lado guardas dos Corpos de Fronteira, força paramilitar que atua nas regiões tribais do Paquistão, tampouco pareciam se importar. Era 28 de outubro de 2001.

Cenas como essa, que descrevo no capítulo 13 deste livro, ainda se repetem em partes do sul, do leste e do nordeste do Afeganistão.

Talibãs continuam organizando barreiras em estradas, traficando armas do Paquistão, proibindo mulheres de ir à escola, destruindo antenas parabólicas e organizando atentados letais. No dia 20 de agosto de 2009, poucos tiveram coragem de comparecer às urnas em algumas dessas regiões na segunda eleição presidencial da história afegã. Pesava sobre todos a ameaça talibã de cortar os dedos sujos de tinta que denunciavam o exercício do direito de voto. Não se trata da reprise de um filme já visto. Em algumas porções do país, esse drama jamais saiu de cartaz — teve, quando muito, sua exibição interrompida por breves intervalos.

Nos últimos anos, aprendemos que o mundo está dividido entre o Ocidente e o resto — o Brasil, acreditamos, faz parte do primeiro — e que Michael Jackson era o rei do *pop*. A maioria de nós se deu conta da existência de países como Afeganistão e Paquistão depois das 8h46min40s (horário da Costa Leste dos Estados Unidos) do dia 11 de setembro de 2001. Nesse instante, um Boeing 767 que fazia o voo 11 da American Airlines atingiu a Torre Norte do World Trade Center, em Manhattan, coração de Nova York. Treze minutos e 55 segundos depois, outro Boeing 767 atingiu a Torre Sul. Ficaria claro mais tarde que os responsáveis pelo crime — a rede terrorista Al Qaeda, comandada pelo saudita Osama bin Laden — haviam planejado tudo em cidades do Afeganistão e do Paquistão.

Se não estava em frente à TV, o leitor talvez se lembre do momento em que recebeu a notícia e da primeira vez em que viu as imagens das torres fumegantes ou de como desabaram numa nuvem de poeira. Eu estava em um shopping de Porto Alegre e abandonei uma fila de ingressos de teatro para assistir às cenas nas TVs de uma vitrina de loja. Ao meu redor, a reação das pessoas se dividia entre o pânico — por alguma razão e em algum lugar, estávamos sendo atacados —, a incredulidade e a indignação. Transitei por alguns segundos entre todos esses sentimentos. Como milhões de brasileiros com parentes e amigos na América do Norte — minha irmã e meu cunhado viviam em Québec, no Canadá —, tratei de ligar para a família a fim de obter notícias. Depois, como milhares de jornalistas do mundo inteiro, fui para a redação — no meu caso, a de *Zero Hora*, que já fervilhava àquela hora. Comecei o dia por onde muitos repórteres e editores em Nova York e Washington o terminaram. Esses profissionais seguiram as colunas de fumaça, abandonaram seus carros em túneis ou em congestionamentos e se misturaram ao caos para noticiar o primeiro ataque ao território americano desde Pearl Harbour. Só muitas horas depois puderam ligar para saber do paradeiro e do estado de saúde de seus entes queridos.

No Brasil, como no resto do mundo, o impacto do 11 de setembro foi profundamente sentido. Havia três brasileiros entre as vítimas do World Trade Center.[1] O país é ligado aos Estados Unidos por séculos de amizade e cooperação, dos quais a numerosa comunidade imigrante em solo americano é um símbolo vivo. O Brasil repudiou os atentados e apoiou a convocação do órgão de consulta do Tratado Interamericano de Assistência Recíproca (Tiar), conhecido como Tratado do Rio, que no dia 21 de setembro concordou em adotar medidas de defesa do continente. Ao mesmo tempo, preocupado com a arrogância e o unilateralismo dos primeiros passos do governo George W. Bush — como a recusa em assinar o Protocolo de Kyoto e apoiar a criação do Tribunal Penal Internacional —, o governo Fernando Henrique Cardoso propôs uma retaliação curta e com objetivos defensivos. Essa expectativa foi frustrada. Sob Fernando Henrique e depois Luiz Inácio Lula da Silva, o Brasil — que insistiu em enviar uma força expedicionária para combater ao lado dos Aliados na Itália durante a Segunda Guerra Mundial e marcou presença em missões de paz das Nações Unidas — não esteve na linha de frente da "guerra global ao terror".

Nas ruas, a indignação e o repúdio passaram a conviver com a perplexidade e com uma vaga sensação de deslocamento. Subitamente, o mundo pareceu menos seguro e racional do que imaginávamos. Ninguém captou melhor esse sentimento do que o escritor britânico Ian McEwan, na tradução de Ivan Lessa: "Na companhia de outros, conversações monomaníacas; na solidão, sonhando com as piores expectativas; o vício de ler jornais e ver televisão; cansaço inexplicável; perda de concentração; tendência a suspirar; dissabor com qualquer religião; sonhos desagradáveis; suspeita de certos passageiros nos aeroportos; medo de voar; desprazer com multidões; aversão a lugares fechados; angústia generalizada; paranoia, misantropia; pessimismo cultural; melancolia inexplicável; senso de humor tendendo para o negro. De resto, tudo na mesma".[2]

Este não é um livro sobre o 11 de setembro. Tampouco é sobre a sensação de deslocamento experimentada nas ruas das Américas e da Europa depois dos atentados. É sobre mulheres, crianças e homens com quem convivi durante 29 dias na cobertura da resposta aos ataques e que foram verdadeiramente deslocados de seus lares, bairros e cidades no Afeganistão e no Paquistão, sem falar no supremo deslocamento dos que deixaram de existir. Encontrei-os em cinco cidades paquistanesas — Islamabad, Rawalpindi, Peshawar, Quetta e Karachi — e em Chaman, na fronteira com o Afeganistão, onde presenciei a investida da picape talibã contra a turba desesperada. A respeito de suas vidas depois de setembro de 2001, muitos dos que entrevistei me deram depoimentos, não sem uma certa autoironia, que poderiam ser resumidos pelas palavras finais de McEwan: tudo na mesma. O anseio de paz lhes escapa pelo simples fato de que não sabem o que é viver sem guerra.

Esses testemunhos, que, evidentemente, não são de terroristas, me levaram a uma pergunta: como se chegou a esse ponto? Na manhã do 11 de setembro, diante do desabamento das Torres Gêmeas, meu primeiro reflexo foi o de pensar no Iraque e em grupos como o Hezbollah. Não sem surpresa, soube depois que muitos no governo americano levantaram as mesmas suspeitas. Para entender o que ocorreu, foi preciso recorrer à história de regiões e países com os quais o Brasil tem pouca intimidade. Historiadores, estadistas, funcionários de organismos internacionais, jornalistas — especialmente da Europa, mas nos últimos tempos também dos Estados Unidos, da Ásia e mesmo da América Latina — produziram sobre o Oriente Médio e a Ásia Central uma bibliografia em perpétua expansão. O interesse por essa parte do mundo depois do 11 de setembro fez que os principais meios de comunicação incrementassem sua cobertura e popularizassem termos antes restritos a eruditos, como "jihad" e "Sharia". Finalmente, o trabalho de repórter e editor me permitiu manter contato com pessoas envolvidas com a região — entre elas, algumas das que conheci durante a guerra. O livro que o leitor tem em mãos é resultado dessas vertentes.

No final de 2001, a ideia de que o mundo assistia a uma "guerra global ao terror" estava amplamente difundida, inclusive no Brasil. Passados oito anos, a expressão se mostrou triplamente falsa. Em primeiro lugar, as campanhas dos Estados Unidos no

Afeganistão e no Iraque, as operações de detenção de suspeitos de integrar a Al Qaeda e o Talibã, a emergência das prisões secretas da CIA têm propósitos e consequências distintos e não podem ser identificados como um único conflito. Embora tenham envolvido, em determinados momentos, operações bélicas, chamá-los de "guerra" exigiria impor a esse termo uma extensão que o tornaria inútil. Não há "assimetria" capaz de fazer convergir episódios como a derrubada de Saddam Hussein e a perseguição aos líderes talibãs no Vale do Swat, no Paquistão. Em segundo lugar, basta pensar no poderio dos beligerantes e na extensão do teatro de operações da Segunda Guerra Mundial ou dos atritos que culminaram na Primeira Guerra Mundial para perceber que o governo George W. Bush e seus aliados não se engajaram num conflito global — pelo menos não fora dos limites de sua imaginação. Em terceiro, não se pode empreender uma ação armada contra o terrorismo porque, como observou o ministro das Relações Exteriores britânico, David Miliband, "o terrorismo é uma tática mortal, não uma instituição ou uma ideologia".[3] Diferentemente das campanhas do Afeganistão e do Iraque, a "guerra global ao terror" não deixará veteranos. Significativamente, o termo foi abandonado pela administração Barack Obama. Não o empregarei muito nas páginas seguintes.

Paquistaneses compram pôsteres de Bin Laden em Rawalpindi.

O *Binladenistão* — a imensa região que compreende partes do Afeganistão, do Paquistão e de outros países da Ásia e da África nas quais Bin Laden rivaliza em popularidade com os reis do pop da temporada — é o tema deste livro. Depois do 11 de setembro, o Binladenistão ganhou as primeiras páginas dos jornais, as telas de TV, o topo dos *sites* e *blogs*. Na última década, foi associado a inúmeros conflitos — Afeganistão, Iraque, Argélia, Cachemira, Chechênia, Uzbequistão, Somália, Iêmen — e a ameaças domésticas nos Estados Unidos, na Europa, na Rússia e na China. Nação zumbi, o Binladenistão não está no mapa, mas seus inimigos o veem em toda parte.

Os capítulos 1 e 2 recontam minha chegada a Islamabad no dia em que se iniciaram os ataques dos Estados Unidos e nos momentos seguintes. O capítulo 3 trata do homem que deu nome ao lugar. Os capítulos 4 a 11 abordam a história da região, da invasão soviética ao quadriênio 1998-2001, que culminou no 11 de setembro. Os capítulos 12 e 13 são dedicados à guerra de 2001, enquanto nos capítulos 14 e 15 é abordado o pós-guerra. Incluí ainda duas entrevistas em forma de apêndices: a primeira, com Nuno Patrício, cinegrafista português que registrou em primeira mão as imagens do início do ataque americano a Bagdá, e a segunda, com John Brady Kiesling, diplomata americano que se demitiu do serviço público por discordar da política de Bush para o Iraque num período em que poucos tinham coragem de criticá-la. Um posfácio trata do momento atual.

Nós, brasileiros, gostamos de rir de gafes como a do presidente americano Ronald Reagan, que ergueu certa vez um brinde "ao povo boliviano" em Brasília. Na maioria das vezes, o que nos parece cômico não é a ignorância sobre geografia e história, mas o desconhecimento sobre nós em particular — afinal, não sabem que somos a 10ª economia do mundo e que Kaká veste a camiseta da Seleção Canarinho. Por que imaginar que sabemos mais? O Brasil não precisa renunciar a sua própria realidade — suficientemente complexa para consumir a maior parte de nossa atenção — para voltar os olhos ao que o cerca e, assim, compreender melhor seu lugar no mundo.

Nas últimas décadas, nossas universidades, agências governamentais e pesquisadores independentes produziram estudos de relevância sobre temas externos. Esse interesse tem acompanhado a projeção do Brasil como potência regional emergente no século 21. Impulsionados pela balança comercial e por um atenuamento relativo das mazelas domésticas, nossos governos têm buscado ser ouvidos no plano internacional. Ainda assim, há muito o que fazer no mais elementar dos níveis: o do conhecimento e da informação. Em quase oito anos de mandato, o presidente Lula, que lançou a candidatura do Brasil a um assento permanente no Conselho de Segurança das Nações Unidas e se dispõe a mediar o conflito palestino-israelense no Oriente Médio, visitou duas vezes a Índia, o que só distingue a diplomacia brasileira. Não esteve, porém, no Paquistão, embora um presidente paquistanês tenha vindo pela primeira vez ao Brasil durante seu mandato.

Merecemos saber mais. Foi com essa ideia que embarquei, no dia 5 de outubro de 2001, para Islamabad, Paquistão, via São Paulo, Frankfurt e Manchester. Na mala, levava duas camisetas oficiais da Seleção Brasileira com o número 10 nas costas — para o caso de alguém não lembrar que somos a 10ª economia do mundo.

1

RUMO AO BINLADENISTÃO

São quase 8 horas de domingo, 7 de outubro de 2001, pouco mais de 13 horas antes de os primeiros mísseis Tomahawk americanos atingirem seus alvos no Afeganistão por ordem do presidente George W. Bush. O Jumbo verde e branco que faz o voo 720 Manchester-Islamabad da Pakistan International Airlines (PIA) inicia os procedimentos para descida na capital do Paquistão. Um passageiro no assento à direita me estende o formulário de desembarque e pergunta:

— Pode preencher para mim?

Estranho o pedido. Apesar de viver e trabalhar perto de Manchester, Grã-Bretanha, Mohammed Sakkha — assim se chama o vizinho de poltrona — não confia em seu inglês escrito. Começo a preencher a ficha de acordo com o que ele me diz. Idade? Quarenta e sete anos. Tempo que pretende passar no Paquistão? Mais ou menos três semanas.

O exilado que volta a seu país quando as coisas se complicam é um clássico de todas as guerras, penso. Move-o a crença na diplomacia de última hora ou a convicção de que o discurso belicoso dos Estados Unidos não é sério. Como qualquer paquistanês de sua geração, Sakkha sabe que conflitos acontecem, mas desta vez tem certeza de que o pior será evitado. Para ele, bastaria aos Estados

Unidos manter a pressão sobre o governo afegão por mais algumas semanas para obter a entrega de Bin Laden.

— Não haverá guerra — afirma.

Sakkha é um exemplar de uma parte importante da população paquistanesa: a dos emigrados ou em vias de emigrar. Usa o inglês apenas para se comunicar com as crianças — há algumas nos assentos próximos, provavelmente parentes —, com a tripulação e comigo. Com os adultos, fala urdu. Traja *shalwar kameez*, conjunto de camisa comprida e calça de algodão, que lembra um pijama, típico dos muçulmanos do subcontinente.

Eu havia embarcado no Jumbo da PIA às 16h do dia anterior, um sábado cinzento em Manchester, Grã-Bretanha. Tenho facilidade para dormir em viagem e, apesar de ter saído de Porto Alegre às 8h do dia anterior, não me sentia cansado, talvez pela ansiedade de chegar ao destino. Jornalistas em trânsito leem com voracidade em saguões de aeroportos, mas eu evitara me sobrecarregar com material de leitura — além da bagagem de mão, do laptop e do celular, comprara uma câmera digital em Frankfurt. Os estandes das livrarias do aeroporto ofereciam pouco mais do que biografias de David e Posh Beckham, ele na época estrela do Manchester United. Entrei num pub, pedi uma Guinness e fiz o possível para me concentrar num jogo da seleção inglesa exibido pela TV. Futebol e cerveja simbolizavam o que estava ficando para trás. Nas semanas seguintes, os poucos fãs do esporte bretão que encontrei — paquistaneses, afegãos, iranianos — ficariam maravilhados com o simples fato de estarem na presença de um compatriota de Pelé e Ronaldo Fenômeno. Os esportes de massa no Paquistão são o rúgbi e o críquete. Os patanes, assim como os árabes, apreciam o futebol, que chegou a ser proibido como anti-islâmico pelo Talibã. A maioria daqueles com quem convivi ignorava não somente o futebol como a localização do meu país — um paquistanês me perguntou se ficava perto da Tchecoslováquia — e a existência da língua portuguesa. Muitos de meus entrevistados viam a bandeira verde-amarela na lapela e se convenciam de que, pelo menos, não estavam falando com um americano.

Comecei a me sentir no Paquistão no momento do embarque. Quando o voo foi anunciado pelo sistema de som, centenas de homens, mulheres e crianças com seus trajes típicos e falando urdu, língua que eu ouvia pela primeira vez, se enfileiraram em poucos segundos diante do portão. Viajavam carregados, com bagagem suficiente para encher residências na Grã-Bretanha e no Paquistão. Eu havia ficado por mais de uma hora no aeroporto de Manchester e não tinha reparado neles, aqueles paquistaneses. Agora, estava entre eles — era o único passageiro de origem não paquistanesa no embarque. Ainda não deixara Manchester, mas já não ouvia nenhuma palavra que pudesse compreender.

Aproveitei o tempo na fila para recapitular o pouco que sabia sobre o Paquistão. Talvez minha primeira lembrança do país esteja associada ao dia em que abri uma revista, provavelmente no final dos anos 70, e tive a atenção captada pela pequena foto — um boneco, em jargão de redação — de um militar. Era um homem de pele escura e cabelos gomalinados, mas o mais curioso era seu perfil. Na minha memória, o nariz que descia em linha quase reta da testa e o olhar frio faziam o rosto do oficial lembrar a cabeça de uma ave de rapina. Não me recordo da reportagem, mas sim do nome do fotografado: Zia. Era o general Zia ul Haq, que encabeçara um golpe no Paquistão e seria, por 12 anos, ditador do país.

Minha infância nos anos 70 foi povoada por nomes estranhos que ouvia no noticiário de TV: Hua Kuo-feng, Golda Meir, Henry Kissinger, a viúva de Mao, a Gangue dos Quatro. Golda Meir se parecia com minha avó. A viúva de Mao era um enigma: como poderia uma senhora, além de tudo viúva, liderar uma gangue? De Zia, não podia pensar nada disso. Tudo o que sabia dele era o nome e o país de origem. Muito tempo depois, já adolescente, descobri que o Paquistão exportava o haxixe que fumegava nos cachimbos dos desbundados na Europa.

Antes de deixar Porto Alegre, eu tinha comprado um bom guia de viagem do Paquistão em inglês — não muito fácil de encontrar no Brasil — e trocado ideias com algumas pessoas por telefone e e-mail. Até onde sabia, havia na época apenas oito cidadãos brasileiros no país, a maioria mulheres casadas com paquistaneses e que praticamente haviam se desligado de sua nação de origem. Eu estaria privado dos favores da diáspora brasileira, esse batalhão precursor dos correspondentes patrícios que muitas vezes serve de ponte entre a realidade local e o público para o qual escrevemos. Até mesmo na família Bin Laden havia brasileiros — a maranhense Isabel Cristina Bayma é casada com o meio-irmão de Osama Khalil

Mohammed bin Laden, nomeado cônsul honorário do Brasil em Jedá e que considerava o parente "um louco, um fanático religioso", segundo um diplomata brasileiro.[1]

A bordo do Jumbo, sinto pela primeira vez o cheiro que me acompanhará durante toda a viagem: carne de carneiro frita. É um prato tradicional da culinária paquistanesa, acompanhado de arroz e ovos, tudo muito apimentado. O nacionalismo oficial, outro traço típico do Paquistão, está presente no verde e branco do avião e nos uniformes das comissárias. No mapa do monitor de vôo, a região da Cachemira indiana, que meses mais tarde levará o país e a Índia à beira da ruptura, é identificada como "território em disputa". A algazarra dos passageiros produz no interior do aparelho uma atmosfera de intimidade comunal: jovens pais aos gritos com os filhos, anciãs, amigos que se encontram no corredor.

O avião pousou. Ao saber que sou jornalista, Sakkha aconselha:

— Tenha cuidado.

Já a caminho da porta do avião, ele completa:

— É sua primeira vez no Paquistão?

Respondo que sim.

— Você vai ficar surpreso.

Para um brasileiro acostumado a barulhentas recepções e despedidas nos aeroportos pátrios, o desembarque em Islamabad chama atenção pela sobriedade. À frente das famílias, os homens se cumprimentam com a mão direita — a única forma de saudação socialmente aceitável, uma vez que a mão esquerda é tida como reservada à higiene pessoal e indigna de ser oferecida em saudação — e se abraçam, trocando palavras em voz baixa. Outra característica do comportamento local é o silêncio das mulheres. Famosas pela beleza, as paquistanesas que vejo no saguão não correspondem ao que se diz delas: baixas e roliças, olhos grandes, cabelos escuros presos em tranças ou ocultos sob os véus.

A excitação da chegada anula o cansaço das cerca de 38 horas transcorridas desde a saída de Porto Alegre — cerca de um quinto delas a bordo do Jumbo. Apanho a bagagem e faço a primeira troca de dólares por rúpias paquistanesas — um dólar vale 65 rúpias pelo câmbio do dia. Sigo de táxi para o hotel reservado em Rawalpindi, cidade gêmea de Islamabad. Descubro que o aeroporto, apesar de nominalmente vinculado à capital, está encravado em Pindi, como a chamam os locais. A janela do táxi exibe um videoclipe mudo do sonho paquistanês numa manhã de domingo. Uma carga de cana bamboleia perigosamente sobre um carro de boi. Um ônibus com paramentos que não fariam feio na Marquês de Sapucaí passa apinhado de gente. Um avô com barrete, *shalwar kameez* e sandálias leva um casal de netos pela mão.

À semelhança de Brasília e praticamente ao mesmo tempo, Islamabad foi fundada em 1958 pelo general-presidente Ayub Khan. Suas avenidas simétricas, seus amplos parques e sua arquitetura grandiloquente expressam a confiança de uma época. Com o tempo, porém, se percebe nela o traço insípido de cidade cenográfica: coalhada de monumentos e prédios públicos; não tem a alma de Rawalpindi e Karachi. De todas as cidades paquistanesas, me pareceu a mais amigável para estrangeiros e também a menos sedutora.

O táxi estaciona em frente ao hotel. É um edifício moderno e sem charme, com um pórtico de entrada ao qual se chega por uma rampa. Ao lado, há um descampado onde, descubro dias depois, corvos se reúnem em torno de montes de lixo antes de aterrissar em busca de sobras de refeições no jardim do próprio hotel. Um soldado carrancudo, com barba pela altura do peito, fuzil às costas, levanta-se de uma cadeira, empunha um detector de explosivos e passa-o lentamente sob o carro. Tenho uma vaga sensação de incredulidade, como a de quando vi pela primeira vez, na infância, uma aeromoça demonstrar como se usa uma boia salva-vidas. A mesma cena se repete naquele momento em todos os hoteis que recebem estrangeiros no país. Nem o motorista nem os transeuntes parecem estranhar o que está acontecendo. Estou no Paquistão, e agora falta pouco para a guerra.

Como todos os hotéis em Islamabad e Rawalpindi, este é um ponto de reunião de altos funcionários públicos civis e militares. Encontro alguns, todos barbudos, no saguão. No Brasil, militares com barba são uma raridade — geralmente, filhos de famílias de oficiais cujos antepassados a usavam e têm licença para isso. Nas forças armadas paquistanesas, a barba indica que o militar é um muçulmano devoto. Sem acesso a informações sobre a religião nas fileiras do exército, diplomatas estrangeiros em Islamabad procedem anualmente a uma "contagem de barbas" nas cerimônias de apresentação de oficiais. Na época do 11 de setembro, o índice de barbudos era próximo de 15%.[2] Os administradores do hotel, percebo ao examinar uma galeria de fotos no saguão, têm boas relações com o exército.

Minha primeira providência é arranjar um tradutor e um táxi. O gerente do hotel, Rahmat Shah, um afável paquistanês com um topete cuidadosamente penteado, me indica Imran, ajudante do estabelecimento. Ele me acompanhará durante toda a permanência em Islamabad e me ajudará a verter para o inglês o que a maioria de meus entrevistados — muitos deles citados neste livro — dirá em urdu e pashtu. É jovem, veste ora camisa e jeans à ocidental, ora *shalwar kameez*. É filho de uma professora de inglês e está acostumado a trabalhar com estrangeiros. Logo adquire um pouco do olhar de repórter e sugere entrevistas, discute trajetos e horários e até convoca seu pai, patane da Província da Fronteira Noroeste como ele, para uma viagem a Peshawar.

Quero reconhecer o terreno e apurar a primeira reportagem a ser enviada a *Zero Hora* naquela noite. Vamos ao Supermarket, conjunto de lojas encravado no coração de Islamabad. É um final de tarde seco e abafado. O torpor é acentuado pelo azam, cântico entoado por um muezim numa mesquita próxima e usado para chamar os fiéis para a prece. O Supermarket fervilha como um centro comercial de subúrbio no Brasil. Centenas de pessoas — em sua maioria, homens — caminham entre os vendedores ambulantes, examinam mercadorias nas lojas ou simplesmente conversam em velhos carros. Alguns, mais jovens, andam de mãos dadas — sinal de amizade. A atmosfera lembra a de uma cidade do interior brasileiro numa noite de sábado.

Me aproximo de um homem que assa batatas numa churrasqueira portátil enferrujada. Chama-se Iassir Hussein. Pergunto-lhe se a possibilidade de guerra o assusta.

— Não me importo. Não tenho medo de guerra — responde.

Hussein queixa-se do sumiço da freguesia:

— Os negócios estão mal. Muito mal.

Aqueles com quem falo no Supermarket parecem reticentes, talvez intimidados pelo fato de eu não falar urdu e vestir camisa e jeans. Apenas um, Ahmad Shamshad, fluente em inglês, estende-se em comentários sobre a banalidade da guerra na região e o risco do uso de armas químicas.

— Pergunte a um alemão o que ele pensa da guerra. Ele, sim, estará preocupado. Nós sempre vimos guerra — comenta.

Na despedida, ao saber que venho do Brasil, pergunta em tom amistoso:

– Quem foi melhor, Pelé ou Maradona?

Os nomes dos jogadores criam um nicho de camaradagem na conversa, que prossegue por alguns minutos. Mais tarde, Imran comenta que a curiosidade futebolística é um indício de que Shamshad vive no exterior — provavelmente na Grã-Bretanha — e está de passagem pelo Paquistão.

Os moradores de Islamabad não parecem, nesse primeiro giro, preocupados com o Afeganistão, mas estão atentos aos efeitos domésticos da guerra.

— Os hotéis esperam muitos negócios. Mas a guerra não será boa para as pessoas comuns. Poderemos ter uma recessão. Tudo vai depender da duração do conflito — diz Shamshad.

A passividade dos paquistaneses comuns diante de situações adversas, que contrasta com as imagens de manifestantes raivosos reproduzidas pelas TVs, esconde uma psicologia curiosa. No trânsito caótico de Islamabad, há direção agressiva, buzinaços e poluição, como no resto do continente asiático. Os motoristas, porém, jamais erguem a voz ou trocam xingamentos, mesmo nos cruzamentos mais engarrafados. Os ânimos não costumam se alterar mesmo quando há acidentes, como eu comprovaria semanas mais tarde, em Quetta, oeste do país. O carro em que eu viajava foi atingido por outro veículo que dava marcha a ré em meio a um congestionamento. O motorista, Hariz, e o policial militar que me acompanhava por determinação do governo da província desceram imediatamente. Não havia dúvidas sobre a causa do choque, testemunhado por dezenas de pessoas, inclusive pelo guarda. Estranhei a rapidez com que os dois voltaram ao carro e perguntei se o outro motorista havia se responsabilizado pelo acidente.

— Que nada, senhor — disse Hariz. — Aqui não há regras. O carro dele nem tinha placa.

De um jovem editor de um diário em inglês de circulação nacional, baseado em Islamabad, ouvi uma descrição do clima na capital no dia 13 de outubro de 1999, quando o general Pervez Musharraf derrubou o primeiro-ministro Nawaz Sharif e instaurou uma ditadura militar:

— Eu estava num parque próximo do palácio do governo. Muitas famílias faziam piquenique no local. Quando a notícia do golpe circulou, todos continuaram fazendo seus lanches. Isso não significa que o povo seja indiferente ou apoie o governo. As pessoas estão descontentes, mas não se manifestam.

A história convulsiva do país parece contribuir para esse comportamento. Apenas nos últimos 30 anos, um presidente foi derrubado e em seguida enforcado, outro morreu num acidente aéreo em circunstâncias até hoje obscuras, uma primeira-ministra caiu sob acusações de corrupção, foi exilada, privada de cidadania e assassinada pouco depois de voltar ao país e um primeiro--ministro foi derrubado pelo comandante das Forças Armadas que tentara afastar. O Legislativo esteve desativado de 1999 a 2002. O Aeroporto Internacional de Islamabad é um local tão visado por terroristas que dispõe desde 1986 de um compartimento de concreto no qual são jogadas bombas descobertas pela polícia. Armas são artigos ao alcance de todos, e a criminalidade exibe índices crescentes. Nos anos seguintes, esses traços se combinarão numa explosão de ódio sectário e religioso insuflado pelos fundamentalistas, a quem os paquistaneses pobres fornecerão abundante base de recrutamento.

Todos com quem converso em meu primeiro giro por Islamabad são muçulmanos sunitas, como a maioria da população do país. Terei poucas oportunidades de encontrar não muçulmanos ao longo da viagem. Alguns deles se apresentarão aos cochichos. Outros se mostrarão constrangidos em falar até mesmo no interior de igrejas. Nem todos os muçulmanos se sentem à vontade — os xiitas que conheci temiam a polícia e os vizinhos. Lição número um: com religião não se brinca no Paquistão. Nos dias seguintes, a curiosidade se inverteu: muitos paquistaneses — funcionários de hotel, garçons, motoristas, empregados de ONGs, servidores públicos — tentaram descobrir minha própria religião por meio de questionários a respeito de meu estado civil e minha atitude em relação a bebidas alcoólicas. Perguntado sobre crenças, optava por uma resposta diplomática. Dizia que vinha de um grande país cristão e que estudara dos cinco aos 13 anos numa escola cristã metodista, onde convivera com crianças cristãs árabes, muçulmanas e judias, muitos deles meus amigos até a idade adulta, e aprendera a respeitar todas as crenças. A existência de um lugar assim parecia de tal modo exótica a meus interlocutores que eles se esqueciam de prosseguir com o inquérito.

Estou redigindo um dos dois textos que enviarei ao Brasil naquela noite quando se inicia o ataque americano ao Afeganistão, às 20h57. Informado do bombardeio pela redação, por telefone, corro a conferir a situação na cidade. Com vida noturna próxima de zero, Islamabad se prepara para dormir. Praticamente não há movimento nas ruas. No saguão do hotel, funcionários espiam a TV. Ao telefone, o superintendente busca informações que vai anotando num pedaço de papel.

— O governo prendeu o maulana Fazlur Rehman em casa — afirma.

Líder do partido religioso Jamiat Ulema-e-Islam (JUI), Rehman tem suas raízes no distrito de Dera Ismail Khan, na Província da Fronteira Noroeste, famoso pelo grande número de madrassas (como são chamadas as escolas religiosas) e pelos laços com o Afeganistão e o Talibã. O JUI foi um aliado de primeira hora do Talibã. Alguns anos depois, Rehman será o líder parlamentar da coligação religiosa Muttahida Majlis-e-Amal (MMA) ou Frente de Ação Unida e candidato a primeiro-ministro. Sua prisão domiciliar indica que Musharraf teme uma reação das ruas.

Depois de enviar meu primeiro texto a *Zero Hora*, dedico o resto da noite a preparar e transmitir boletins para a Rádio Gaúcha e a RBS TV. Em seguida, à espera do furacão, tento dormir pela primeira vez depois de chegar ao Paquistão. No meio da madrugada, um ruído que parece ser de uma explosão me desperta. Telefono para a recepção e sou tranquilizado pelo empregado: nenhuma bomba explodiu nas proximidades. O verdadeiro estrondo será ouvido nas horas seguintes.

2

OGIVAS E MADRASSAS

De todas as perguntas sobre o Brasil que ouvi no Paquistão, a mais curiosa foi a de um motorista de táxi de Karachi:

— Com quais países o Brasil mantém disputas territoriais?

A indagação atesta o caráter negativo do senso paquistanês de nacionalidade. Cercado de vizinhos ameaçadores e sem valores mais sólidos à mão, o país definiu-se antes de tudo em oposição aos inimigos. Por isso, quando o presidente Pervez Musharraf foi à TV no dia 19 de setembro de 2001 para dizer que a própria sobrevivência da nação estaria em risco se o governo não fizesse o que os Estados Unidos exigiam — apoio à guerra contra o Afeganistão e a Al Qaeda —, ninguém viu nisso um exagero.

Quando se fala em risco à existência do país, o paquistanês comum pensa em primeiro lugar na Índia. Os dois países nasceram em 1948 do mesmo ventre, a antiga Índia britânica. Constituiu-se uma fatia muçulmana — o Paquistão, dividido em Oriental (o atual Bangladesh) e Ocidental — e outra hindu — a Índia. A Partilha, como é chamada a separação, inaugurou um período de guerras, limpeza étnica e imigração em massa. Estimativas indicam que o número de mortos por violência étnica e religiosa entre março e agosto de 1947 tenha chegado a 1 milhão, especialmente no Punjab, província que foi fatiada entre Índia e Paquistão. Um total de 12 milhões de pessoas teve de cruzar a recém-traçada fronteira para escapar da morte dos dois lados. À parte as incontáveis escaramuças na região da Cachemira, de maioria muçulmana e que permaneceu do lado indiano, e os atentados terroristas, Índia e Paquistão tiveram quatro conflitos de alta voltagem — em 1948 e 1965 na Cachemira, em 1971, em Bangladesh, antigo Paquistão Oriental, que proclamou independência com apoio indiano, e em 1999, outra vez na Cachemira. Em 1998, os dois países realizaram testes nucleares.

Na segunda-feira, 8 de outubro, cerca de 12 horas depois do início do bombardeio do Afeganistão, Musharraf tem algo mais surpreendente a dizer na TV:

— O Paquistão espera por um governo amistoso no Afeganistão depois do regime talibã.

Ouço a frase e penso no tango de Discepolo: "Cuando manyés que a tu lado / Se prueban la ropa / Que vas a dejar". Apenas três países reconheciam o governo do Talibã no Afeganistão antes do 11 de setembro: Arábia Saudita, Emirados Árabes Unidos e Paquistão. Os dois primeiros mudaram de lado imediatamente. Islamabad teve de ser dissuadida. Nunca um governo afegão teve laços tão apertados com o Paquistão como o Talibã, e Musharraf sabe que essa proximidade dificilmente será recuperada no futuro, seja qual for o resultado da guerra. Até o 11 de setembro, a milícia afegã tinha sido a filha mimada do Inter Services Intelligence Directorate (ISI), o poderoso e onipresente serviço secreto militar paquistanês. Parte significativa dos primeiros talibãs era constituída de órfãos de guerra recrutados em madrassas, no Paquistão. Quando obteve seus primeiros sucessos militares no sul do Afeganistão, em 1994, o Talibã atraiu a atenção do ISI, que passou a lhe fornecer armas e inteligência, com o objetivo de isolar o governo afegão hostil aos interesses paquistaneses e ganhar um subsidiário no xadrez político da região. As manobras do ISI tinham o consentimento da então primeira-ministra Benazir Bhutto, que seria imitada pelos sucessores, o primeiro-ministro Nawaz Sharif e Musharraf.

Musharraf é um personagem formidável. Apresenta-se na TV em seu uniforme cáqui de general, com a identificação "Pervez" na lapela. De tanto assistir a seus pronunciamentos, aprendi a interpretar a linguagem não verbal de seus trajes. Quando trata de questões sensíveis para as forças armadas, o general-presidente prefere a farda. Quando se dirige ao público externo ou posa de democrata, veste ternos escuros e gravata. Os óculos, o cabelo repartido ao meio e encanecido nas têmporas e o bigode fazem de Musharraf uma figura quase simpática, que pouco lembra o aspecto soturno dos generais golpistas latino--americanos. Seu inglês fluente foi moldado em temporadas na Turquia, nos Estados Unidos e em escolas cristãs paquistanesas. É voz corrente no país que não recusa bebida alcoólica e que sua mulher não usa véu — práticas severamente condenadas pelo Corão. Depois que tomou o poder, seu pai, um funcionário público civil, respondeu a um repórter que lhe indagava se o filho rezava cinco vezes ao dia: "Se o pai não reza, não vejo por que o filho rezaria". Na juventude, acompanhou a família à Turquia, onde aprendeu a admirar Kemal Atatürk, o ex-oficial do exército otomano que se tornou líder da modernização do país depois da Primeira Guerra Mundial. "Atatürk", ainda hoje, é um epíteto lançado pelos conservadores religiosos contra qualquer governante que se incline por práticas ocidentais. O comportamento do presidente — ele mesmo um muhajir, ou seja, um muçulmano emigrado de Uttar Pradesh, uma província que permaneceu na porção hindu da antiga Índia britânica — é comum na elite paquistanesa.[1]

No exército, o general foi comandante de forças especiais e adquiriu uma reputação de impetuosidade por vezes associada, entre seus próprios pares, à burrice. Em maio de 1999, depois de ter sido apontado chefe do estado-maior das forças armadas, o general inspirou a última aventura militar do exército paquistanês: a ofensiva de Cargil. Essa cidade estratégica, situada nos altos do Himalaia, na Cachemira indiana, foi tomada por soldados paquistaneses disfarçados de mujaidim — guerreiros religiosos — numa tentativa de amputar um pedaço da região do controle da Índia. Antes que a hostilidade degenerasse em guerra declarada entre duas potências nucleares, o primeiro-ministro Nawaz Sharif, pressionado pelos Estados Unidos, ordenou a retirada no dia 4 de julho, Dia da Independência americana. Seguiu-se um jogo de cena comum nesses casos entre as cúpulas civil e militar: Cargil foi apresentada como uma vitória para os paquistaneses, mas entre seus pares Musharraf e Sharif se culpavam mutuamente pelo desastre. Sharif era um empresário de Lahore, no Punjab, a maior, mais populosa e rica província do Paquistão, que fizera carreira como adversário da família Bhutto, do populista Partido do Povo do Paquistão (PPP). Associado aos partidos religiosos, ele se afirmara como porta-voz da elite punjabi, que também compunha a maioria da oficialidade do exército. Sharif percebeu que o jogo entre ele e Musharraf não poderia terminar empatado e que ele teria mais chances de ser apoiado pelos Estados Unidos. O general, por sua vez, exigiu ser nomeado chefe do estado-maior em caráter permanente e passou a remover oficiais leais a Sharif de postos chave no exército.

Aproveitando uma viagem de Musharraf ao Sri Lanka em outubro, o primeiro-ministro decidiu demiti-lo enquanto estivesse no ar, em retorno a Karachi, no dia 12 de outubro. Com outras 197 pessoas a bordo de um avião comercial da PIA no voo PK 805, Musharraf soube que tinha sido afastado do comando, que a torre de controle de Karachi lhe negava permissão de pouso, assim como as de outros aeroportos próximos, e que a aeronave tinha combustível para pouco mais de uma hora de voo. Musharraf foi chamado pelo piloto à cabine e informado que a única alternativa seria pousar na Índia. "Sobre o meu cadáver", respondeu. A tripulação foi informada de que teria permissão para reabastecer em Nawabshah, a leste de Karachi, e se dirigir para algum destino no Oriente Médio.

Em terra, a cúpula das forças armadas reagiu à destituição do chefe do estado-maior e decidiu derrubar Sharif. A torre de comando de Karachi foi tomada pelo exército. Quando estava a meio caminho de Nawabshah, o PK 805 obteve permissão para pousar em Karachi. Musharraf exigiu ouvir as instruções do único homem em quem confiava na cidade, o comandante da guarnição, general Muzzaffer Usmani. Quando pousou, o PK 805 tinha apenas sete minutos de combustível e Musharraf era o líder de mais um golpe militar triunfante.[2]

Musharraf tinha aceitado o ultimato dos Estados Unidos para apoiar a guerra contra o terror no dia 13 de setembro. As relações entre os dois países tinham sido tensas nos anos 1990. A Casa Branca via com apreensão a atividade crescente dos mujaidim subvencionados pelo ISI na Caxemira indiana e as aspirações nucleares de Islamabad. Em 1998, um ano antes de Musharraf tomar o poder, o Paquistão realizou um teste atômico e passou a sofrer sanções econômicas americanas. Os generais paquistaneses, por sua vez, desconfiavam do que consideravam uma política excessivamente pró-Índia do governo Bill Clinton, antecessor de Bush. Depois do 11 de setembro, a moeda da desobediência caíra à cotação mais baixa em décadas, como deixava clara a retórica americana — "conosco ou contra nós". Como se não bastasse, a Índia estava entre as primeiras a oferecer préstimos aos Estados Unidos, clamando por uma campanha contra o terrorismo que incluísse como alvos os financiadores da jihad na Cachemira.

O ingresso no clube contra o terror tinha outros atrativos para o general-presidente. Como prêmio de boas-vindas, Estados Unidos e Japão reescalonaram dívidas do país no valor de US$ 1 bilhão e autorizaram um empréstimo de US$ 90 milhões a título de ajuda.[3] A Casa Branca ficou surpresa com o comportamento de Musharraf e passou a temer por sua sorte. Ele era o comandante secular de um Estado e de um exército islâmicos com poderio nuclear. A distância entre os soldados barbudos como o que me recebera no hotel e seu supremo comandante não se explicava simplesmente pela hierarquia.

O perigo rondava a Casa do Exército, em Rawalpindi, onde Musharraf vivia e governava. A história do Paquistão não registra motins nas forças armadas, à diferença da América Latina. Os militares constituem a grande força política do país. Muitos foram responsáveis pelo armamento do Talibã. No início da guerra, dois deles foram transferidos para a reserva por Musharraf: os generais Mehmud Ahmad, chefe do ISI, e Muzzafer Hussein Usmani, que se tornara o segundo no comando do exército depois de Musharraf. O primeiro estava em visita a Washington, no dia 11 de setembro, e sua reunião com o presidente do Comitê de Inteligência do Senado, Porter Goss, republicano pela Flórida, foi interrompida pela evacuação do Capitólio, para onde se imaginava que rumaria o Boeing 757 da United Airlines que caiu em Shanksville, Pensilvânia. O sequestrador que assumira o comando do voo, Ziad Jarrah, estudante libanês em Hamburgo, havia sido recrutado para a missão na mesma Kandahar em que Ahmad fora recebido em março pelo mentor do Talibã, mulá Mohammed Omar. O general lera ao mulá analfabeto uma carta em pashtu de Musharraf tentando dissuadi-lo de demolir os budas gigantes de Bamiyan, um dos tesouros históricos do Afeganistão.[4] Numa conversa com a cúpula da CIA, Ahmad se referiria a Omar como um homem

OGIVAS E MADRASSAS   39

religioso, "de instintos humanitários e não de violência", e seria aparteado em termos nada amistosos.[5] Quanto ao segundo, me disse em Islamabad um empresário que o conhecia:

— Usmani não é um talibã. É apenas um homem que vê as coisas à moda antiga.

Logo depois do discurso de Musharraf, conflitos eclodem nas ruas de cidades da Província da Fronteira Noroeste e do Baluquistão. Nessa última província, o mais violento é o de Quetta. Depois das tradicionais arengas dos mulás, que misturam versículos do Corão e desafios aos Estados Unidos, a turba enfurecida ataca um banco, um posto policial, um escritório da Organização das Nações Unidas para a Infância (Unicef) e um cinema que exibe filmes americanos. Os jornalistas estrangeiros são sitiados no Serena Hotel, o maior da cidade. Duas semanas mais tarde, o guia Hariz me mostra a agência atacada. O prédio de dois andares, com grades de ferro retorcidas pelas chamas, permanece fechado. Os choques deixaram um morto e pelo menos 22 feridos.

A possibilidade de crescimento da onda de protestos até a desestabilização política do regime de Musharraf está no centro de minhas preocupações nos dias seguintes. Levo-a ao embaixador do Brasil, o catarinense Abelardo da Costa Arantes Júnior, um dos três diplomatas com mais tempo de serviço na capital do Paquistão.

— O governo paquistanês conta com todos os instrumentos do poder, inclusive o respaldo das Forças Armadas. O próprio Musharraf continua acumulando as chefias do governo e do Estado-Maior do Exército. Religiosos e estudantes podem ganhar as ruas, mas não têm como forçar o governo a mudar sua política — afirma Arantes Júnior.[6]

Percebo que, apesar de violentas, as manifestações antiamericanas reúnem uma minoria — no máximo algumas dezenas de milhares em cidades de milhões de habitantes, como Karachi e Rawalpindi. Os líderes são mulás semianalfabetos que se limitam a repetir bordões muitas vezes desconexos. Embora Musharraf divida com Bush a condição de alvo preferencial dos manifestantes, ninguém propõe sua derrubada. Tampouco há ações terroristas contra altos funcionários ou prédios governamentais. Seriam necessários mais dois anos para que o número 2 da Al Qaeda, Ayman Al Zawahiri, declarasse Musharraf um "traidor" e o ativismo fundamentalista se voltasse contra seu governo.

3

O PRÍNCIPE NA CAVERNA

Ele fala como se estivesse morto. Em algum ponto perdido da Ásia Central, num abrigo engastado na rocha ou numa cabana de tijolos cor de terra, um homem emerge da treva e conversa com uma câmera. A voz é suave como uma chama lambida pelo vento do deserto. A prédica vai e vem, tecendo frases na cortina de chiados captada pelo microfone, e subitamente se eleva, ganhando tom de exortação. Essa imagem serena e terrível como a de um fantasma é Abu Abdallah, Mujahid Xeque, o Príncipe, o Emir, o Xeque, o Diretor, o Bom Samaritano — ou simplesmente Osama bin Laden.[1]

A existência de mensagens do inspirador do mais espetacular atentado terrorista de que a humanidade tem notícia resolve um problema e cria outros em todos os quadrantes. As gravações provam que ele sobreviveu à queda do regime talibã no Afeganistão, à perseguição nas montanhas do leste do país e à caçada que vitimou alguns de seus colaboradores mais próximos no Paquistão. É certo que parece menos ameaçador do que há uma década. Aos 51 anos, é um homem doente. Testemunhos revelam que sofria de diabetes e pressão arterial baixa na segunda metade dos anos 1980, durante a guerra contra a ocupação soviética no Afeganistão.[2] No dia 26 de dezembro de 2001, a TV Al-Jazira, do Catar, mostrou-o num vídeo gravado depois do 11 de setembro com aspecto doentio e barba esbranquiçada.[3] Seis anos depois, em 7 de setembro de 2007, com a barba provavelmente tingida, convidou os americanos a abraçar o Islã. Delirante como um vilão de cinema ou circunspecto como um sábio das *Mil e uma noites*, em áudio ou vídeo, Bin Laden é sempre perturbador. Sua voz é um aviso de que, se existiu uma "guerra global ao terror", não houve vencedores.

Para muitos, Bin Laden não é motivo de angústia e sim de júbilo. Milhões de pessoas, de Manchester a Beirute, de Foz do Iguaçu a Boston, de Karachi a Manila, ouvem-no com o respeito reservado aos ídolos ou, pelo menos, aos sobreviventes. Na porção do mundo na qual vive e fala, Osama — como muitos muçulmanos o chamam — é um herói. Nas ruas das cidades paquistanesas por onde passei em outubro e novembro de 2001, a poucos quilômetros das embaixadas americana e britânica, era tão fácil comprar pôsteres de Bin Laden quanto de Beckham ou das estrelas de Bollywood. O rosto do terrorista era quase tão visível quanto o do fundador do país, Mohammed Ali Jinnah. O preço dos cartazes variava de 10 a 40 rúpias paquistanesas (entre US$ 0,10 e US$ 0,40 no câmbio oficial da época). Uma biografia em formato de revista, com o título *A América tem medo de Osama bin Laden*, em urdu, podia ser adquirida em bancas de revista. Também era possível encontrar livros, camisetas e fitas cassete com mensagens do xeque. O Paquistão era então, como hoje, um aliado e não um inimigo dos Estados Unidos na guerra contra o terrorismo.

Em 2001, o culto a Bin Laden era peça de propaganda de poderosas máquinas partidárias e religiosas no mundo muçulmano. Numa esquina do Rajá Bazar, no coração de Rawalpindi, no Paquistão, o jornaleiro ambulante Idriz me informou que engordara o faturamento de sexta-feira com a venda de 30 cartazes a manifestantes reunidos pelo partido fundamentalista Jamiat-e-Islami. Mas o fenômeno Bin Laden não se esgota entre os militantes barbudos. Depois de cobrir o protesto do Jamiat, decidi fazer um teste: perguntar ao primeiro interlocutor que encontrasse o que pensava de Bin Laden.

— Tenho um cartaz dele na minha casa. É um super-herói — me respondeu Yassir, 22 anos, garçom num restaurante, com jornada de trabalho de 13 horas diárias e sem tempo para engrossar manifestações.

O jornaleiro ambulante Idriz engorda o faturamento de uma sexta-feira em Rawalpindi com a venda de pôsteres e de uma biografia de Bin Laden.

    Cuidadosamente barbeado, Yassir era jovem e pobre como a maioria dos que marchavam naqueles dias pelas ruas de Rawalpindi atrás de carros com alto-falantes. Seria esse o público suscetível à retórica do saudita? Perguntei a Attiq, negociante de madeira e turismo, fluente em inglês e bem relacionado no governo, o que pensava de Bin Laden.

    — É um bom muçulmano. Não há provas contra ele — foi a resposta.

    O público de Bin Laden, aquele que o ouve não como criminoso, mas como muçulmano respeitável, vítima de injustiça ou vingador dos oprimidos, não conhece barreiras de classe social, cor ou escolaridade no mundo islâmico. Sua audiência é mais ampla e letal do que a da maioria dos que hoje tentam ocupar a vaga de porta-vozes do Islã. A lista dos crimes com a marca registrada de Bin Laden e de seus seguidores dá a volta ao mundo: Nova York, Washington, Londres, Madri, Bali, Islamabad, Rawalpindi, Mumbai, Cabul. Estão na sua ficha um atentado fracassado contra o presidente do Egito, Hosni Mubarak, duas tentativas de assassinato do ex-presidente do Paquistão Pervez Musharraf e a suspeita de envolvimento na morte de Benazir Bhutto, ex-primeira-ministra paquistanesa. Não há celebração ou evento mundial em que não seja lembrado — das Olimpíadas de Pequim à posse de Obama na presidência dos Estados Unidos.

Até 1998, o nome de Bin Laden era conhecido de poucos fora da Arábia Saudita. Hoje já se sabe muito sobre ele, embora a história de sua vida esteja repleta de zonas de sombra. Osama bin Mohammed bin Auad bin Laden nasceu em Riad, na Arábia Saudita, entre julho de 1957 e junho de 1958.[4] Seu pai, Mohammed bin Auad bin Laden, emigrou no início dos anos 30 do vilarejo de Al-Rubat, no Vale de Hadramaut, Iêmen, no litoral sul da Península Arábica, para Jedá, no que viria a ser território saudita.[5] O Vale de Hadramaut e o Hijaz, região da Arábia Saudita em que fica Jedá, são ligados desde os tempos antigos por caravanas de mercadores. A tradição cristã aponta o Iêmen como a terra de origem dos Reis Magos, que presentearam o recém-nascido menino Jesus com especiarias da região. No século 16, os hadramitas adquiriram reputação como mercadores que expandiram rotas comerciais até a costa ocidental da África, a Índia e a Indonésia. Alguns desses negociantes se diziam *sayyids* — descendentes do profeta Maomé (570-632 d.C.) pela linha de seu genro Ali — e ganharam fama como autoridades religiosas em regiões da África e da Ásia.[6] O imigrante Mohammed bin Laden não era cultivado como os compatriotas. Pobre e analfabeto, estabeleceu-se como empreiteiro em Jedá em 1931.

Nos anos 1950, a sorte do pai de Bin Laden mudou, e ele caiu nas graças da família real Saud.[7] A Arábia Saudita é o maior e mais rico país da Península Arábica e desfruta de um status especial no mundo islâmico. É lá que ficam duas das três cidades santas da religião, Meca e Medina — a terceira é Jerusalém. Amplo e árido, com seu interior desértico povoado por tribos nômades, o país nunca foi ocupado por estrangeiros, árabes ou não. Diferentemente da maioria das nações que emergiram no Oriente Médio depois da fragmentação do Império Turco Otomano, após a Primeira Guerra Mundial, o reino saudita rejeitou o secularismo e adotou a Sharia (o código de leis baseado no Corão e nas tradições dos primórdios do islamismo) como base do novo Estado. Na luta contra o domínio otomano, os Saud abraçaram uma doutrina fundamentalista do século 18, o wahhabismo, que preconiza um retorno ao modo de vida dos tempos de Maomé e é apontado como uma das fontes da ideologia de Bin Laden. O Estado saudita é uma monarquia teocrática e absoluta, sem constituição e com uma *shura* (espécie de parlamento) meramente decorativa. A proibição do consumo de álcool e a opressão às mulheres, obrigadas a usar véu em público e proibidas de exercer determinadas profissões, têm correspondência com o sistema imposto pela milícia Talibã no Afeganistão. Embora a família real tenha sufocado em 1929 uma rebelião da linha dura wahhabita, que pregava a proibição de equipamentos supostamente anti-islâmicos, como o telefone e o carro a motor, o conflito entre tradição e modernidade tem sido um pano de fundo irremovível da história saudita recente.[8]

As empresas de Mohammed bin Laden nunca deixaram de render tributo respeitoso ao país e ao clã que acolheram seu fundador.[9] No final dos anos 1960, o grupo foi brindado com um contrato que orgulharia qualquer empreendedor muçulmano: a reforma da mesquita Al Aqsa, em Jerusalém. Em 1973, outro contrato do mesmo tipo foi assinado, dessa vez para manutenção e ampliação das mesquitas de Meca e Medina.

Mohammed morreu em 1967, num desastre aéreo, deixando 54 filhos — Osama ocupa algum lugar entre o 17º e o 21º — de 22 mulheres.[10] O futuro chefe da Al Qaeda foi o único filho de Mohammed e Alia al Ghanem, adolescente síria de uma família pobre da cidade de Latakia. Pouco depois de dar à luz, eles se divorciaram — Mohammed tinha o hábito de tomar esposas em caráter temporário —, e ela se casou com um administrador das empresas da família dele, Mohammed al Attas, com quem teria outros quatro filhos. Para Osama, o pai sempre foi uma figura poderosa e inspiradora, mas distante. Ele próprio testemunhou que, ainda menino, acompanhou o trabalho do pai em canteiros de obras nas Cidades Sagradas. Laços emocionais mais fortes o ligavam à mãe, ao padrasto e aos meios-irmãos por parte de mãe. Desde muito cedo ele adquiriu, porém, a consciência de que era um

Bin Laden, herdeiro de uma fortuna em contraste com os humildes parentes Al Ghanem do lado materno.[11]

O mais velho dos filhos de Mohammed bin Laden, Salem bin Laden, assumiu o comando dos negócios e consolidou as empresas da família como um conglomerado global, com divisões dedicadas a telecomunicações, construção de prédios públicos e aeroportos, energia e petroquímica.[12] Em 1999, uma fonte do governo americano avaliava o patrimônio do grupo em US\$ 5 bilhões.[13] No momento do 11 de setembro, o SBG tinha entre seus parceiros nos Estados Unidos o Citigroup e a Motorola.[14]

Os filhos de Mohammed puderam usufruir do estilo de vida luxuoso dos multimilionários ocidentais. Salem, que morreria precocemente em 1988 na queda do ultraleve que pilotava em San Antonio, Texas, foi definido por um amigo americano como um homem à vontade em Londres, Paris ou Jedá.[15] Uma foto de família de 1971 mostra 22 jovens e crianças da família vestidos no melhor estilo da *swinging London* durante um passeio pela Suécia. Osama não está entre eles.[16] Sua juventude deve mais à rua árabe do que a Carnaby Street. Como alguns dos filhos e filhas de Mohammed, ele mostrou desde a adolescência um forte apego à religião, a ponto de sequer admitir a possibilidade de olhar em direção às mulheres da família.[17] Seus grandes interesses na adolescência parecem ter sido futebol — era torcedor de um time de Jedá, o Al Alim, assistia a partidas pela TV e gostava de jogar —, cavalos e automóveis. Também mostrou desde cedo interesse pelas mulheres, que em seu ambiente nativo só poderia ser saciado por meio de casamento, existindo a opção da poligamia.[18] Aos 17 anos, Bin Laden se casou com a primeira de suas cinco mulheres, uma prima por parte de mãe, nascida na Síria, e logo depois ingressou na Universidade Rei Abdul Aziz, em Jedá, onde se matricularia no curso de administração pública.[19] Os relatos existentes o descrevem como pai e marido dedicado, preocupado com a educação dos filhos e empenhado em tratar todos com igualdade — seu segundo filho do primeiro casamento, Abdul Rahman, teve hidrocefalia e cresceu sob cuidados especiais.[20]

Nos tempos de estudante, Bin Laden recebeu influência de dois professores e pensadores fundamentalistas: Abdullah Azzam e Muhammad Qutb.[21] O primeiro era um teólogo nascido num campo de refugiados em Jenin, na Palestina, em território hoje situado na Cisjordânia, e o segundo, um erudito egípcio e irmão do escritor e pensador fundamentalista Said Qutb, executado em 1966 sob a acusação de conspirar contra o regime populista secular do presidente Gamal Abdel Nasser.

Enquanto Bin Laden ingressava na universidade, o mundo muçulmano se aproximava de uma encruzilhada. No final dos anos 1970, um dos epicentros do terremoto era o Egito. Governado pelo sucessor de Nasser, Anuar al Sadat, o país estivera em guerra ininterrupta com Israel desde 1948. No dia 6 de outubro de 1973, feriado de Yom Kippur, o Dia do Perdão judaico, forças egípcias atacaram Israel ao sul, no Canal de Suez, enquanto a Síria lançava uma ofensiva pelo norte, nas Colinas de Golã, ocupadas por forças israelenses desde a Guerra dos Seis Dias, seis anos antes. Depois da surpresa inicial, Israel obteve auxílio dos Estados Unidos e rechaçou os invasores. Na frente sul, o resultado foi um avanço israelense sobre o Deserto do Sinai, em território egípcio. Depois de um cessar-fogo que pôs fim a 18 dias de hostilidades, Sadat deu início a uma delicada negociação de paz que levaria o Egito a reconhecer, em 1979, o direito de Israel a existir. Embora o país tenha mantido o controle do Sinai, o acordo foi visto como uma traição por uma larga fatia da opinião pública dentro e fora do Egito e levou à expulsão do país da Liga Árabe. Sadat respondeu ao descontentamento com o endurecimento da repressão aos críticos. Numa parada militar que celebrava os oito anos da Guerra do Yom Kippur, no dia 6 de outubro de 1981, no Cairo, o primeiro líder árabe a fazer a paz com Israel seria fuzilado por um oficial pertencente ao grupo Jihad Islâmica.[22]

Sadat havia aprofundado o fosso entre seu governo e os fundamentalistas ao conceder asilo ao governante de um dos mais secularizados países muçulmanos, o xá Reza Pahlevi, do Irã. Resoluto aliado dos Estados Unidos na região, o clã Pahlevi havia optado por uma ocidentalização apoiada na ponta do fuzil. A partir de 1978, um composto de greves, distúrbios de rua e motins nas forças armadas forçou a monarquia a apelar para reformas democratizantes e, em seguida, a abdicar. Pouco depois de o xá deixar o país, o aiatolá Ruhollah Khomeini, líder da oposição religiosa, desembarcou em Teerã depois de 15 anos de exílio por denunciar o regime como anti-islâmico e conclamou os iranianos a erguer um Estado baseado na interpretação rígida do Corão. Pela primeira vez, uma clássica revolução em estilo europeu era feita sob o signo do fundamentalismo religioso. Para o historiador britânico marxista Eric Hobsbawm, tratava-se de um fato tão surpreendente como se o papa Pio IX tivesse comandado a revolução romana de 1848.[23] Khomeini apostou na radicalização crescente e na retórica fundamentalista para obter prestígio e esmagar correntes islâmicas moderadas e organizações esquerdistas. Em 1980, uma tentativa malograda dos Estados Unidos de libertar 62 americanos feitos reféns por forças pró-Khomeini na embaixada em Teerã resultou no fortalecimento do aiatolá, que assumiu pessoalmente o poder no ano seguinte. O termo "xiita" — de Xia't'Ali, partido de Ali, ramo islâmico dominante no Irã e no Iraque que remonta a uma disputa pela sucessão do Profeta no século 7 — saiu das rodas eruditas e ganhou os noticiários. Trinta anos depois, a palavra ainda é usada no Brasil como sinônimo de "radical" e "intransigente". Nos países muçulmanos, a revolução iraniana teve um poderoso efeito de demonstração. Ela provou que um regime assentado sobre pressupostos medievais poderia se impor com apoio popular em uma das mais modernas e ricas nações do Oriente Médio.[24]

Nenhum acontecimento dos anos 1970 teve mais impacto sobre a vida de Bin Laden, porém, do que a invasão soviética do Afeganistão, em dezembro de 1979. Surgido no século 18 como um Estado tampão entre o império russo e a Índia sob domínio britânico, o Afeganistão estivera na órbita soviética desde os anos 1950. Em 1973, a monarquia havia sido derrubada por um golpe palaciano com a participação do exército treinado pelos soviéticos. Seguiram-se cinco anos de choques e complôs entre facções comunistas. Em 1978, um golpe militar celebrado como "Grande Revolução Saur" levou ao poder o Partido Democrático do Povo do Afeganistão (PDPA), pró-Moscou, instaurando uma ditadura unipartidária nos moldes soviéticos. Embora tenha obtido algum apoio nas grandes cidades, o novo regime provou-se impopular entre as tribos do sul e do leste do país, que logo se rebelaram, acirrando a divisão no interior do PDPA. Em setembro de 1979, ocorreu um golpe dentro do golpe, com a prisão e morte do presidente. Com a situação fora de controle, o Kremlin decidiu-se pela medida extrema: as tropas soviéticas cruzaram a fronteira e marchou sobre a capital, Cabul. O vencedor de setembro foi executado, e um novo chefe de governo alinhado com Moscou foi empossado. A presença das tropas soviéticas transformou a crise afegã numa guerra escancarada, comparável à do Vietnã durante a intervenção americana, de 1964 a 1973. Imediatamente, Estados Unidos, Paquistão, Arábia Saudita e Irã declararam apoio aos rebeldes.

Em pouco tempo, a revolta contra os invasores assumiu o contorno de uma jihad, na acepção de guerra religiosa contra inimigos da fé islâmica. Divididos em dezenas de facções, os guerrilheiros tornaram-se conhecidos como mujaidim (os que fazem a jihad, guerreiros islâmicos) e fizeram da pregação religiosa um dos principais instrumentos de sua propaganda. Apesar de ter durado oito anos, a guerra no Afeganistão permaneceu durante muito tempo relegada ao canto dos conflitos esquecidos. Enquanto guerras como as de Nicarágua, El Salvador e Irã-Iraque foram esquadrinhadas por repórteres vindos de todos os cantos do planeta, poucos se aventuraram pelas escaramuças entre soviéticos e afegãos na Ásia Central. Nem a retirada dos primeiros, em 1989, nem os 12 anos de guerra civil entre os últimos teriam força para sacudir a indiferença dos ocidentais em relação ao que se passava abaixo do Rio Abu Damrya, chamado de Oxus pelos gregos. No início do século 21, porém, um acontecimento de proporções extraordinárias lembraria a humanidade da existência do Afeganistão — e de Osama bin Laden.

4

SEMEADORES DE MINAS

Para os ocidentais, a principal consequência da invasão soviética do Afeganistão foi o boicote liderado pelos Estados Unidos aos Jogos Olímpicos de Moscou, em 1980. Retive a imagem do urso Misha vertendo lágrimas na cerimônia de encerramento. Lembro de ter ouvido na época que o mascote chorava pela "paz". A explicação cabia perfeitamente num mundo obcecado pelo risco de uma hecatombe nuclear, mas não apagou minha impressão de que a festa tinha algo de farsa.

Se em minha memória o choro do urso está envolvido na ambiguidade dos sonhos, a visão do primeiro mutilado de guerra nas ruas de Peshawar, em 2001, foi brusca e incontornável. Em seguida surgiu outro estropiado, e mais outro, como se tivessem um encontro marcado. Legiões deles — homens, mulheres e crianças — arrastam tocos de pernas e braços pelas grandes cidades paquistanesas e afegãs. São as vítimas da mais traiçoeira e perene das armas de guerra: as minas terrestres e outros artefatos não detonados — bombas, granadas, foguetes. Chegaram ao país a bordo dos aviões e comboios soviéticos que atravessaram a fronteira a partir de 27 de dezembro de 1979. Quando o general Boris Gromov, comandante do contingente soviético remanescente no Afeganistão, cruzou a ponte de Tremez sobre o Rio Abu

Damrya, no dia 15 de fevereiro de 1989, pondo fim a oito anos de ocupação, deixou atrás de si de 6 a 7 milhões desses artefatos.[1]

Em Quetta, encontro um jovem de 22 anos familiarizado com a mutilação em massa. É o residente de medicina Zia ul Haq, oriundo de uma família patane, que chegou há duas semanas de uma estada em Cabul como integrante de uma equipe de ajuda humanitária. Zia gosta de futebol e me pergunta sobre Pelé. Digo que, ainda criança, em 1973, vi o Rei jogar num Flamengo X Santos, no Maracanã. Zia sorri. Comento que seus pacientes devem se considerar felizes se não perderem a possibilidade de praticar futebol, apesar dos ferimentos. Ele balança a cabeça numa negativa desolada:

— Quem pisa numa mina em geral perde a perna. Mas se está num terreno minado, em geral é jogado sobre outras minas.

Os soviéticos começaram a usar minas no Afeganistão para proteger instalações militares e industriais. À medida que se viram confinados a no máximo 20% do território afegão, passaram a minar extensivamente o terreno. Plantaram explosivos em leitos e margens de estradas e trilhas, cabeceiras de pontes, proximidades e interior de casas abandonadas, junto de poços e unidades militares. No período mais duro da guerra, entre 1982 e 1986, chegaram a usar helicópteros para lançar artefatos em áreas rurais a fim de impedir o cultivo da terra. Essa semeadura macabra cresceu de forma assustadora nos anos de guerra civil, após a retirada das forças soviéticas, e só decresceu levemente a partir de 2003, embora esteja longe de ser controlada.

Em 2002, o governo do presidente Hamid Karzai assinou a Convenção de Ottawa para o banimento de minas terrestres e assumiu a meta de erradicá-las em 10 anos. Em 2004, o país comemorava a queda do número de detonações com vítimas de 300 por mês para cem. Reconhecia, porém, que ainda seria preciso varrer 800 quilômetros quadrados — equivalentes a dois terços da área do município do Rio de Janeiro — e que havia 250 depósitos de minas intocados no país, muitos nas mãos de líderes tribais.[2]

As razões que levaram a União Soviética a invadir o Afeganistão permanecem controversas. O primeiro Estado centralizado afegão surgiu na segunda metade do século 18 como uma entidade tampão entre a Índia britânica e a porção sul da Rússia. Durante mais de um século, os dois impérios travariam na região o que Rudyard Kipling chamou de "Grande Jogo": um misto de espionagem, intriga e intervenção aberta (somente a Grã-Bretanha travou três guerras no Afeganistão, em 1838-1842, 1878 e 1921).[3]

Em Moscou, a atenção às possibilidades geopolíticas representadas pelos Estados que faziam fronteira com as terras de maioria muçulmana do sul vinha do tempo dos czares. Aleksandr Gorchakov, chanceler de Alexandre I, escreveu num memorando: "A situação da Rússia na Ásia Central é semelhante àquela de todos os Estados civilizados que entram em contato com tribos nômades semisselvagens, destituídas de uma organização social firme. Em tais casos, os interesses da segurança das fronteiras e das relações comerciais exigem sempre que o Estado mais civilizado exerça uma certa autoridade sobre seus vizinhos... O Estado deve, portanto, fazer uma escolha: ou abrir mão deste esforço contínuo e condenar suas fronteiras a agitações constantes... ou então avançar cada vez mais para o coração das terras selvagens... onde a maior dificuldade encontra-se em ser capaz de parar".[4] O Afeganistão foi o primeiro país a reconhecer o governo soviético. Em 1919, em plena guerra civil contra os exércitos brancos apoiados pelas potências europeias e diante do esmagamento da revolução húngara, o Comitê Central bolchevique discutiu a possibilidade de fomentar um levante contra os britânicos no subcontinente.[5]

Neutro na Segunda Guerra Mundial, o rei Zahir Shah assinou em julho de 1950 o primeiro acordo comercial com o poderoso vizinho do norte, num momento em que a Europa e o Sudeste asiático monopolizavam a atenção dos Estados Unidos. Nos 20 anos seguintes, o país foi progressivamente atraído para o círculo de influência russo, embora os Estados Unidos e seu principal aliado na região, o Irã, garantissem parte substancial da ajuda externa da qual o governo afegão dependia.

Em 1973, um golpe militar perpetrado por oficiais pró-soviéticos proclama a república, e em 1978 o Partido Democrático do Povo Afegão (PDPA), comunista, assume o poder por meio de um golpe dentro do golpe. O PDPA adota um regime de partido único nos moldes soviéticos. A prática de religiões é abolida — a pequena comunidade judaica, de cerca de 5 mil integrantes distribuídos entre Cabul e Herat, pede asilo a Israel —, o ensino passa a ser público e obrigatório para homens e mulheres e o casamento civil é instaurado mediante mútuo consentimento dos cônjuges. Com isso, o regime ofende os interesses de chefes tribais e convicções profundamente arraigadas na população.

As relações soviético-afegãs se estreitam ainda mais com a assinatura, em dezembro de 1978, de um tratado de amizade e cooperação. Um dos artigos prevê que as partes "consultem uma à outra e tomem por acordo mútuo medidas apropriadas para assegurar a segurança, a independência e a integridade territorial" dos dois países — uma janela de oportunidade para a intervenção, como nota a inteligência americana.[6] Haffizullah Amin, que divide com o presidente Nur Taraki a liderança do governo e do PDPA, inclui duas emendas como salvaguardas diante do vizinho poderoso: em solo afegão, tropas soviéticas deverão servir sob as ordens de oficiais do país anfitrião e a decisão sobre sua retirada caberá a Cabul.[7]

O primeiro levante contra a nova ordem não tem lugar no sul rural, mas na cultivada Herat, no oeste, próximo à fronteira com o Irã. Antigo entreposto entre a Índia e a Pérsia, a cidade teve suas belezas louvadas pelo imperador mogol Babur e pelo poeta britânico Lord Byron e tem um dos índices de escolaridade mais altos do Afeganistão. São os trabalhadores xiitas heratianos que saem às ruas no dia 15 de março de 1979 num levante contra o regime apoiado pelos soviéticos. A 17ª Divisão do exército afegão, estacionada na cidade, se desintegra, e um regimento de artilharia e outro de infantaria aderem à rebelião.[8] A revolta é em seguida esmagada por tanques e paraquedistas do exército afegão deslocados de Kandahar, deixando um saldo de mais de 20 mil mortos, superior a 10% da população.[9] Ismail Khan, oficial rebelado do exército afegão, busca refúgio no campo para resistir. Nos 30 anos seguintes, ele alternará a guerra de guerrilha contra os governantes de plantão e o papel de caudilho da cidade.

Dois dias depois do início do levante, em 17 de março, o Politburo do Partido Comunista da União Soviética se reúne em Moscou para discutir a situação no Afeganistão. Nesse encontro de três dias, delimitado por uma advertência do chanceler Andrei Gromyko ("Em nenhuma circunstância devemos perder o Afeganistão"), os 16 homens que controlam o destino do colosso soviético examinam detalhadamente a situação política e militar no país vizinho. Paira sobre a reunião a sombra da revolução iraniana, que derrubara no dia 16 de janeiro o xá Reza Pahlevi.

O fim de 25 séculos de monarquia persa, irmanada aos Estados Unidos depois da Segunda Guerra Mundial, é visto como uma algazarra na vizinhança ("Um grande número de afegãos, que antes trabalhavam no Irã, foram expulsos do Irã, e naturalmente estão muito insatisfeitos, e muitos deles se juntaram aos insurgentes", nota Gromyko). O Politburo crê no envolvimento de elementos estrangeiros — do Paquistão, da China, do Irã e dos Estados Unidos — na rebelião de Herat. Desconfia da atitude do governo afegão, que aparenta tranquilidade e, ao mesmo tempo, implora por tropas soviéticas. Decide por um embarque massivo de armas, suprimentos e farinha de trigo e pelo envio de 500 conselheiros militares — que se somarão aos 550 já instalados no país.[10]

Sucedem-se insurreições nas províncias: Paktia, Ghazni, Parvan, Bamiyan. No dia 19 de março, por telefone, Taraki suplica ao premiê Alexei Kosigin o envio de tanques disfarçados com divisas afegãs e de soldados das etnias tajique, uzbeque e turcomena, também presentes no Afeganistão. Kosigin recusa, mas encerra a conversa com um afável "Somos camaradas e estamos travando uma luta comum, e é por isso que não vamos ficar com cerimônias uns com os outros".[11]

Quanto a tropas, a única providência é o deslocamento de duas divisões para a fronteira afegã, num movimento que não passa despercebido à inteligência americana.[12] O Politburo de março de 1979 não está embriagado nem conformado com a possibilidade de uma intervenção — faz dela uma hipótese longínqua, se detém na análise da situação política, dá precedência ao exército afegão, não negaceia ajuda material. No dia 18, Konstantin Chernenko, que assumirá o comando do país em 1984, adverte: "Se nós enviarmos tropas e atacarmos o povo afegão, seremos acusados de agressão com certeza. Não há como tergiversar sobre isso".[13] Entre os veteranos integrantes do Politburo — o mais jovem, um certo Mikhail Gorbachev, 48 anos, não intervém no debate —, alguns antecipam problemas, como Kosigin, à beira da aposentadoria: "Quem se erguerá contra o atual governo do Afeganistão? Eles são todos muçulmanos, gente de uma só crença, e a sua fé é suficientemente forte para que possam cerrar fileiras sobre essa base".[14] O ministro da Defesa, marechal Dmitri Ustinov, que comandou em 1941 a evacuação da indústria de guerra para os Urais, não se interessa em visitar Cabul. A cúpula soviética está amarrada, porém, à divisa de Gromyko ("Em nenhuma circunstância devemos perder o Afeganistão").

Em Moscou, no dia 20 de março, Taraki volta a insistir no envio de forças soviéticas. Dessa vez, a negativa parte do próprio Leonid Brejnev, o adoentado secretário-geral do PCUS e líder máximo do regime soviético. "Nós examinamos essa questão *(do envio de tropas)* de todos os ângulos, pesamo-la cuidadosamente, e vou lhe dizer francamente: não deve ocorrer. (...) Obviamente, anunciar publicamente — e isso vale para nós e para vocês — que não pretendemos fazer isso é, por razões compreensíveis, não recomendável".[15]

À parte o envio de tropas, porém, nenhum pedido afegão é negado pelos soviéticos. A comissão do Politburo que se encontra com Taraki chega a considerar a possibilidade de comprar trigo dos Estados Unidos para repassá-lo aos vizinhos. Advertências por escrito são enviadas aos governos paquistanês e iraniano para não se envolverem nos assuntos internos do Afeganistão — uma vez que os afegãos queixam-se de infiltração estrangeira. Ao mesmo tempo, Brejnev questiona Taraki: "Como você explica o fato de que, apesar das complicações na situação e da entrada de mil homens armados do Irã e do Paquistão, suas fronteiras com esses países estão, de fato, abertas, e parece que até agora não foram fechadas?". Taraki responde que patanes e baluques, com parentes dos dois lados da fronteira, não compreenderiam uma medida dessas por parte do governo afegão.[16]

Em maio, Moscou instrui o embaixador em Cabul a informar o governo sobre a transferência de 53 milhões de rublos (US$ 84 milhões) em armamento e provisões. O auxílio inclui 140 canhões e morteiros, 90 blindados, 48 mil metralhadoras, cerca de mil lançadores de granadas, 680 bombas aéreas, além de remédios e equipamento médico.[17] No mês seguinte, a cúpula soviética decide enviar ao Afeganistão um general e um grupo de oficiais para trabalhar diretamente junto às divisões e regimentos, além de um batalhão paraquedista disfarçado de equipe de manutenção de aeronaves para a base de Bagram, um destacamento especial da KGB, de 125 a 150 homens — caracterizados como pessoal do corpo diplomático —, para a embaixada em Cabul e um destacamento de forças especiais (as Spetsnaz).[18] Essas unidades terão um papel chave na derrubada do governo afegão seis meses depois.

Passaram-se pouco mais de três meses desde que Gromyko disse ao Politburo que a situação no Afeganistão se deteriorava rapidamente. A presença militar soviética no país subiu de 350 homens um ano antes, na época da tomada do poder pelo PDPA, para cerca de 1,5 mil. Eles se somam a um número equivalente de civis.[19] Em agosto, uma delegação de oficiais soviéticos desembarca em Cabul com o objetivo declarado de inspecionar a capacidade operacional do exército afegão e prover aconselhamento sobre a luta contra os rebeldes. À frente da missão está o general Ivan Pavlovsky, ministro adjunto da Defesa, ex-comandante das forças do Pacto de Varsóvia na invasão da Tchecoslováquia, em 1968. A delegação permanece mais de dois meses no país. O envolvimento russo no Afeganistão se aproxima do ponto de não retorno.

O empurrão decisivo será dado pelos Estados Unidos. De acordo com o ex-assessor de segurança nacional da Casa Branca Zbigniew Brzezinski, o presidente Jimmy Carter assinou no dia 3 de julho de 1979 — quase seis meses antes de os tanques soviéticos cruzarem a fronteira — a primeira ordem de ajuda secreta aos guerrilheiros que lutavam contra o governo dos comunistas afegãos. "Nós não empurramos os russos a intervir, mas conscientemente aumentamos a possibilidade de que o fizessem", disse Brzezinski.[20] Avançando muitas casas no tabuleiro da hipocrisia, Carter chamaria mais tarde a invasão soviética de "a maior ameaça à paz desde a Segunda Guerra Mundial".

Entre julho e dezembro, a escalada da guerra civil foi acompanhada do agravamento da luta pelo poder entre os comunistas afegãos. No dia 15 de setembro, a Rádio Cabul informa que uma sessão extraordinária do comitê central do PDPA ocorreu no dia anterior e que Taraki pediu dispensa de suas funções no governo e no partido. Seu substituto é o rival Amin, intelectual educado nos Estados Unidos, que sobrevivera a uma tentativa de assassinato por partidários de Taraki no interior do palácio presidencial. Testemunhos apontam para um possível envolvimento soviético no atentado malsucedido.[21] Em 8 ou 9 de outubro, Taraki é morto em circunstâncias misteriosas. Três de seus quatro lugares-tenentes — o general Aslam Watanjar, o ex-chefe de inteligência Asadullah Sarwari e o ex-ministro de Assuntos Tribais Said Ghulabzoi — se refugiam na embaixada soviética.[22] Em circunstâncias normais, Amin poderia comemorar uma vitória esmagadora. Seu governo, porém,

SEMEADORES DE MINAS 57

controla apenas um quarto do país. Choques entre o exército afegão e guerrilheiros rebeldes ocorrem a poucos quilômetros de Cabul.

Ainda mais importante para o futuro de Amin é o fato de que sua ascensão não é vista em Moscou como a solução ideal. "Francamente, não estamos satisfeitos com todos os métodos e ações de Amin. Ele é muito focado no poder. No passado, mostrou repetidas vezes rudeza desproporcional. Mas com respeito a sua plataforma política básica, ele confirmou decididamente o curso do futuro desenvolvimento da Revolução", diz Brejnev a seu colega da Alemanha Oriental, Erich Honecker, em Berlim Oriental.[23] No dia 29 de outubro, a comissão do Politburo encarregada do Afeganistão apresenta um relatório ao Comitê Central no qual expressa reservas em relação às purgas capitaneadas pelo vitorioso, que estaria planejando a execução de uma fração da cúpula e designando aliados — inclusive parentes — para postos chave no aparato.[24] A ordem, porém, é continuar trabalhando com o "Grande Líder". A apreensão soviética com o golpe de setembro é monitorada pela espionagem americana. "A tomada do poder por Amin (...) complicou os problemas soviéticos em lidar com o regime e a insurreição ao mesmo tempo", afirma um relatório da CIA de 28 de setembro de 1979.[25] Reportagens sobre a insatisfação russa com Amin e a busca por Moscou de um parceiro alternativo aparecem na imprensa ocidental.

Ao mesmo tempo que endurece o jogo contra rivais reais ou imaginários, o novo mandatário sonda o campo adversário. Uma visita do ditador do Paquistão, general Zia ul Haq, é marcada para dezembro — Amin pretende propor-lhe um acordo sobre reconhecimento de fronteiras em troca do fim do apoio de Islamabad aos rebeldes afegãos. O encontro nunca acontecerá, mas Amin introduz na agenda externa um traço de independência em relação a Moscou. Em entrevista a dois jornais americanos em outubro, ele apela aos Estados Unidos para que estudem a situação afegã "de uma forma realista".[26] As relações entre os dois países tinham esfriado depois que o embaixador americano em Cabul, Adolph Dubs, fora sequestrado e morto por rebeldes em fevereiro, antes do levante de Herat.

A cautela com que a cúpula soviética recebeu os sucessivos apelos de Taraki e Amin para o envio de tropas, entre março e setembro, mostra o temor de um envolvimento militar como o que os Estados Unidos tiveram no Vietnã. Em resposta a um desses pedidos, Kosigin — que permaneceria até o final um dos adversários da invasão e não participaria da sessão do "pequeno Politburo" que tomaria a decisão final, no dia 12 de dezembro — lembrara a Taraki que os vietnamitas não podiam ser acusados de ter usado tropas estrangeiras.[27] Nos primeiros debates, Gromyko, Iuri Andropov (chefe da KGB, a poderosa polícia secreta) e Ustinov tinham mostrado o mesmo ânimo. Em memórias publicadas em 1994, um alto funcionário russo sustenta que Ustinov foi o primeiro a mudar de posição em favor da invasão e que ele e Andropov, o último possivelmente pressionado pela máquina da KGB, empurraram Gromyko depois da morte de Taraki.[28]

O passo seguinte seria comprometer Brejnev. Num momento considerado chave para a invasão, Andropov envia em 1º de dezembro ao secretário-geral um memorando no qual a situação no Afeganistão é pintada como insustentável para os interesses soviéticos. Ele também faz um requisitório das atividades antissoviéticas de Amin: "(...) Contatos com um agente americano sobre questões que são mantidas secretas para nós. Promessas a líderes tribais de se afastar da União Soviética e de adotar uma 'política de neutralidade'. Encontros fechados nos quais são feitos ataques contra a política soviética e nossos especialistas. A retirada prática de nosso quartel-general em Cabul etc. Os círculos diplomáticos em Cabul estão falando abertamente das diferenças de Amin com Moscou e de seus possíveis passos antissoviéticos (...)". O memorando termina com a sugestão de que tropas no Turquestão soviético estejam prontas para intervir em apoio a um golpe da fração Parcham (Bandeira) do PDPA, posta na ilegalidade em 1978 por Taraki e Amin, líderes da fração Khalq (Povo).[29]

No dia 8, o "pequeno Politburo" — Brejnev, Andropov, Ustinov, Gromyko e Mikhail Suslov — decide ordenar à KGB em Cabul a derrubada de Amin e sua substituição por Babrak Karmal, da fração Parcham, e enviar tropas ao Afeganistão para assegurar a missão.[30] A cúpula teve de abafar resistências no Estado-Maior das Forças Armadas e no departamento internacional do PC. No dia 12, o Politburo resolveu por unanimidade invadir um vizinho não comunista, medida que evitara desde a Segunda Guerra Mundial. A decisão que custaria à União Soviética 15 mil mortos — de um total de mais de 1 milhão — foi mantida em sigilo mesmo entre a cúpula. O único documento existente é uma ata rabiscada por Chernenko à qual os outros integrantes do Politburo acrescentaram suas assinaturas, como era usual no PC soviético durante a Guerra Fria.[31]

O Afeganistão é um país de montanhas, vales e desertos distribuídos por 652 mil km² e extensas fronteiras com os vizinhos Irã e Paquistão. A previsão dos soviéticos é de que a invasão requer 75 mil a 80 mil homens, além dos cerca de 3 mil estacionados em Cabul e na base aérea de Bagram, cerca de 50 quilômetros ao norte da capital. Para levar a cabo a operação, o Distrito Militar do Turquestão — uma das três grandes regiões militares soviéticas na Ásia Central, com sede em Tashkent (hoje capital do Uzbequistão), composta por quatro divisões de infantaria e uma divisão aerotransportada — é reorganizado.[32] O roteiro prevê a tomada do palácio de Amin na véspera de Natal por destacamentos das Spetsnaz e homens da KGB, usando uniformes do exército afegão. O "Grande Líder" será forçado a se afastar e enviado a um exílio protocolar. Karmal, que se encontra na União Soviética, será instalado no governo e, ato contínuo, pedirá a intervenção russa. Imediatamente, aviões soviéticos provenientes de bases no Turquestão e nas repúblicas centro-asiáticas voarão rumo a Bagram e Cabul, enquanto forças terrestres atravessarão o Rio Abu Damrya, que delimita a fronteira russo-afegã, em direção a Cabul, no leste, e Herat, no oeste. No dia 24, véspera de Natal, relatórios da inteligência americana indicam um tráfego aéreo militar incomum da União Soviética para Cabul e Bagram. Serão relatados cerca de 300 voos em 72 horas.[33]

O Dia D é 27 de dezembro, e a operação recebe o nome de Borrasca 333. Nem tudo sai como planejado. Cercado no palácio, Amin é assassinado por agentes da KGB ou por seus próprios guardas.[34] Os soviéticos demoram a tomar a estação de rádio da capital, e a primeira proclamação de Karmal como chefe do novo governo é feita de solo soviético, na mesma frequência da emissora afegã. No mesmo dia, embaixadores soviéticos em todo o mundo são instruídos a comunicar a invasão aos governos junto aos quais servem, explicando que "a União Soviética (...) respondeu positivamente a este pedido da liderança afegã e decidiu enviar um contingente militar limitado ao Afeganistão para cumprir missões requisitadas pelo governo afegão". Quinze anos depois, essa peça de propaganda ainda encontraria crédito da parte de um historiador sério como Hobsbawm.[35] No dia 28, duas divisões de infantaria motorizada são vistas avançando em direção a Kandahar, ao sul, por uma estrada que contorna Herat, e Cabul, num contingente estimado em 25 mil homens.[36] As modernas rodovias, pontes e túneis por onde deslizam os comboios de blindados foram construídas pelos soviéticos.

O efetivo soviético no Afeganistão chegaria a 100 mil soldados no mês seguinte e se manteria nesse patamar pelos próximos oito anos. Com exceção das forças especiais, uma parte considerável desse exército de ocupação é composta por cidadãos das repúblicas soviéticas agregadas — ucranianos, lituanos, letões, estonianos. O então correspondente do jornal londrino *The Times* Robert Fisk, que desembarcou em Cabul no início de 1980, recorda que muitos soldados do Turquestão soviético se entendiam bem com os chefes afegãos locais. Tudo indica, porém, que o emprego de soldados oriundos das repúblicas soviéticas de maioria muçulmana — tajiques, uzbeques, turcomenos — foi limitada pelo temor do Kremlin de que os laços religiosos semeassem a desmoralização e a sedição em suas fileiras. Corroído por anos de conflito, o exército afegão regular se tornou um peso morto para os soviéticos: em razão de deserções em massa — estimativas apontam que teria perdido 50 mil homens entre 1978 e 1980 —, teve de convocar reservistas e estabelecer o recrutamento obrigatório acima de 18 anos.[37]

Na primeira fase da guerra, a de ocupação, que durou dois anos, os soviéticos não tiveram dificuldade de controlar as grandes cidades — Cabul, Kandahar, Herat —, rodovias, aeroportos, usinas, minas e zonas agrícolas. Também estabeleceram desde o primeiro dia a supremacia no espaço aéreo. Fisk viu esquadrões de caças Mig-25 decolarem a cada três minutos do aeroporto de Cabul, convertido em base militar, rumo às montanhas do leste, entre Afeganistão e Paquistão.[38] A guerrilha afegã, minúscula e dispersa, concentrou-se nas regiões montanhosas da fronteira e do Vale do Panshir e nas zonas rurais de Kandahar e Herat. Esses foram os cenários dos combates mais sangrentos do conflito até 1982, quando os soviéticos adotaram uma estratégia de guerra total, fazendo terra arrasada do país ao qual a União Soviética estava unida por três tratados de amizade, cooperação e boa vizinhança.

As estimativas do custo da guerra para os soviéticos variam de US$ 45 bilhões a US$ 60 bilhões em oito anos.[39] Apesar do gigantismo da economia soviética, com seus abundantes recursos naturais, a invasão do Afeganistão coincide com o aparecimento de nuvens sombrias no horizonte. O mundo mergulha de 1980 a 1982 numa recessão apontada como a maior desde os anos 30. Em 1984, a produção de grãos — calcanhar de Aquiles da economia soviética — fica abaixo das metas do plano quinquenal pelo sexto ano consecutivo, pressionando as importações e freando o crescimento. As economias da União Soviética e do Leste europeu tiveram um crescimento médio de 6,3% entre 1971 e 1975 e de 4,1% entre 1976 e 1980, com sensível vantagem sobre o desempenho da economia mundial no mesmo período, de 4,2% e de 3,9%, respectivamente. Entre 1981 e 1985, porém, o bloco comunista cresce em média apenas 3%, pouco acima dos 2,7% da economia mundial.[40] Enquanto os países ricos emergem da crise do início da década num ritmo lento mas sustentado que culminará no *boom* da globalização, os soviéticos e seus aliados patinam.

A resposta da cúpula virá em 1985, com a ascensão de Mikhail Gorbachev à secretaria-geral do PCUS e sua guinada econômica e política sob o duplo lema de *glasnost* (transparência) e *perestroika* (reorganização). Em fevereiro de 1986, o novo secretário-geral diz em discurso ao 27º Congresso do PCUS que "a contrarrevolução e o imperialismo transformaram o Afeganistão em uma ferida aberta".[41] Em busca de uma solução para o pesadelo afegão, a nova liderança se inclinará finalmente pela reforma do regime, com a improvisação de Mohammed Najibullah no papel de Gorbachev afegão, e pela retirada das tropas. Um milhão de mortos, 3 milhões de refugiados e um país arruinado por décadas foram o saldo da maior aventura militar da burocracia soviética. Mais do que uma bravata, a frase de Brzezinski a Carter em 1979 — "Nós agora temos a oportunidade de dar à União Soviética a sua guerra do Vietnã" — revelou-se profética. O que ninguém poderia prever era que, depois de forçar os soviéticos a deixar o país, um ramo dos jihadistas se voltaria contra os Estados Unidos.

Se a União Soviética tinha agora o seu Vietnã, os Estados Unidos estavam dispostos a desempenhar o papel que coubera aos soviéticos durante o conflito no Sudeste asiático: o de aliados da guerrilha. Washington injetou US$ 3 bilhões na oposição armada afegã ao longo dos anos 1980.[42] O segredo foi a alma desse negócio. Os primeiros carregamentos de armas para os mujaidim autorizados pelo governo Carter teriam chegado ao Paquistão dez dias depois da invasão. Eram fuzis .303 Lee Enfield, de fabricação britânica.[43] A CIA chegou ao requinte de fabricar cópias de armas soviéticas para que não ficassem vestígios da ajuda americana aos mujaidim. Fuzis AK-47, minas terrestres, lançadores de granadas e mísseis foram adquiridos no Egito, em Israel e na China. O porto de Karachi, ex-capital do Paquistão no Mar da Arábia, era a porta de entrada da maior parte dos carregamentos. Desde o desembarque, as armas eram confiadas a agentes do ISI, que as contrabandeavam para o Afeganistão através das inúmeras passagens da fronteira.[44]

O grande parceiro dos Estados Unidos no financiamento dos mujaidim foi a Arábia Saudita. O príncipe Turki bin Faisal, chefe do Ishkhabarat (o serviço de inteligência saudita), educado nos Estados Unidos — entre seus colegas na Universidade de Georgetown, em Washington, D.C., estava um certo William Jefferson Clinton, que os mais próximos chamavam de Bill —, assumiu o comando da operação. Ele viajou ao Paquistão um mês depois da invasão e ficou espantado com o desamparo dos refugiados afegãos nos subúrbios de Peshawar. Por intermédio do ISI, travou contato com representantes da resistência. Sob os auspícios de Turki, irmão caçula do rei Fahd, a Arábia Saudita negociou com os Estados Unidos um acordo pelo qual empataria o dinheiro de Washington aos guerrilheiros em troca de permissão para compra de cinco aeronaves espiãs Awac. A gigantesca ajuda americana e saudita aos mujaidim era canalizada por meio de contas no Bank of Credit and Commerce International (BCCI), controlado por banqueiros da Arábia Saudita e dos Emirados Árabes Unidos, com sede em Genebra, Suíça. Nela desempenhou um papel importante o traficante de armas saudita Adnan Kashoggi, que se tornaria famoso no caso Irã-Contras, um dos grandes escândalos do governo Ronald Reagan.[45]

A guerrilha afegã não teria tido sucesso sem o ISI. Coube ao serviço secreto paquistanês recrutar combatentes, montar campos de treinamento, organizar linhas de abastecimento e fornecer inteligência aos mujaidim. O mentor da operação era o general Zia ul Haq, que encabeçava a ditadura instalada após a derrubada do governo eleito de Zulfiqar Ali Bhutto em 5 de julho de 1977. Esse ex-oficial de cavalaria do Raj com perfil de falcão, nascido em 1924, fazia parte da chamada "geração americana" do exército paquistanês. De 1962 a 1964, quando contava já 40 anos, fora aluno da Escola de Comando e Estado-Maior de Fort Leavenworth, Kansas.[46] O Paquistão tinha motivos para temer pela própria segurança depois que as forças soviéticas penetraram no Afeganistão. A União Soviética era aliada da Índia, vizinha e arquirrival do Paquistão. Depois da revolução iraniana, ganhara livre trânsito a versão de que a entrada no Afeganistão não era contingencial, mas um passo dos soviéticos para assegurar o acesso às "águas quentes" — uma cabeça de ponte para o petróleo do Golfo Pérsico. Em tese, o Paquistão corria o risco de se tornar uma versão asiática da Polônia de 1939, invadida e retalhada em comum acordo por duas potências.

A principal razão para o envolvimento de Zia na jihad, no entanto, era doméstica. Em tempos de revivescência islâmica, o general compreendeu que poderia manejar a religião para fins políticos. No início de 1978, deu início a uma campanha de islamização forçada que atingiu todas as esferas da vida paquistanesa, do ensino ao exército, da Justiça às artes. Antes dele, nenhum chefe do jovem estado havia demonstrado pendores religiosos. Mohammed Ali Jinnah, fundador do Paquistão, era ateu, e o general Ayub Khan, ex-aluno da Real Academia Militar de Sandhurst, não levava a sério a observância religiosa. Testemunhos indicam que Yahya Khan, outro general, era dado a bebedeiras.[47]

Dirigido sobretudo contra os adversários políticos, o zelo religioso de Zia deixou marcas profundas no Paquistão. Ele introduziu a pena de amputação da mão direita para a primeira condenação por roubo (se o valor do objeto do crime fosse superior ao de 4,4 gramas de ouro) e do pé esquerdo para a segunda. Culpados de uso de álcool ficavam sujeitos a 80 chicotadas, e de sexo fora do casamento, a cem. Adúlteros passaram a ser punidos com apedrejamento até a morte. A maioria dessas punições raramente foi aplicada, servindo principalmente para aterrorizar a população. Não é o caso da Lei da Blasfêmia, introduzida no código penal em 1982 por uma emenda de Zia. Não muçulmanos ainda hoje sussurram ao pronunciar o nome dessa temível peça jurídica, que pune com a morte os que criticarem em público o Corão e o Profeta. A ex-primeira-ministra Benazir Bhutto e o ex-presidente Pervez Musharraf tentaram revogá-la, mas tiveram de recuar diante da pressão de grupos fundamentalistas.[48] Zia estimulou também práticas e estudos religiosos nas forças armadas e encorajou partidos e organizações fundamentalistas. A presença do exército de uma superpotência infiel na vizinhança forneceu ao ditador a oportunidade de apertar os parafusos do regime e, ao mesmo tempo, receber auxílio americano. Em 1981, os Estados Unidos ofereceram a Zia US$ 3,2 bilhões em ajuda econômica e militar — valor um pouco maior do que Musharraf asseguraria em renegociação de dívidas meses depois do 11 de Setembro.

A operação afegã do ISI não se limitou ao contrabando de armas, ao treinamento e à logística. Como administrador de fato dos fundos para a guerrilha, coube ao exército paquistanês decidir a quem distribuir recursos. Em última análise, isso significa que a sobrevivência da miríade de grupos guerrilheiros — calcula-se que havia 170 milícias antissoviéticas em atividade no Afeganistão na metade dos anos 1980 — era decidida em Rawalpindi. A maioria se organizava em torno de chefes tribais e laços étnicos. Muitos desses grupos cultivavam rivalidades ancestrais e se recusavam a estabelecer causa comum contra o inimigo. A seleção natural proporcionada pela guerra e pelas simpatias de paquistaneses e sauditas fez que sete desses grupos, fortemente identificados com seus caudilhos, fossem abastecidos pelo propinoduto paquistanês.[49] Dois deles — o Jamiat-e-Islam (Sociedade do Islã) e o Hizb-e-Islam (Partido do Islã) — teriam, como seus líderes, vida e influência mais duradouras.

Educado nas universidades de Cabul e Al Azhar, no Cairo, Burhanuddin Rabbani, nascido em 1940, é de origem tajique, segunda maior etnia do Afeganistão, equivalente a 25% da população. Tornou-se em 1972 líder do Jamiat-e-Islam, grupo sunita moderado cuja atividade remonta aos tempos da monarquia. Professa um islamismo renovado, atribuindo males sociais como a pobreza e o desemprego à *jahiliat* — termo equivalente a "ignorância", usado no Corão para designar o estado de barbárie anterior à revelação do Profeta. Para o Jamiat, os momentos culminantes da história afegã foram aqueles em que o Islã predominou em todos os aspectos da vida social. A erudição não livrou Rabbani da perseguição e do exílio no Paquistão depois da queda da monarquia. Em 1992, quando os mujaidim tomaram o poder depois de 12 anos de guerra civil, tornou-se presidente do governo islâmico do Afeganistão.[50]

À sombra de Rabbani cresceu o mais legendário dos comandantes mujaidim, o também tajique Ahmed Shah Massud. Sua família emigrou do Tajiquistão para o Vale do Panshir, onde Massud nasceu em 1953. Estudante da Escola Politécnica de Cabul, ele se juntou muito cedo a um grupo chamado Jawanan-e--Musulman (Juventude Muçulmana) e emigrou para o Paquistão. No exílio, uniu-se ao Jamiat de Rabbani, a quem se ligaria por laços de família — seu irmão Ahmed Zia Massud se tornaria genro do futuro presidente.[51] Depois da invasão soviética, foi designado pelo partido comandante de sua região natal. A aura de líder guerrilheiro talentoso, conquistada na resistência a sucessivas investidas do inimigo, lhe valeu o cognome de Leão do Panshir. Jovem e carismático, exibiu desde os primeiros anos da jihad uma capacidade natural de se comunicar com não muçulmanos, lançando mão de algum francês aprendido na escola secundária. Como vice-presidente e ministro da Defesa do governo Rabbani, mostrava-se tão à vontade quanto no campo de batalha. Enamorada de Ernesto Che Guevara, a imprensa europeia não tardou a comparar Massud ao guerrilheiro cubano-argentino. A tomada de Cabul pelo Talibã, em 1996, obrigou-o a recuar para os bastiões do norte, onde reviveu a rede mujaidim na frente conhecida como Aliança do Norte. No dia 9 de setembro de 2001, um domingo, Massud concordou em conceder uma entrevista para uma equipe de TV da Argélia. Os jornalistas eram, na realidade, agentes da Al Qaeda e levavam explosivos escondidos na câmera e no corpo. Os artefatos deram a Massud um lugar no estrelato em troca da vida.

Chefe do Hizb-i-Islami (Partido do Islã), que rivalizava com o Jamiat como maior força da guerrilha, Gulbuddin Hekmatyar mastigou a poeira do exílio em Peshawar nos anos 1970 em companhia de Rabbani e Massud. Deixou no Afeganistão cursos inconclusos em uma escola militar e na faculdade de engenharia da Universidade de Cabul — seus seguidores chamam-no engenheiro, embora não haja evidência de que tenha se diplomado. De todos os chefes da resistência afegã, Hekmatyar era o mais próximo do Paquistão. As razões dessa parceria eram sobretudo étnicas: de origem patane, Hekmatyar era visto pelo ISI como o mais confiável para os interesses paquistaneses. Os patanes representam 38% da população do Afeganistão. Produto típico do cadinho humano da região — descendem de árabes, persas e gregos —, ocupam o sudeste do Afeganistão e o centro-oeste e o noroeste do Paquistão. O grupo dominou o país desde o século 18, quando o rei patane Ahmed Shah Durrani criou o Estado afegão. O partido de Hekmatyar, fortemente centralizado em moldes leninistas, professa um islamismo de linha dura, denunciando as outras agremiações como apóstatas. Sombrio, com uma longa barba negra, o caudilho é capaz de falar durante horas num timbre monótono sobre as virtudes do Islã como base para a organização da sociedade. Embora tenha se mantido ativo graças aos dólares carreados pelo ISI, o intolerante Hekmatyar mostrou-se incapaz de unir as tribos do sul. Depois da queda do regime pró-soviético, recusou por duas vezes convites de Rabbani para integrar o governo e se dedicou a disparar foguetes contra Cabul, contribuindo para abrir caminho para o Talibã.[52]

O destinatário da maior parte do dinheiro saudita na guerrilha foi a Ittihad-e-Islami (União Islâmica). Seu líder, Abdul Rasul Sayyaf, era ex-aluno da universidade Al Azhar, no Cairo, como Rabbani. Aparentemente, o patane Sayyaf caiu nas graças da família real por seu domínio do árabe clássico. Ele não passou à história, porém, pela fartura de meios ou pela capacidade militar, mas por ter sido o chefe mujaidim mais próximo de um jovem recém-chegado do Reino ao Paquistão como agente financeiro da família real.

5

A CAPITAL DOS PATANES

Todos os caminhos levam a Peshawar, imagina em algum momento todo aquele que investiga a história do 11 de setembro. Cheguei à cidade da fronteira na manhã de 10 de outubro de 2001, véspera do aniversário de um mês dos atentados de Nova York e Washington. A bordo de uma surrada Pajero, partimos de Rawalpindi às 5h — o guia Imran, o motorista e eu — por uma moderna rodovia de 190 quilômetros chamada de Peshawar Road pelos paquistaneses. Essa é a identidade atual do trecho oeste de uma das estradas mais lendárias da Ásia — a Grand Trunk Road, que se estende por mais de 2,5 mil quilômetros, dos contrafortes do Hindu Kush, na fronteira com o Afeganistão, ao coração de Bangladesh, atravessando a Índia. O asfalto sobre o qual transitamos se assenta sobre uma rota usada por potências invasoras e religiões em sua expansão pelo subcontinente. "Rio de vida" e "espinha dorsal da Índia", chama-a um dos personagens de *Kim*, romance de Rudyard Kipling ambientado em boa parte nessa estrada.

Antes de o dia raiar, nos subúrbios de Rawalpindi, fomos interceptados por uma patrulha da polícia do Punjab que pediu os documentos do carro e do homem ao volante. Imran diz que sou jornalista. O guarda examina a papelada, e somos liberados. Logo estamos atravessando o Passo de Margala, brecha nas belas montanhas cor de terra a oeste de

Islamabad, com altitudes que chegam a 1.580 metros. Embora situado em pleno Punjab, esse ponto é a verdadeira porta de entrada para a Fronteira e, segundo muitos, para a Ásia Central. "Os patanes sabem que, quando passam por ele (o Passo de Margala), estão saindo ou chegando em casa", escreve o historiador britânico Olaf Caroe, que governou a Província da Fronteira Noroeste no crepúsculo do Raj, como os nativos chamavam o domínio britânico.[1]

Carros de boi, camelos e bicicletas dividem a pista com caminhões coloridos, ônibus e carros de passeio em alta velocidade. Assim que o dia amanhece, nublado, os motoristas trocam os sinais de luz pela buzina. Pedestres e passageiros esperam condução em abrigos nos quais há sinais indicando o lugar das mulheres. Restos de cães e cabras esmagados pelas rodas dos veículos se espalham pelo leito da estrada.

Às margens da rodovia, biroscas vendem chá e pão a clientes dispostos a comer em meio às moscas. A sujeira e a poeira empesteiam o acostamento das estradas, sem que os transeuntes pareçam se incomodar. A paisagem se torna menos árida na zona rural. As casas dos camponeses pobres são paupérrimas: choupanas com telhado de zinco ou uma espécie de sapê que lembra as ocas dos índios brasileiros. Podem ser vistos agachados à beira da rodovia, em suas *shalwar kameez*, os rostos curtidos pelo sol, o semblante apático.

Em Attock, um cenário majestoso se sobrepõe à miséria: a ponte sobre o Rio Indo, que nasce no Tibete e corre escuro e silencioso em direção ao Mar da Arábia, no sul, e na margem esquerda o Forte Attock, do século 18, hoje ocupado pelo exército paquistanês. As escarpas monumentais do rio marcam, no mapa, a divisa entre o Punjab e a Província da Fronteira Noroeste. Logo depois de cruzar a ponte construída no século 19 pelos britânicos, uma placa saúda em inglês e urdu: "Bem-vindo à Província da Fronteira Noroeste".

Nas proximidades de Peshawar, o tráfego fica congestionado. Uma ampla variedade de veículos disputa espaço no asfalto: ônibus e caminhões coloridos com passageiros até a boleia, carros de boi, carroças, charretes e riquixás (pequenos veículos de três lugares usados para transportar passageiros e animais). A Pajero se infiltra em ruelas nas quais não passa mais de um carro. Há mulheres escondidas sob burcas, crianças, guardas de trânsito com máscaras protetoras contra a poeira, mendigos acomodados junto a valas de esgoto.

O comércio domina as ruas de Peshawar. Tudo que está à venda é exposto ao sol e à fumaça nas calçadas: cortes de carne de boi, frangos, frutas, vegetais, bijuterias, roupas, tapetes. A grande presença de afegãos é visível pelo tipo físico dos homens — altos, com barbas longas, bronzeados — e pelas burcas das mulheres. Há burcas de todas as cores, com exceção do amarelo, do vermelho e do verde. Num silêncio absoluto, as afegãs enchem as ruas como um exército de fantasmas, levando os filhos no colo ou pela mão.

Peshawar (pronuncia-se Pecháuar) é seca, caótica, poluída e congestionada desde tempos remotos. Um dos mais cruciais centros comerciais da Ásia, ponto chave da Rota da Seda usada pelos mercadores pioneiros da globalização na Antiguidade, é o coração da pátria de um povo sem pátria, os patanes. Os vínculos entre Peshawar e as terras que viriam a constituir o Afeganistão já eram familiares ao historiador grego Heródoto, por volta de 446 a.C. O lugar foi o antigo refúgio de inverno dos reis de Cabul, e em que pese ter sido uma das cidades mais invadidas por estrangeiros em toda a história — entre seus conquistadores listam-se Alexandre, o Grande, Gengis Khan e o imperador mogol Babur —, jamais perdeu o título de "capital dos patanes". Aproximadamente 90% da população da Província da Fronteira Noroeste é constituída dessa etnia, a mesma de 38% dos habitantes do Afeganistão.

"Esta é a terra de Bin Laden", escreveu o jornalista americano Thomas Friedman de passagem por Peshawar, no dia 11 de novembro de 2001.[2] Quando o saudita desembarcou na cidade, no início dos anos 1980, Peshawar já havia se tornado um centro de maquinações, recrutamento e espionagem de todos os envolvidos na guerra do outro lado da fronteira. O fluxo de refugiados — cerca de 3 milhões de afegãos buscaram abrigo no Paquistão entre 1979 e 1989, uma parcela considerável escolhendo Peshawar como ponto de passagem —, a existência de campos de treinamento de guerrilheiros nos arredores e a presença de conselheiros militares e de jornalistas faziam a velha cidade misturar as essências do Grande Jogo aos ares da Guerra Fria.

O anfitrião de Bin Laden na cidade fronteiriça foi um de seus mentores em Jedá, Abdullah Azzam. Seu lema — "Apenas jihad e o fuzil: nenhuma negociação, nenhuma conferência e nenhum diálogo" — parecia feito sob medida para a luta que se iniciava.[3] Em 1980, Azzam fez contato com chefes guerrilheiros afegãos e no ano seguinte mudou-se para Peshawar, onde instalou um albergue para voluntários árabes da guerra.

Não há consenso sobre o momento da chegada de Bin Laden a Peshawar e ao Afeganistão. A Robert Fisk, que o entrevistou três vezes, o saudita disse que pisou em solo afegão poucos dias depois da entrada dos soviéticos: "Cheguei poucos dias depois, antes do final de 1979, e não deixei de voltar nos nove anos seguintes".[4] A Comissão do 11 de Setembro aceita a versão de que ele foi ao Afeganistão em 1980.[5] Lawrence Wright assegura que Bin Laden permaneceu longe do campo de batalha nos primeiros anos da guerra e que limitava suas viagens ao Paquistão a passagens por Lahore e Islamabad, não se arriscando sequer até Peshawar. No início de 1985, ele era um visitante regular de Peshawar, segundo Steve Coll.[6]

Peter Bergen, que entrevistou o saudita em 1997 para a CNN, sugere que a partida de Bin Laden para Peshawar "semanas depois da invasão soviética" foi uma iniciativa pessoal, para a qual contribuíram contatos feitos em Meca com os líderes afegãos Burhanuddin Rabbani e Abdul Rasul Sayyaf.[7] Ahmed Rashid, que cobre o Afeganistão há mais de duas décadas, afirma que o Paquistão pedira à Arábia Saudita para "providenciar um príncipe saudita para liderar o contingente saudita a fim de mostrar aos muçulmanos o compromisso da família real com a jihad" e que Bin Laden, ainda que não fosse um Saud, tinha vínculos de amizade com o clã real e dinheiro suficientes para cumprir a missão.[8]

Quaisquer que fossem as motivações imediatas de sua primeira viagem ao Paquistão, o papel de Bin Laden no alvorecer da jihad foi o de arrecadador de fundos. Bergen nota que, como a maior parte do dinheiro recolhido na Península para a guerrilha fosse administrada pelos príncipes Turki bin Faisal, chefe do Istakhbarat (o serviço secreto do reino), e Salman bin Faisal, governador de Riad, o milionário atuava de fato como agente da inteligência saudita.[9] Mary Anne Weaver, que cobria o conflito a partir do Paquistão, lembra-se de ter ouvido falar em 1984 de um homem conhecido como Bom Samaritano ou Príncipe Saudita. Ele costumava aparecer à cabeceira dos guerrilheiros feridos em hospitais paquistaneses para distribuir presentes e anotar nomes e endereços a fim de prestar auxílio financeiro a suas famílias.[10] Nesse ano, Bin Laden abriu um albergue em Peshawar, o Beit al Ansar (Casa dos Apoiadores), e ajudou a financiar o Mekhtab Al-Kadamat (Escritório de Serviços) de seu mentor Azzam.[11] Segundo Rashid, o Mekhtab era depositário de doações da inteligência e do Crescente Vermelho sauditas e da Liga Muçulmana Mundial e de príncipes e mesquitas do reino.[12] O Mekhtab seria o embrião da rede terrorista Al Qaeda.

Jovem e tímido, Bin Laden viveu os primeiros anos da jihad como discípulo do formidável Azzam. Mistura de intelectual, agitador e homem de ação, o clérigo se dividia entre o campo de batalha, o trabalho de retaguarda no Paquistão e viagens por todo o mundo em busca de voluntários e fundos para a guerra. Assim como Khomeini soubera usar discursos gravados em fitas cassete para driblar a vigilância do regime do xá, Azzam podia ser assistido em mesquitas dos países árabes e até dos Estados Unidos por meio de fitas de vídeo. O público muçulmano, especialmente a juventude, não permanecia indiferente a sua oratória repleta de sentenças definitivas — "Permanecer uma hora no campo de batalha em nome de Deus é melhor do que 60 anos de oração à noite", "Defender o território muçulmano é o dever mais importante". Bin Laden, por seu lado, mal conseguia se expressar em público. Certa vez, incentivado a se dirigir aos hóspedes de um albergue, falou em cavalos.[13]

O grupo de Azzam foi o pólo de atração dos Árabes ou Afegãos-Árabes, como ficaram conhecidos os voluntários da jihad oriundos da Península Arábica — especialmente da Arábia Saudita e do Iêmen, mas também dos pequenos estados do Golfo — que desembarcaram em Peshawar e Quetta no início dos anos 1980. O mito sobre a bravura desses combatentes, capazes de abandonar lares em terras distantes em troca da suprema honra de viver em cavernas que só abandonavam para varar infiéis com a pontaria certeira de seus Kalashnikovs, perdurou por muitos anos. Quando cheguei à região, mais de 12 anos depois da retirada dos soviéticos, era lugar comum entre os analistas mencionar a temível 555ª Brigada, composta àquela altura não apenas por árabes, mas também por chechenos, uzbeques, paquistaneses, bósnios e chineses — a elite das forças do Talibã. Esse contingente havia servido de vanguarda no combate à Aliança do Norte desde os anos 1990. Depois da tomada de Mazar-e-Sharif e Cabul, em novembro de 2001, e da caçada de Tora Bora, que se encerrou no começo do ano seguinte, o sinal da lenda se inverteu: em sua hora decisiva, a 555ª Brigada entrou para a história no rol dos exércitos que fogem sem combater. As exceções podem ser contabilizadas nos registros da Prisão Militar de Guantánamo. Na contramão da lenda, a maioria das fontes atribui um papel militar irrelevante aos Árabes nos anos 1980.[14]

Aos poucos, o circuito semiclandestino da jihad no Paquistão se encheu de elementos jovens e marginais, que viam no martírio a suprema forma de unir convicção religiosa e ação política. Eram estudantes, profissionais liberais, clérigos, militares de baixa patente, refugiados, com pouca ou nenhuma experiência política e ainda menor conhecimento militar. Se escolhessem viver o resto de suas vidas onde nasceram — sob monarquias teocráticas como as da Arábia Saudita e dos microestados vizinhos do Golfo, ditaduras como a do Egito ou regiões sob ocupação como os territórios palestinos ou a Cachemira indiana —, estariam condenados à conspiração e à marginalidade. Em contraste com esse cenário, o Afeganistão lhes oferecia a chance de travar uma batalha com resultado em aberto. Nenhuma causa pode ser mais popular no mundo islâmico do que a defesa do direito de os muçulmanos viverem em seus países de acordo com seus preceitos religiosos.

Entre a massa de jovens e adolescentes dos campos de treinamento, dois homens já entrados na meia-idade se destacavam pelo *background* de opositores e presos políticos no Egito. Um deles, o xeque Omar Abdel Rahman, o Xeque Cego (perdera a visão na infância em razão de diabetes), seria condenado à prisão perpétua pela Justiça americana em 1996 por envolvimento no atentado no World Trade Center três anos antes. Outro, Ayman al Zawahiri, era um médico que cumprira pena por envolvimento no assassinato de Sadat e hoje, foragido, é apontado como o mais próximo colaborador de Bin Laden e número 2 da Al Qaeda.

Rahman e Zawahiri dificilmente escolheriam cavalos como tema de suas perorações. Sua visão de mundo havia sido moldada em um dos grandes laboratórios do relacionamento entre o Ocidente e o Islã: o Egito. Formalmente independente desde a Primeira Guerra Mundial, o país fora até os anos 1950 uma monarquia tutelada pela Grã-Bretanha. Em 1952, um grupo de oficiais do exército encabeçado pelo coronel Gamal Abdel Nasser derrubara a monarquia e instaurara uma república secular que passara a gravitar na órbita soviética. A oposição religiosa — representada pela Irmandade Muçulmana, partido presente em praticamente todo o mundo islâmico na primeira metade do século 20, e mais tarde por suas subdivisões, como a Jihad Islâmica de Zawahiri e a Frente Islâmica — se tornara o principal polo de resistência ao regime. Nasser tratava os partidos islâmicos ora com afagos, ora com brutais ondas repressivas. De 1948 a 1973, o Egito fizera quatro guerras contra Israel, com a pífia performance de três derrotas e um empate. Em 1979, tornara-se a primeira nação árabe a assinar um tratado de paz com o Estado judeu. Isso piorara a imagem do regime junto à linha dura religiosa, que acabou por perpetrar um atentado bem-sucedido contra a vida de Sadat. Para os seguidores de Azzam na Península Arábica, a existência de Israel era repulsiva, mas distante — a maioria só teria chance de ver um judeu se viajasse ao exterior. Para os egípcios que gravitavam em torno da Jihad Islâmica, muitos deles militares da ativa ou reformados e policiais, Israel era um inimigo palpável. Alguns eram veteranos da Faixa de Gaza e da Península do Sinai em 1967, onde sofreram derrotas traumáticas diante das Forças de Defesa de Israel. Todos viam os Estados Unidos por trás dos caças israelenses que destruíram a força aérea egípcia no solo ou dos blindados que ocuparam Jerusalém Oriental. Juntos, Estados Unidos e Israel representavam a "jahiliat" — o estado de ignorância anterior à revelação do Profeta que teria de ser extirpado pela espada para abrir caminho ao renascimento do Islã.

A experiência de Bin Laden a respeito desses acontecimentos era mínima, mas não inexistente como dão a entender alguns de seus adversários. Seu pai, responsável pela reforma do Domo da Rocha e da Mesquita Al Aqsa, chegara a ter uma casa em Jerusalém Oriental, mas seus familiares não voltaram à Cidade Santa depois da ocupação israelense. Quando menino, Osama estudou por um breve período numa escola de Beirute, no Líbano, onde provavelmente teve contato, ainda que distante, com o drama dos refugiados palestinos. Ele próprio invocaria, no futuro, o impacto que sentiu com a invasão israelense do Líbano em 1982 como um dos fatores que o radicalizaram contra os Estados Unidos e Israel. Até meados dos anos 80, no entanto, sua vivência política no mundo árabe era predominantemente de segunda mão.[15]

O apelo poderoso da jihad era o cimento das relações entre Bin Laden, os afegãos e os árabes estacionados em Peshawar. Para compreender o significado desse termo, procurei um especialista no Paquistão. Ahmad era chefe — o termo é *nazim* (líder) — da Anjuman Talaba Islam (Associação dos Estudantes Islâmicos) da Universidade Quaid-e-Azam, a maior de Islamabad e uma das sete instituições públicas de ensino superior do país. Esse estudante de literatura concordou em conversar comigo no jardim em frente à universidade, depois que um grupo de colegas barbudos barrou minha entrada no portão principal da instituição. Ahmad tinha cerca de 30 anos, mas a barba grisalha fazia-o parecer 10 anos mais velho. Fluente em inglês, sorridente e sereno, ele disse que a tradução convencional de jihad como "guerra santa" deveria ser descartada por lembrar as cruzadas. Em seguida, propôs uma interpretação distinta e, pelo menos para mim, surpreendente:

— Deus criou-nos com um objetivo particular. O principal é que o homem deve lutar contra o mal que existe em sua própria consciência. Esse é o sentido de *Hamlet*, de Shakespeare. Há duas coisas diferentes no homem, e ele se divide entre o que deve fazer e o que não deve fazer. A luta interior para permanecer no caminho correto é a *jihad akbar* (grande esforço, literalmente).

Essa leitura islâmica de *Hamlet* faria sorrir o crítico americano Harold Bloom, o mais profícuo estudioso de Shakespeare da atualidade, para quem é impossível, a partir da leitura de sua obra, definir até mesmo se o Bardo era cristão. Ahmad prosseguiu:

— Existe também outra jihad, contra os que tentam usurpar nossos direitos. Essa é a *jihad asghar* (pequeno esforço). Devemos lutar contra os que tentam invadir nosso país, por exemplo.

Nos tempos modernos, estudiosos tendem a se dividir sobre a natureza da jihad. Os que enfatizam seu aspecto moral e individual citam um *haddith* (tradição oral sobre ações e ditos de Maomé) segundo o qual o Profeta, ao voltar para casa depois de uma batalha, teria dito: "Da *jihad asghar* (pequeno esforço) à *jihad akbar* (grande esforço)". No outro extremo, fundamentalistas põem mais ênfase no sentido militar do termo, associado a uma guerra por Deus e pela fé, com objetivos ofensivos ou defensivos. Para uns e outros, porém, a jihad é uma obrigação dos muçulmanos, equivalente na prática aos cinco pilares da religião. Nenhum sistema de crenças é mais estrito do que o Islã em relação a todos os aspectos da guerra, da abertura das hostilidades ao tratamento dado aos vencidos e aos prisioneiros. Ahmad ressaltou:

— O Corão diz que não se deve atacar cidadãos de outros países, nem mulheres nem crianças, apenas os que participarem de um ataque a seu país.

Quando perguntei a Ahmad se os atentados de 11 de Setembro não contradiziam esse preceito, ele se esquivou com uma crítica aos padrões de justiça do governo americano:

— Os Estados Unidos querem capturar Osama, mas não foram capazes de fornecer argumentos ou provas contra ele. Estão mostrando força, não argumentos. Como podem caçar Osama se o apoiaram durante 10 anos? Os americanos deram diferentes passos em suas relações com o Afeganistão. Durante a invasão soviética, eram os maiores aliados dos afegãos.

Não sei como Ahmad reagiu diante do vídeo que mostra Bin Laden se rejubilando com um colaborador pelos ataques. Provavelmente atribuiu as imagens a uma maquinação americana e israelense. Mais de uma vez ouvi de paquistaneses cultos a versão de que os atentados tinham sido obra do Mossad, o serviço secreto israelense, a fim de atiçar o governo do presidente George W. Bush contra os muçulmanos. Por trás dessa explicação, havia uma sofisticada teoria da conspiração. Os verdadeiros inimigos do Islã seriam os democratas Bill Clinton e seu candidato presidencial, Al Gore — não por acaso, Clinton terminara sua administração com uma dupla pressão sobre Islamabad para que recuasse em seu programa nuclear e exigisse do Talibã a entrega de Bin Laden. Por essa interpretação delirante, Bush, eleito em 2000 contra Gore, representaria a alma boa dos Estados Unidos. Essa concepção foi reforçada nos primeiros meses da administração republicana pelo fato de Bush rejeitar o engajamento internacional de Clinton e demonstrar ignorância de temas de política externa — um sinal de que o Paquistão teria mais liberdade para atuar de acordo com seus próprios interesses, sem pressões americanas. Assim, só um acontecimento dramático e espetacular teria o condão de fazer Bush descer de seu pedestal isolacionista.

O fato de os atentados terem sido imputados ao inimigo — Israel é visto no Paquistão e em todo o mundo muçulmano como ocupante ilegítimo do território palestino — mostra que, para a opinião pública paquistanesa, o 11 de setembro estava mais próximo do crime contra a humanidade do que da jihad. Como os familiares de criminosos que relutam em admitir atrocidades cometidas por entes queridos, a maioria dos paquistaneses se refugiava numa convicção baseada mais na vontade do que na inteligência. A exposição a essa modalidade perversa de propaganda, que teve livre trânsito nas mesquitas e madrassas, nas manifestações de partidos religiosos e até mesmo em parte da imprensa, tem um preço. Vi muitos interromperem uma conversação para fazer a pergunta que, em seu íntimo, era a única que importava:

— Você acha que Osama é realmente culpado?

Se perguntassem a Ahmad, ele talvez dissesse que a questão era digna do reflexivo Hamlet do primeiro ato, mas não de um seguidor do Corão.

— Todo muçulmano tem dois lares: o deste mundo e o do Paraíso. Se você morre seguindo o Islã, está apenas trocando um lar por outro. Morra por seus direitos. Se você vence, você os conquista. Se perde, não perde tudo, porque há o Paraíso — afirmou.

No Corão, o Paraíso é chamado de Al Jannah (literalmente, O Jardim). Esse lugar divino é reservado a todo e qualquer muçulmano devoto. Nele se ingressa por oito portões que conduzem a distintos níveis, sendo o mais elevado o Firdaus, onde se encontra Maomé. Anjos recebem os recém-chegados com "As-salaam-u-aleikum" (a paz esteja convosco) e os conduzem a uma existência na qual terão acesso ilimitado a tudo que lhes tenha sido negado na Terra: vestimentas e adereços suntuosos, banquetes e prazeres (cada homem terá direito à companhia de 72 jovens virgens, de belos olhos escuros, as *huris*, e cada mulher será agraciada com igual número de parceiros). Todos terão a mesma idade (33 anos) e a estatura de Adão, que se supõe tenha sido de 27,5 metros. Esse Paraíso sensorial e lúdico não exclui a devoção: entre todos os êxtases, o maior é experimentado na contemplação de Deus. A noção de pecado original é estranha ao Islã: há lugar no Jardim para os natimortos, as crianças que morrem antes de ingressar na vida consciente e os filhos de pais não muçulmanos.

Entre todas as categorias de fiéis, os mártires da religião (*shahidim*) têm regalias. Uma tradição contabiliza em sete os favores de Deus aos que morrem em defesa da fé, entre eles o direito de resgatar 72 familiares do fogo do inferno. Esse portfólio de benesses faz dos mártires os clientes *prime* do Paraíso.

Se a promessa de vida eterna como prêmio luxurioso por uma existência terrena pura vem dos primórdios do Islã, o mentor de Bin Laden em Peshawar inovou ao transformar a jihad numa via exclusiva de acesso ao Paraíso. "Ó jovens! Ó filhos do Islã! O que vai limpar nossos pecados? O que vai purificar nossos erros? E o que vai limpar nossa sujeira? Isso não será lavado a não ser pelo sangue do martírio, e saibam que não há caminho a não ser este Caminho", escreveu Azzam.[16] Como um comissário que faz pelo alto-falante a última chamada aos passageiros de um voo, ele descartou a via pacífica para a salvação e obrigou todos os fiéis, carregados de fraquezas e imperfeições, a escolher entre jihad e inferno. Com o tempo, Azzam refinou ainda mais sua concepção ao afirmar que, quando o inimigo entra em território do Islã, a jihad se torna *fard'ayn* (obrigação individual) para todos os fiéis, excetuados doentes, portadores de deficiência e cegos. Era uma resposta aos que caracterizam a jihad como *fard'kifaya* (obrigação coletiva), dever da comunidade de designar um determinado número de combatentes. Para Azzam, essa era uma característica das batalhas nos tempos do Profeta, quando a comunidade islâmica estava em expansão.

Pergunto a Ahmad se estudantes paquistaneses como ele estão dispostos a morrer no Afeganistão.

— Muitos estudantes paquistaneses ajudaram os afegãos a lutar contra os soviéticos. Também existe a jihad na Cachemira — responde.

Ahmad não está enumerando opções de cursos de férias. A menção à Cachemira é emblemática. Milhões de paquistaneses politicamente influenciados pelas organizações fundamentalistas tinham duas coincidências com o governo do general Pervez Musharraf em termos de política externa: o apoio ao Talibã no Afeganistão e aos mujaidim na Cachemira. Em outubro de 2001, por pressão dos Estados Unidos, Islamabad estava prestes a fechar a embaixada do Talibã no Enclave Diplomático. Restava o "território em disputa". Enquanto a luta não fosse decidida em favor do Paquistão ou da Índia, haveria um laço forte entre o governo, o exército e o islamismo militante.

Comento com Ahmad que, a leste ou a oeste, diferentemente do século 7, a guerra é uma atividade profissional que requer treinamento.

— O melhor campo de treinamento é a própria guerra. Você aprende lutando — resume.

Bin Laden não deve ter aprendido muito no que provavelmente foi sua primeira visita ao Afeganistão, em 1984, a convite de Azzam. Com um visto de turista, ele viajou até Jaji, perto da fronteira com o Paquistão. Mais tarde, o líder da Al Qaeda reconstituiu a forte impressão que teve ao assistir a uma batalha entre forças soviéticas e guerrilheiros liderados por Sayyaf: "Me senti mais próximo de Deus do que nunca".[17] Na época, ele era um jovem executivo das empresas da família, estabelecido em Jedá com três mulheres e um time de filhos, que ainda se comprazia em jogar futebol com familiares e amigos e andar a cavalo e não manifestava aspirações políticas. Mas havia uma mudança em curso.

Hayatabad, subúrbio de Peshawar, onde Bin Laden viveu nos anos 1980.

Dois anos depois de seu batismo de fogo, Bin Laden mudou-se para Peshawar com suas mulheres e filhos. Fixou residência no subúrbio de Hayatabad, local escolhido pela maioria dos voluntários árabes ligados a Azzam. Passadas quase duas décadas, no dia 17 de outubro, circulamos pelo lugarejo composto quase exclusivamente de casas térreas e imensos cortiços horizontais, no qual pouco parece ter mudado desde os dias da guerra contra os soviéticos. O Mercado dos Contrabandistas ainda é o centro da vida de Hayatabad — em meados dos anos 1980, era possível comprar peças roubadas do Museu Nacional do Afeganistão em suas tendas. Tudo o que está à venda no local — roupas, cosméticos, aparelhos eletrônicos e peças para carros fabricados na China, na Coreia do Sul ou na Malásia — cruza a fronteira do Afeganistão em lombos de camelos, cavalos ou burros. O contrabando é uma atividade milenar na região. Para driblar a vigilância na fronteira, os mercadores enviam animais carregados de artigos de um lado para outro, numa prática aprimorada durante séculos, geralmente à noite. Um cobertor coreano pode ser adquirido no local por 1.250 rúpias paquistanesas (cerca de US$ 21). No mercado, maravilhas da globalização convivem lado a lado com relíquias da era medieval, como balanças de pratos usadas para pesar frutas secas e outras mercadorias.

Imran me leva a uma loja de tecidos cujo dono é amigo de seu pai. O patane Khan Zaman — é o nome do comerciante — vive em Torkham, na agência tribal de Khyber, uma das sete zonas tribais do Paquistão, a oeste de Peshawar, onde governo e chefes tribais compartilham a autoridade e não é permitida no momento a entrada de estrangeiros. Zaman percorre todos os dias os cerca de 50 quilômetros que separam seu povoado de Peshawar para ganhar a vida no Mercado dos Contrabandistas.

O vendedor está feliz em ver Imran, mas desconfia de forasteiros. A palavra "Brasil" significa pouco para ele. Na enxurrada de perguntas que faz em pashtu, o nome "Amrica" (Estados Unidos) se sobressai. Dou as explicações de praxe: o Brasil é um país independente, com uma grande população muçulmana, e minha presença ali se destina a mostrar o que exatamente está acontecendo no Afeganistão. Mostro o distintivo com a bandeira brasileira no colete. Zaman parece mais tranquilo. Sentamos em tapetes afegãos, e ele nos oferece chá verde (*tchai*) ao estilo chinês. Imran, que é fluente em pashtu, pede ao anfitrião notícias da guerra. O comerciante fala de um bombardeio ocorrido nos arredores de Cabul.

— As bombas que caíram perto de um cemitério não explodiram — comenta.

Zaman está convencido de que Bin Laden não está envolvido no 11 de setembro. Diz que o saudita é um ex-agente dos Estados Unidos enviado ao Afeganistão para lutar contra os soviéticos. A "Amrica", afirma, pretende ser um superpoder.

— O único superpoder é Deus — arremata.

Apenas 15 anos haviam decorrido desde a mudança de Bin Laden para o Paquistão. O que diria o saudita em 1986 se soubesse que, na virada do século, seria identificado por muçulmanos comuns no Mercado dos Contrabandistas de Hayatabad como um "ex-agente dos Estados Unidos"? Até hoje não emergiram provas de que dinheiro dos contribuintes americanos tenha irrigado os cofres de Bin Laden na guerra contra os soviéticos ou que ele tenha conhecido ou se reunido com funcionários americanos. A CIA sempre negou categoricamente ter entregue recursos ao saudita. No condomínio da jihad, porém, nem sempre era possível separar dólares, rials e rúpias. Bin Laden foi próximo de pelo menos um *mujahid* ligado à CIA, Jalaluddin Haqqani, com quem colaborou na construção de um complexo de túneis para uso da guerrilha junto à fronteira com o Paquistão.[18]

Na primeira metade dos anos 1980, o máximo que os Estados Unidos se permitiram foi fomentar a rebelião contra as tropas russas, sem acreditar que os divididos mujaidim pudessem assumir a ofensiva e forçar o vizinho do Norte a deixar o país. Em 1985, a política americana teve uma reviravolta, e os guerrilheiros passaram a receber armamento sofisticado. No ano seguinte, chegou às mãos dos mujaidim o primeiro carregamento de mísseis Stinger, capazes de derrubar helicópteros. Da parte da União Soviética, começou a fase da guerra total, com o emprego de tropas especiais — as Spetsnaz —, uso maciço de minas terrestres e de napalm.

Foi também em 1986 que Bin Laden pronunciou seu primeiro discurso conhecido contra os Estados Unidos, provavelmente influenciado por Zawahiri, pregando boicote a produtos americanos em retaliação pelo sofrimento do povo palestino. Nessa época, começou a passar mais tempo em Jaji, no Afeganistão, onde financiava um acampamento de sua própria milícia. A base, que incluía um sistema de cavernas construído com maquinaria e dinheiro das empresas dos Bin Laden, ficou conhecida como Toca do Leão (em árabe, Osama, nome de um dos companheiros do Profeta, significa "leão"). No outono de 1987, a região foi palco de uma batalha renhida entre os soviéticos e os milicianos de Bin Laden, com pesadas baixas de ambos os lados.

A decisão de construir a Toca do Leão marcou o início do afastamento entre Bin Laden e Azzam. Uma das pedras de toque da pregação do veterano mujaidim era a de que, no Afeganistão, não deveria haver barreiras de cor, raça ou nacionalidade entre os muçulmanos: todos eram irmãos de fé lutando contra o inimigo infiel. À medida que a luta avançava e se aprofundavam as rivalidades entre os mujahid — que explodiriam em guerra civil depois da retirada soviética —, Azzam sonhava em distribuir os voluntários árabes entre os diversos grupos guerrilheiros a fim de criar um contrapeso ao crescente ódio étnico que a invasão atenuara. A existência de um acampamento exclusivo de árabes era mais um passo em direção à segregação temida pelo palestino.

As diferenças entre Azzam e seu antigo pupilo não se limitavam à tática no Afeganistão. O palestino havia apresentado Bin Laden à noção de jihad global, por cima das fronteiras nacionais e das diferenças étnicas e culturais. "Desafortunadamente, quando pensamos no Islã pensamos nacionalmente. Não deixamos nossa visão ir além das fronteiras geográficas que foram desenhadas para nós pelos infiéis", lamentava.[19] Essa visão correspondia à experiência de Azzam como pregador e arrecadador de fundos e servia às necessidades de seu grupo: sua jornada em busca de dinheiro e voluntários para a jihad o levara a viajar do Iêmen aos Estados Unidos. Seus objetivos imediatos, porém, limitavam-se a duas frentes: a Palestina natal e o Afeganistão, que deveriam ser retomados.

Enquanto isso, o grupo egípcio de Peshawar desenvolvia uma noção ainda mais radical da jihad. Para esses veteranos da clandestinidade e das prisões sob o regime de Mubarak, a maioria dos governantes dos países muçulmanos escolhera se alinhar aos infiéis capitaneados por Estados Unidos e Israel em vez de seguir os preceitos do Islã. Esses líderes, na ótica dos radicais, eram apóstatas (*kufar*), ainda que exteriormente mantivessem a aparência de pios. O Islã trata os apóstatas com dureza: a pena prevista na Sharia é excomunhão por apostasia (*takfir*) e execução. Mesmo em repúblicas islâmicas, porém, esse castigo só pode resultar de um processo rigoroso, no qual são exigidas provas cabais e uma declaração religiosa (*fatwa*) emitida por um clérigo renomado.

O primeiro estudioso a endossar o *takfir* contra governantes muçulmanos foi o paquistanês Abdul Ala Mawdudi, fundador do Jamiat-e-Islami, que reuniu o tradicionalismo religioso após a criação do Paquistão. Mawdudi foi um dos inspiradores de Said Qutb, escritor egípcio integrante da Irmandade Muçulmana, executado em 1966, que por sua vez infuenciou Azzam, Zawahiri e Bin Laden. Governantes muçulmanos modernizantes e próximos do Ocidente passaram a ser o alvo principal dessa prática. Assim como Mawdudi havia elevado a jihad a pilar principal do Islã, o uso indiscriminado de *takfir* como modalidade de assassinato político se transformou num traço distintivo da Jihad Islâmica de Zawahiri. A morte de Sadat em 1981 marcou a estreia dessa nova forma de crime com endosso religioso no mundo muçulmano.

Foi de Azzam a iniciativa de convocar em 1988 uma reunião de árabes envolvidos na jihad afegã para discutir os rumos do movimento. O local escolhido foi Peshawar, e o encontro ocorreu em 11 de agosto de 1988, na presença de Bin Laden. Foi decidido que, com a iminente retirada dos soviéticos do Afeganistão, os mujaidim se organizariam numa facção denominada Al Qaeda al Askariya (A Base Militar), sediada em acampamentos no interior do Afeganistão. As notas remanescentes mostram que Bin Laden foi o elemento central da reunião. Ele fez referências elogiosas ao papel dos egípcios e mal tocou no nome de Azzam. Em novembro, o homem que pregava "apenas jihad e o fuzil" foi morto por uma bomba que explodiu em seu carro quando se dirigia à mesquita para as preces de meio-dia de sexta-feira. A identidade de seus assassinos é desconhecida até hoje. Bin Laden voltou a Jedá no segundo semestre de 1989, evitando se envolver no banho de sangue entre o governo comunista de Najibullah e as facções mujaidim nos três anos seguintes.

Estou sentado perto da soleira da porta, que dá para um pátio interno do mercado, tomado por bancas de vendedores. Uma mulher envolta numa burca azul se aproxima, com uma menina de cerca de cinco anos pela mão, e implora numa voz abafada pelo pano trançado que lhe esconde os traços (na altura da face, as burcas têm uma rede que lembra uma máscara de esgrima e funciona como respiradouro):

— Dólar, dólar.

É meu primeiro contato com uma mulher patane, de linhagem famosa pela bravura e pelo sofrimento, simbolizada na imagem da menina afegã fotografada por Steve McCurry e que se tornou a capa mais famosa da revista *National Geographic*. As patanes não costumam se dirigir a homens que não pertençam a suas famílias. O apelo mostra que a mulher está desesperada. A burca exala um cheiro forte de suor. A afegã é pequena, e na falta de um rosto para fixar, me chamam atenção as mãos e os pés diminutos enfiados em imundas sandálias de couro. Com ajuda de Imran, tento saber algo a respeito dela.

— Por favor, me dê algum dinheiro — traduz o guia.

Ele me diz que a mulher chegou ao Paquistão há poucos dias. Vivia perto de Cabul e perdeu o marido num bombardeio. Tem quatro filhos — dois meninos e duas meninas — e dificuldade para sustentá-los.

— Não tenho dinheiro para comida — repete a mulher.

Zaman dá uma moeda à mulher, que se afasta com a criança pela mão. Pergunto a Imran se ela estaria falando a verdade ou teria inventado a história para ganhar esmola.

— Ela está falando a verdade. Essa gente não mente — diz Zaman.

A mendicância é um sinal da presença afegã no Mercado dos Contrabandistas. Há adultos e crianças andrajosos pedindo esmolas por todos os lados. As mulheres são viúvas, diz Imran. Outro comerciante se junta à roda na loja de Zaman. É Share Jull, também patane e morador de Torkham. Ele mostra um jornal em urdu com informações sobre o bombardeio de Cabul:

— O povo afegão é nosso irmão. Nestes dias, estão vivendo uma crise. Rezo a Deus por essas pessoas.

Jull é bem-informado e provavelmente tem conexões com mulás. Ele diz que cerca de mil estudantes da madrassa Islamia, de Peshawar, seguiram para "ajudar os irmãos do Islã no Afeganistão" e que outros partirão de Karachi, Lahore e Quetta. A informação é um dos artigos de ponta de estoque de Jull. Um sistema informal de comunicação abastece os 30 mil habitantes de Hayatabad com notícias de primeira mão sobre a guerra do outro lado do Passo de Khyber. As histórias que correm de boca em boca, muitas vezes tendo como fonte os próprios refugiados, são tidas como verídicas. Jull credita a um amigo afegão a notícia de que, na noite anterior, uma bomba teria atingido um ônibus com 20 passageiros nos arredores de Kandahar, no sul do Afeganistão. Não houve sobreviventes, garante.

Mulher coberta com burca conduz crianças pelas ruas de Peshawar.

6

O MULÁ E O iPhone

Quando a Apple começou a desenvolver o iPhone, em 2004, o mulá Abdul Salaam Zaif era o prisioneiro nº 306 do campo X-Ray da prisão militar de Guantánamo. Um relatório americano de outubro daquele ano considerava-o um "combatente inimigo" — "indivíduo que foi integrante ou apoiador do Talibã ou das forças da Al Qaeda ou forças associadas envolvidas em hostilidades contra os Estados Unidos ou seus parceiros de coalizão". Zaif esteve detido pelos americanos durante três anos e oito meses. Em 2001, Zaif fora o embaixador afegão em Islamabad — depois do 11 de setembro, único homem autorizado a falar fora do Afeganistão em nome de um governo que banira TV, cinema, máquinas fotográficas e filmadoras, esportes e diversões públicas como anti-islâmicos. Hoje, de volta ao Afeganistão, o mulá usa um iPhone para navegar na internet, acessar a conta bancária e utilizar o dispositivo GPS.[1] É tido como uma voz moderada do Talibã e participa de banquetes com representantes do governo saudita em Riad.

Muito antes da conversão ao mundo em 3G, Zaif não disfarçava o constrangimento diante da muralha de câmeras que se formava diariamente no jardim da embaixada afegã em Islamabad. Foi lá que o encontrei no dia 9 de outubro de 2001, sentado atrás de uma mesa na varanda, pés cruzados sob a cadeira e sorriso tímido na direção dos flashes. Gorducho, na casa dos 30 e poucos anos, barba negra e olhos apertados de míope por trás dos óculos, era um típico homem do Talibã. A embaixada estava cheia deles — homens de barbas e turbantes negros e *shalwar kameez*, alguns sem partes do corpo. Um dos tradutores de Zaif usava um tapa-olho negro. No que diz respeito à mutilação, a cúpula talibã é um retrato fiel de seu país. O mulá Mohammed Omar, líder da milícia, perdeu o olho direito na batalha de Jalalabad, em 1989. Ministros, governadores e comandantes militares também exibem marcas semelhantes.

Zaif e seus colegas de embaixada desfrutavam dos últimos momentos de fama em 2001. Apenas três países haviam reconhecido o governo talibã: Paquistão, Arábia Saudita e Emirados Árabes Unidos. Depois do 11 de setembro, a embaixada no Enclave Diplomático de Islamabad era a única que permanecia aberta. Zaif apanhou uma folha de papel e recitou num inglês claudicante:

— Uma vez mais o povo do Afeganistão está enfrentando um superpoder. Um sistema islâmico está sob invasão. Os afegãos estão sendo punidos por aquilo em que acreditam.

Zaif foi recrutado pelo Talibã na madrassa Darul Ulum (Casa de Aprendizado), em Karachi, no Paquistão. Ocupou postos importantes no governo afegão antes de ser nomeado embaixador em Islamabad. As madrassas paquistanesas foram a incubadora da maioria dos quadros da milícia. Escolas religiosas são inseparáveis da expansão do Islã. A necessidade de estudar e transmitir a doutrina religiosa — baseada num livro que teria sido recitado por Deus a Maomé em árabe, a língua falada no Paraíso — levou à criação das primeiras madrassas no século 11. Nos anos de ouro do Islã, essas escolas ofereciam ensino de gramática, literatura, filosofia e ciências naturais, ainda que prevalecesse a educação religiosa. O fascínio pela técnica, pela ciência e pela arte, tão presente no pensamento muçulmano, encontrou nas madrassas, ao longo dos séculos, um ambiente fértil. Nada mais distante, porém, desses centros de conhecimento do Islã clássico do que as madrassas paquistanesas. Elas se expandiram durante a ditadura do general Mohammed Zia ul Haq, de 1977 a 1988, quando o Estado destinou gordas subvenções ao ensino religioso como parte de sua aliança com os mulás. Nessas instituições, os alunos, geralmente filhos de agricultores pobres, recebem comida, alojamento, roupas e remédios. As madrassas são parte de uma verdadeira rede de proteção social que interliga governantes, mulás e população pobre. Durante a invasão soviética do Afeganistão, muitas foram erguidas em campos de refugiados, e a elas acorreram afegãos como Zaif.

O combustível que permitiu o florescimento das madrassas no Paquistão foi a subvenção saudita. Os milhões de rials destinados pelo tesouro do Reino e por benfeitores individuais — príncipes, altos funcionários e magnatas como a família Bin Laden — asseguraram que o wahhabismo, espécie de religião oficial saudita, fosse amplamente difundido no Paquistão e no Afeganistão e, por essa via, irrigasse os corações e mentes do que viria a ser o Talibã.

Como muitos reformadores da história da religião, Mohammed bin Abdul Wahhab, nascido em 1703, voltou a sua terra natal — o Najd, no centro do que é hoje a Arábia Saudita — depois de anos de estudo no exterior. Sua educação fora feita em Basra, no Iraque, e em Meca e Medina, no então reino de Hejaz, na costa do Mar Vermelho. É possível apenas imaginar a extensão do choque experimentado por esse clérigo do século 18 ao voltar para o deserto, entre beduínos nômades, depois de ter vivido em três cidades-luz de seu tempo. Wahhab não era, porém, um homem capaz de se conformar com uma vida insignificante, e logo deu uma dimensão religiosa a seu deslocamento. Como muitos outros povos, os beduínos nômades do interior da Península Arábica abraçaram o Islã com sinceridade e devoção, mas não se preocuparam em banir de seu cotidiano práticas herdadas por séculos de cultos pagãos, judaísmo e cristianismo. Wahhab notou que muitos de seus conterrâneos rezavam para santos, veneravam túmulos, santuários, árvores, cavernas e pedras e faziam oferendas e sacrifícios rituais. Esse Islã sincrético, que apareceria sob distintas formas em praticamente todas as regiões tocadas pela palavra do Profeta, provocou repulsa no fervoroso estudante. Ele também rejeitou a injustiça social e a desatenção a viúvas e órfãos, que, de acordo com Maomé, deveriam ser assistidos pela *ummah* (comunidade dos muçulmanos). Wahhab condenou esse comportamento como *jahiliat*, estado de ignorância e barbárie anterior ao Islã. Expulso de sua cidade natal, como o Profeta, aos 70 anos o clérigo caiu nas graças do pequeno clã Saud. O patriarca

Mohammed bin Saud promoveu o estudo dos ensinamentos de Wahhab em seus domínios, e sua escola de pensamento ajudou a unir a tribo numa fulminante jihad determinada a estabelecer um Estado islâmico na Arábia. Embora esse primeiro regime saudita tenha sido breve — de 1805 a 1818, quando foi aniquilado pelo governador otomano do Egito, Mohammed Ali —, inspirou peregrinos que testemunharam a experiência wahhabita em Meca e Medina a levar a ideia de um Islã revivido para outras partes do mundo.

O pensamento de Wahhab é simples e primordial como o deserto. A partir da proposição que abre o Corão, a de que "não há deus senão Deus", ele sustenta que a base do Islã é a *tawhid* (unidade de Deus). Seus seguidores se autointitulavam "unitários" — o termo "wahhabitas" foi cunhado por seus detratores e só depois assumido com orgulho por aqueles que se destinava a estigmatizar. A *tawhid* é oposta à *shirk* (politeísmo), definida como a atribuição de qualidades divinas a seres e objetos. Wahhab condenou oferendas, peregrinações a tumbas, culto de santos e qualquer coisa que se propusesse a intermediar a suprema relação entre o homem e Deus — sacerdotes, beatos, ex-votos. Rejeitou também a arte, que compreendia as distintas formas de representação da experiência religiosa — que só poderia ser traduzida no texto do Livro Sagrado. Com isso, Wahhab se situa numa linha de pensadores muçulmanos que remonta a Ahmad Ibn Hanbal (780-855) e Ibn Taymiyya (1263-1328), adversários da tentativa de conciliar Islã e racionalismo.[2]

O alvo inicial dos reformadores eram as tradições místicas sufistas enraizadas no interior da Península Arábica, mas logo o movimento transformou a defesa da unidade de Deus num chamado às armas contra outros ramos do Islã, especialmente o xiismo. Em 1802, wahhabitas atacaram e depredaram o lugar santo mais venerado pelos xiitas, a tumba do imã Hussein, neto do Profeta, em Kerbala, no Iraque. Entre 1803 e 1805, cercaram e tomaram Meca e Medina, destruindo tumbas e santuários. Não foi poupado nem o túmulo do Profeta, em Meca.[3]

Quando o Reino de Hejaz e o sultanato de Nejd se uniram para formar a Arábia Saudita, em 1932, as concepções wahhabitas, que haviam experimentado um *revival* na década de 1920, receberam novo impulso. Wahhab acreditava que, em vida, os muçulmanos deveriam jurar lealdade a um governante para assegurar vaga no Paraíso. Ele definia o papel do soberano como triplo: "Acreditar em Deus, ter bom comportamento e proibir desvios". O chefe tribal Abdul Aziz ibn Saud (conhecido no Ocidente com Ibn Saud) chamou seus guerreiros beduínos de Wahhabi Ikhwan (Irmãos Wahhabitas). Fundador do novo reino unificado, o rei Abdul Aziz estabeleceu a Sharia como constituição do Estado, na contramão da tendência do mundo muçulmano, onde desde o século 19 predominava o direito em moldes ocidentais.

A convivência entre a Casa de Saud e os clérigos wahhabitas nem sempre foi tranquila. Uma rebelião da linha dura dos Ikhwan foi esmagada por Abdul Aziz em 1929. Em 1965, um protesto contra a primeira transmissão de TV no Reino terminou na morte de um dos manifestantes, sobrinho do príncipe herdeiro Faisal. Dez anos depois, o próprio Faisal foi morto por outro sobrinho, irmão da vítima da TV. Em 1979, fundamentalistas inspirados em Wahhab ocuparam com armas e reféns a Grande Mesquita, em Meca. Aterrorizada, a Casa de Saud esmagou a rebelião num banho de sangue com auxílio de forças especiais francesas.

Na sua jornada pela pureza da fé, o wahhabismo estimula os muçulmanos a imitarem na vida cotidiana atitudes e mentalidades atribuídas ao Profeta e seus companheiros. Discrição, vestimenta tradicional — com uso de véu pelas mulheres —, pontualidade estrita nas orações, recusa à dança, álcool, drogas e cigarros são vistos como sinais de convicção religiosa. Por ironia, as ideias do reformista Wahhab, surgidas em reação aos vestígios de práticas anteriores ao Islã, acabaram servindo para defender pontos de vista tradicionalistas sempre que o mundo muçulmano foi confrontado com a modernidade. Na Arábia Saudita, Abdul Aziz teve de manobrar para obter *fatwas* de clérigos em favor do uso do telefone e do carro a motor, antes considerados ferramentas de Satã. Em regiões dominadas pelo Talibã no Afeganistão e no Paquistão, ainda hoje persiste o costume de destruir antenas parabólicas.

Visito a Jamia Islamia Rabania, madrassa wahhabita no centro de Islamabad. Numa sala sem mesas, cadeiras ou quadros, cerca de 20 meninos por volta de 10 anos, sentados diante de suportes de madeira que acomodam exemplares do Corão, repetem em coro trechos do Livro em árabe. Lembro a observação de Gilberto Freyre, com base em apontamentos de um viajante inglês do século 19, sobre a semelhança entre o costume brasileiro "das crianças cantarem todas ao mesmo tempo suas lições de tabuada e soletração" e as escolas muçulmanas. Alguns acompanham as frases com pequenas reverências em sinal de devoção. O lugar lembra mais um local de culto do que de aprendizagem. Quase não há demonstrações de curiosidade diante do estranho em roupas ocidentais que entra na sala e tira fotos — uns poucos ficam em silêncio, a maioria continua recitando. O professor, Alim Zada, 19 anos, é aluno em outra madrassa e dedica as horas livres a dar aulas sobre o Corão.

— Estudamos o que é certo e o que é errado. Os estudantes aprendem a ter disciplina. Digo a eles: o Islã é a sua religião — relata Zada.

Filho de camponeses do interior da província do Punjab, Zada é o segundo da família a se transferir para a capital como estudante. Seu irmão caçula teve de retornar à aldeia. O jovem mestre é também um militante que se diz pronto a ir lutar contra os Estados Unidos no Afeganistão e se mostra desiludido dos governos muçulmanos que apoiam o ataque ao país vizinho:

— Esses países muçulmanos estão com medo dos Estados Unidos, porque os americanos são um superpoder. Eles esquecem que o grande superpoder é Deus, não os Estados Unidos.

"Talibã" (se pronuncia "tal'baan", com o "a" aberto) é a palavra árabe para estudantes. O uso no plural indica que se trata de estudantes religiosos ou, mais precisamente, alunos de madrassas. O nome da milícia não foi escolhido por acaso. Seus líderes são mulás do sul do Afeganistão, em sua maioria veteranos da guerra contra a ocupação soviética do país. Com a derrubada do governo pró-Moscou de Mohammed Najibullah, em 1992, e o controle da capital, Cabul, por mujaidim da etnia tajique, esses ex-combatentes se recolheram às aldeias com o coração pesado de ressentimento. A maioria pertencia a diferentes tribos da etnia patane, a mais numerosa do país, que reinara em Cabul por três séculos e estava alijada do poder.

Mais organizados e armados por potências regionais vizinhas, como a Rússia e o Irã, os mujaidim tinham um ponto fraco: a divisão interna. Seu governo foi marcado pela tensão entre muçulmanos tradicionalistas e pró-ocidentais e mal conseguia impor a lei e a ordem na capital. No sul, bandos armados remanescentes da guerra civil controlavam nacos de território, aterrorizavam a população e cobravam pedágios nas estradas. Na primavera de 1994, moradores de Singesar, perto de Kandahar, procuraram o mulá Omar para denunciar um comandante *mujahid* local que sequestrara e violentara duas adolescentes. A reação foi imediata. Omar reuniu 30 estudantes armados de fuzis, atacou o quartel--general do agressor, libertou as vítimas e enforcou o comandante no canhão de um tanque.[4]

Com dinheiro e armas do Paquistão e da Arábia Saudita e beneplácito dos Estados Unidos, o grupo de Omar foi submetendo chefes políticos locais e ganhando terreno até tomar Cabul em setembro de 1996 e Mazar-e-Sharif em agosto de 1998. O antigo governo dos mujaidim, reagrupado na chamada Aliança do Norte, manteve o controle de um pequeno enclave, equivalente a 10% do território afegão, no Vale do Panshir, a norte da capital.

Graças ao Talibã, os patanes recuperaram Cabul. A cúpula da milícia, porém, continuou baseada em Kandahar, e o próprio Omar viajou apenas duas vezes à capital depois da tomada do poder central.[5] O novo governo estava disposto a purgar o país dos erros e desmandos do passado, atribuídos pelos mulás ao desvio dos ensinamentos do Profeta. Com esse propósito, o Talibã implantou um regime baseado numa interpretação particular do Corão, que dividiu juristas, clérigos e intelectuais no mundo inteiro. Mesmo os Estados Unidos, que a partir de 1997 fizeram da denúncia dos abusos do Talibã o pilar de sua política no Afeganistão em razão da guerra contra Bin Laden, tinham apoiado na prática a milícia desde 1994, com base na amizade com os regimes da Arábia Saudita e do Paquistão e da distância do Irã.

Maomé foi o único dos criadores de religiões monoteístas a assumir tarefas de Estado. Exerceu os papéis de governante, chefe militar, juiz e embaixador, além de pastor de rebanhos e homem de negócios. Assim, é natural que o Islã incorpore normas e tradições sobre essas e outras atividades de forma mais estrita do que outras fés. A Sharia, código legal válido para todos os seres humanos até o Dia do Juízo Final, é a base do direito islâmico. Embora seja vista pelos tradicionalistas como uma obra completa e fechada, emanada de Deus, a Sharia tem interpretações distintas conforme o ramo do Islã que a aplica, o país ou a etnia a que pertencem os fiéis, entre outros fatores.

A Sharia talibã combina o credo wahhabita com práticas tribais do Afeganistão. Reflete também a experiência de seus animadores, os mulás patanes reunidos em volta de Omar. Além de banir meios de comunicação como rádio e TV, leva a doutrina de Wahhab ao paroxismo ao fiscalizar o comprimento da barba dos homens, para que se pareçam com o Profeta. Mulheres só podem sair às ruas acompanhadas de um parente próximo, e ainda assim ocultas sob burcas. São proibidas de frequentar escolas e de trabalhar. Homicídios são punidos com a pena capital, e roubos, com amputação de membros. Adultos e crianças são detidos ou espancados nas ruas por infringir as normas talibãs, fiscalizadas por um Ministério de Combate ao Vício e Promoção da Virtude nos moldes sauditas. As denúncias de violência contra minorias étnicas, como os hazaras, em sua maioria xiitas, se multiplicam.

Se devotam ódio aos costumes do século 21, os talibãs são mais complacentes com a tecnologia global de última geração. Em oito anos, com ajuda dos serviços secretos paquistanês e saudita, eles foram capazes de adquirir armamento moderno, aviões, helicópteros, radares e baterias antiaéreas. O sistema de defesa é insignificante diante do poderio americano, mas suficiente para manter à distância um inimigo interno que emprega cargas de cavalaria, desaparecidas da Europa desde a Segunda Guerra Mundial. A mobilidade do Talibã é garantida por motocicletas e picapes Pajero, Land Rover e Datsun, que se tornaram sinônimo de terror no interior do país.

Outro exemplo do pragmatismo talibã são as entrevistas do embaixador em Islamabad. No início de seu domínio, os milicianos não emitiam comunicados nem se encontravam com grupos de jornalistas, e alguns se recusavam a falar a sós com repórteres do sexo feminino. O mulá Omar concedeu poucas entrevistas, a mais célebre ao jornalista paquistanês Rahimullah Yousufzai. Com os ataques de 2001, o Talibã fez suas primeiras incursões na guerra da informação e se exercitou no contato com a imprensa. No segundo dia de bombardeio, apregoou ter derrubado um avião americano. A informação foi desmentida pelo Pentágono, e na terça Zaif classificou o comunicado americano de "propaganda", sem oferecer provas que embasassem sua afirmação.

Desde que a crise se iniciou, guardas e funcionários da embaixada tiveram de abrir os portões para homens sem barba e mulheres sem burca. O embaixador responde amavelmente às perguntas dos repórteres, incluindo as mais irônicas, como "Quando serão liberados nossos vistos para Cabul?".

Zaif tinha cerca de 20 anos na segunda metade de 1989, quando Bin Laden trocou Peshawar por Jedá, na Arábia Saudita. Sua mudança, a conselho da inteligência saudita, foi determinada pelo desinteresse pela luta fratricida entre os mujaidim. A primeira diáspora dos Árabes de Bin Laden teria consequências marcantes para o futuro do mundo árabe. Na Argélia, no Sudão e no Egito, o retorno desse exército de filhos pródigos, com sua formação guerrilheira e religiosa e sua dificuldade em se integrar à sociedade, ajudaria a fomentar sectarismo e guerras civis em grau até então desconhecido. Mas seria na Arábia Saudita que esses párias da jihad escreveriam o próximo capítulo de sua história.

Quando Saddam Hussein, ditador do Iraque, invadiu o Kuweit, em 1990, o regime saudita foi posto diante de um dos mais graves dilemas de sua curta história. Saddam era um antigo aliado dos Saud, que, em sintonia com Washington, haviam subvencionado o vizinho em sua guerra de oito anos com o Irã. Ao final do confronto, em 1988, o ditador tentava equilibrar a necessidade de manter um exército moderno e bem equipado e o peso de uma dívida externa crescente. A recuperação dos preços do petróleo e o aumento no consumo mundial — que atingiu 51,9 milhões de barris diários em 1989, a mais alta marca desde os 52,4 milhões de barris de 1979 — criaram o que lhe pareceu ser uma oportunidade. Calculando que a crise no Leste europeu galvanizaria as atenções das superpotências, passou a fazer ameaças ao Kuweit. Pequeno emirado às margens do Golfo Pérsico, o Kuweit tinha sido, nos anos 1930, uma das portas de entrada dos Estados Unidos ao então promissor mercado de exploração e produção de petróleo na região. Às vésperas da Segunda Guerra Mundial, foi confirmada a existência de óleo no país, e na segunda metade do século o Kuweit respondia, com a Arábia Saudita e o Qatar, por cerca de dois terços das reservas de petróleo e gás natural conhecidas no mundo. Nos sete primeiros meses de 1990, às vésperas da invasão, o Kuweit ocupava a quinta posição em produção de petróleo cru entre os 13 países membros da Organização dos Países Produtores de Petróleo - Opep. No mesmo período, o país superou em quase 30% a cota máxima fixada pela organização — a insubordinação foi um dos pretextos usados por Saddam para a agressão.

Ao anexar o Kuweit como a 19ª província do Iraque, em 2 de agosto de 1990, Saddam lançava a sombra de seu poderio sobre os poços de petróleo sauditas. Relatórios da inteligência americana fornecidos a Riad davam conta de incursões das forças iraquianas através da pouco guarnecida fronteira com o Reino. A Arábia Saudita dispunha de um exército de 70 mil homens, força insignificante diante dos 2 milhões de Saddam. Percebendo o risco que corria, a família real aceitou prontamente a oferta dos Estados Unidos de desembarque de tropas para defesa de seu território. Sob pressão americana, as Nações Unidas contrariaram as previsões de Saddam e autorizaram o emprego da força contra o Iraque. A coalizão capitaneada pelos Estados Unidos foi a maior desde a derrota de Hitler: entre os 28 países que participaram do bombardeio ao Iraque e da entrada no Kuweit, a partir de 16 de janeiro de 1991, estavam, além da Arábia Saudita, nações muçulmanas como Egito, Síria, Marrocos e Paquistão.

Os ares de incerteza e mudança que sopravam de todos os continentes foram interpretados de forma particular pela altamente ocidentalizada classe média saudita. A presença de um amplo contingente de soldados e funcionários civis estrangeiros no Reino — na maioria americanos, mas também britânicos e franceses — encorajou o desejo de liberalização, normalmente imperceptível à luz do dia. Abaixo-assinados pelo afrouxamento das leis religiosas circularam nas grandes cidades, e em novembro de 1990 algumas dezenas de mulheres votaram com o pedal e guiaram seus automóveis em Riad. Num tempo em que revoluções se iniciavam com gestos por vezes banais, a manifestação das Loucas de Riad foi noticiada no mundo inteiro como um augúrio de distensão na sociedade saudita. Imediatamente, porém, a reação se fez sentir: clérigos, altos funcionários públicos e juízes da Sharia alçaram suas vozes em favor de uma observação ainda mais estrita das leis islâmicas. A Guerra do Golfo durou apenas 41 dias, e não se sabe quais teriam sido os desdobramentos do conflito no Reino se Saddam não tivesse se rendido em 27 de fevereiro de 1991. A derrota do Iraque fortaleceu os Saud, que optaram por sufocar o movimento por reformas com prisões e remoção de funcionários.

O secretário de Defesa americano, Dick Cheney, garantira que as tropas dos Estados Unidos não permaneceriam em território saudita "um minuto além do necessário". Logo, porém, ficou claro que a estada seria duradoura. Os fundamentalistas viam nesse contingente uma ameaça. Utilizaram um antigo dito do Profeta — "Não haverá duas religiões na Arábia" — para caracterizar a presença de um exército infiel no Reino como anti-islâmica. Enquanto a fumaça negra dos poços de petróleo kuweitianos destruídos por Saddam ainda se espalhava pelo Golfo, clérigos apresentaram ao rei Fahd uma condenação por escrito das alianças externas "ilegítimas" dos Saud. "O que está acontecendo no Golfo é parte de uma intenção mais ampla do Ocidente para dominar todo o mundo árabe e muçulmano", disse o xeque Safar al-Hawali.[6]

Bin Laden, que pouco mais de cinco anos depois lançaria uma *fatwa* declarando guerra aos Estados Unidos, não aderiu à campanha dos clérigos. Ele havia advertido a família real sobre o risco de invasão do Kuweit por Saddam e se oferecera para usar os Árabes Afegãos para libertar o emirado. Não foi levado a sério. Mais grave foi a dissensão com a política oficial em relação ao Iêmen. No lar ancestral dos Bin Laden, os soviéticos haviam conseguido cravar sua única cunha na Península Arábica, com a criação de uma "república democrática" no Iêmen do Sul pelos comunistas em 1968, após a retirada dos britânicos de sua colônia e protetorado de Aden. Durante anos, a Irmandade Muçulmana patrocinara uma jihad contra o governo comunista do Iêmen do Sul a partir do Estado gêmeo do norte, que vivia sob uma ditadura militar apoiada pelos sauditas. Osama se envolvera nesse conflito tanto por meio de auxílio financeiro como de treinamento de jovens militantes iemenitas nos campos do Paquistão e do Afeganistão. O colapso da União Soviética, porém, reembaralhou as cartas da Guerra Fria, e em maio de 1990 o Iêmen se reunificou sob o comando dos militares do Norte. O acordo não foi visto com bons olhos por Bin Laden, pouco disposto a um adeus às armas em favor de um Estado secular, menos ainda um que incluísse o Hadramaut de seus antepassados. Quando a ação do braço iemenita da Al Qaeda ameaçou mergulhar o país em uma nova guerra civil, os Saud confiscaram o passaporte de Bin Laden. Em maio de 1991, portando um visto de via única para o Paquistão, amargurado com governantes e familiares, o chefe da Al Qaeda deixou para sempre a Arábia Saudita.

Bin Laden viveu por cerca de um ano entre o Paquistão e o Afeganistão, mas a perspectiva de envolvimento na guerra civil afegã o desagradava. Entre o final de 1991 e a metade de 1992, depois de despachar militantes da Al Qaeda para comprar imóveis e prospectar negócios no Sudão — sua família estava envolvida na construção de um aeroporto em Porto Sudão, na costa do Mar Vermelho, com capital majoritariamente saudita —, Bin Laden mudou-se para Cartum, a capital sudanesa. Desde 1989, o país vivia sob uma ditadura encabeçada pelo general Omar Hasan al Bashir. A eminência parda do regime era um intelectual muçulmano educado em Londres e Paris, Hasan al Turabi, que sonhava com uma internacional destinada a exportar a revolução islâmica. Num período de turbulência e de redesenho de antigas fronteiras geográficas e ideológicas, o Sudão de Bashir e Turabi se tornara um refúgio temporário para fundamentalistas, terroristas e foras da lei de todos os matizes. Quando Bin Laden chegou a Cartum, Zawahiri e parte da cúpula da Jihad Islâmica já se encontravam na cidade. Havia também militantes da Organização para a Libertação da Palestina, do Grupo Islâmico egípcio, do Hezbollah iraniano, do Hamas palestino, dos Guardas Revolucionários do Irã e de dezenas de outras organizações. Caçado por cinco países europeus, o venezuelano Ilich Ramírez Sánchez, ou simplesmente Carlos, o Chacal, o maior terrorista da Guerra Fria, usando identidade falsa, podia ser visto saboreando aperitivos no bar do Hotel Meridien, em Cartum. Casado com uma nativa, o ex-comunista Carlos se convertera ao Islã.

A passagem pelo Sudão, que duraria quatro anos, é considerada a mais tranquila da vida de Bin Laden desde os anos em Jedá. Embora antipatizasse com Turabi e desaprovasse suas opiniões sobre política e religião, ele chegou a considerar a possibilidade de fazer causa comum com os xiitas contra os Estados Unidos, no que certamente foi influenciado pelos laços entre o regime sudanês e o Irã. Suas ações no país estavam envoltas no que a Comissão do 11 de Setembro chamou de "larga e complexa rede de negócios e atividades terroristas interligados". Bin Laden criou uma companhia, a Al Hjira, e por meio dela envolveu-se em dezenas de projetos, da construção de uma estrada de Cartum a Porto Sudão ao cultivo de girassóis. Paralelamente, dava emprego a dezenas de militantes da Al Qaeda, alguns deles veteranos da jihad contra os soviéticos, que viajavam pelo mundo em busca de contatos com grupos islâmicos e oportunidades de compra de armamentos e treinamento militar. Desconhecidos dos serviços secretos do Ocidente, esses militantes iam de Tucson, Arizona, a Baku, Azerbaijão, sem levantar suspeitas.

Enquanto Bin Laden se exercitava no papel de pacato fazendeiro no nordeste da África, a vitória fulminante na Guerra do Golfo consolidava a posição dos Estados Unidos como única superpotência remanescente no planeta. "Agora, podemos divisar um novo mundo à vista. Um mundo no qual há a perspectiva real de uma nova ordem mundial", disse o presidente George H.W. Bush, a bordo de um índice de 88% de aprovação dos americanos, em discurso ao Congresso no dia 6 de março de 1991.[7] No dia 25 de dezembro daquele ano, a União Soviética, que o presidente Ronald Reagan chamara de "Império do Mal" e que por 51 anos representara a maior ameaça aos valores americanos, deixou de existir. No quartel-general da CIA, em Langley, Virginia, um pedaço do Muro de Berlim, símbolo da Alemanha dividida entre uma porção capitalista e outra comunista, podia ser contemplado pelos visitantes como relíquia de uma era passada. A Europa se distanciava de um passado de guerra, intolerância e genocídio com a assinatura do Tratado de Maastricht, que previa cidadania, moeda e sistema jurídico e parlamentar únicos. Antigas e minúsculas ex--colônias, como Hong Kong, Cingapura, Taiwan e Coreia do Sul, que experimentavam um *boom* econômico, eram o espelho no qual todo o mundo subdesenvolvido tentava se mirar. As "revoluções de veludo" no Leste europeu pareciam inaugurar uma época de resolução pacífica de conflitos. Sob os auspícios do secretário de Estado, James Baker, árabes e israelenses sentaram-se à mesa de negociações em Madri, no primeiro passo rumo aos acordos de Oslo. Na África do Sul, o líder negro Nelson Mandela deixava a prisão depois de 27 anos e se preparava para comandar o fim do regime do apartheid como primeiro presidente negro do país.

Num ensaio publicado em 1989 e transformado em livro em 1992, intitulado O *fim da história e o último homem*, o funcionário do Departamento de Estado Francis Fukuyama sustentou que o fim da Guerra Fria representara "o ponto final da evolução ideológica da humanidade e a universalização da democracia liberal ocidental como forma final de governo humano". A expressão "Pax

Americana" ganhara trânsito livre em todos os idiomas. Muros, *checkpoints*, armas nucleares e espiões pareciam ter como destino a reciclagem ou o esquecimento.

Nem tudo, porém, encorajava o otimismo. Nove dias antes do triunfante discurso ao Congresso, Bush escrevera em seu diário íntimo: "Ainda nenhum sentimento de euforia".[8] Em 1991, a produção mundial sofrera a primeira queda real desde a Segunda Guerra Mundial, como resultado combinado do colapso da União Soviética e do Leste europeu e da estagnação econômica nos países ricos. "Foi a primeira recessão global do pós-guerra", definiu o Departamento de Economia e Desenvolvimento Social das Nações Unidas em seu principal estudo de 1992.[9] No início de 1991, a recessão atingiu três das sete maiores economias capitalistas — Estados Unidos, Grã-Bretanha e Canadá — e, no final do ano, foi a vez de Alemanha e Japão entrarem em declínio. Os países ricos chegaram ao final de 1991 com 3 milhões de desempregados a mais. Mal se reunificou, a Europa foi confrontada com a primeira guerra em seus limites — ironicamente, na antiga Iugoslávia, que servira de palco para o ato inicial da Primeira Guerra Mundial. Na Índia e no Brasil, privatizações e reformas econômicas adiadas por mais de uma década estavam sob ameaça de paralisia em razão de crises políticas. A África ameaçava afundar em uma sequência de guerras civis e catástrofes humanitárias que colocariam Ruanda e Somália no lugar ocupado nas décadas anteriores por países asiáticos. Talvez o principal símbolo do pós-Guerra do Golfo pudesse ser visto no piso do saguão do Hotel Al Rashid, em Bagdá, que Saddam mandara revestir com uma grande imagem de Bush, vencedor no Kuweit. Assim, quem transitasse pelo hotel pisava no rosto do presidente americano — suprema humilhação no mundo muçulmano.

Vitoriosa no campo de batalha, a Roma moderna não sabia o que fazer com os louros do triunfo. Em 1993, um professor de Harvard, ex-conselheiro de política externa de Jimmy Carter, arriscou um palpite num artigo acadêmico. Para Samuel Huntington, o pós-Guerra Fria se caracterizaria por um choque que oporia não capitalismo e socialismo, mas sete — talvez oito — "civilizações": ocidental, sínica, japonesa, hindu, islâmica, ortodoxa, latino-americana e possivelmente africana. Era uma leitura oposta à de Fukuyama: se a perspectiva para o futuro era de um persistente e por vezes violento confronto entre distintas formas de "entidade cultural mais ampla", a história não apenas não terminara como ficara mais emocionante. "O choque entre civilizações será a última fase da evolução do conflito no mundo moderno", concluiu Huntington. Estampado pela revista americana *Foreign Affairs*, o artigo de Huntington, que se transformaria em 1996 no livro *Choque de civilizações*, produziu a maior enxurrada de cartas e réplicas da história da publicação.

As consequências da abordagem de Huntington não se limitavam à diplomacia. Ele tinha um alvo no *front* interno: os distintos grupos étnicos, feministas, de direitos civis e defesa das minorias ordinariamente identificados como liberais nos Estados Unidos. Desde a grande revolução cultural dos anos 1960, esses segmentos haviam crescido em influência e imposto sua agenda em escala regional em instituições como universidades, museus e órgãos públicos. Os intelectuais mais profícuos desse movimento se inspiravam diretamente em pensadores estruturalistas e pós-estruturalistas franceses que, a partir dos anos 1960, submeteram a uma crítica sem trégua conceitos vitais às ciências sociais e humanas como narrativa, verdade histórica, determinação e causalidade. De repente, objetos de estudo que haviam sido dissecados por gerações de acadêmicos — como a família nuclear, o Oriente ou Shakespeare — passaram a ser considerados não como entidades inertes mas como invenções de pessoas, classes sociais e épocas. O pensamento pós-modernista, como ficou conhecido, desmascarou totens como o cânone ocidental na literatura e a identidade americana nas ciências sociais. Reclamou um lugar aos que não tinham voz: imigrantes, escravos, estrangeiros, deslocados. Os anos 1990 foram a era de ouro do multiculturalismo, que por sua vez ecoava a marcha do movimento de direitos civis de décadas passadas. Seu legado prático foi da linguagem politicamente correta às ações afirmativas, passando pelas organizações não governamentais, pelo trabalho voluntário e pelo renascimento do ambientalismo. Esse novo credo horrorizava tradicionalistas como Huntington, que decretou: "Os Estados Unidos multicivilizacionais não serão os Estados Unidos, mas as Nações Unidas". O fato é que, apesar do coro dos descontentes, o multiculturalismo elegeu em 1992 seu primeiro presidente americano.

Diferentemente de Bush pai, ex-diretor da CIA e magnata do petróleo para quem a diplomacia era uma espécie de segunda natureza, Bill Clinton, advogado e governador do obscuro Estado do Arkansas, parecia talhado para a política interna. Filho de um vendedor veterano da Segunda Guerra Mundial e de uma enfermeira, órfão de pai ao nascer, carismático, saxofonista amador, "nosso primeiro presidente negro", segundo a escritora Toni Morrison, o democrata chegou à Casa Branca embalado pelo descontentamento com a recessão que esboroara a popularidade do antecessor. A agenda de Clinton era marcadamente doméstica, e nos primeiros anos sua diplomacia com ares de "trabalho social" se concentrou em populações atingidas por guerras civis e tragédias humanitárias na Bósnia, na Somália e no Haiti.

Foi numa missão batizada de Esperança Restaurada, concebida para ajudar refugiados da guerra civil na Somália, que soldados americanos atraíram pela primeira vez a atenção da Al Qaeda. Bush pai havia aprovado o envio de um contingente de *marines* e Seals (forças especiais da Marinha), coordenados pelas Nações Unidas, para que se interpusessem entre chefes de clãs guerreiros no conflagrado Chifre da África. Os navios americanos usavam a antiga colônia inglesa de Aden, no Iêmen, como ponto de pouso e abastecimento. Em dezembro de 1992, bombas explodiram em dois hotéis da cidade, matando um australiano e um iemenita. Os soldados estavam em outro hotel e nada sofreram. Quase um ano depois, apanhadas numa batalha pelo controle da capital somali, Mogadíscio, as forças americanas perderam 18 soldados e dois helicópteros Black Hawk. A participação de Bin Laden e da Al Qaeda nesses ataques não foi comprovada, embora o saudita tenha se jactado mais de uma vez da assistência prestada aos "irmãos" que abateram os Black Hawk. São dessa época duas *fatwas* da cúpula da Al Qaeda, uma delas conclamando a pôr fim à ocupação pelo Ocidente de terras muçulmanas (na qual a organização usou pela primeira vez a expressão "cortar a cabeça da serpente") e outra autorizando o assassinato de muçulmanos que prestassem auxílio aos infiéis.

Em 1994, os Estados Unidos retiraram suas forças da Somália. Nos dois anos seguintes, os atentados contra alvos ocidentais cresceram em número e audácia na região. Em novembro de 1995, um carro-bomba explodiu num prédio público usado por militares dos Estados Unidos e da Arábia Saudita em Riad, matando cinco americanos e dois indianos. No ano seguinte, um caminhão com explosivos atingiria um complexo residencial em Dahran, também na Arábia Saudita, matando 19 americanos e ferindo 372. A Al Qaeda também teria tentado negociar a compra de urânio. "É fácil matar mais pessoas com urânio", disse Jamal Ahmed Al--Fadl, ex-integrante da organização que rompeu com Bin Laden por desavenças financeiras e vive sob proteção judicial nos Estados Unidos.[10]

7

EU VI UM EXÉRCITO REZANDO

Com 2,3 milhões de habitantes em 1990, o Brooklyn é o maior e mais populoso distrito de Nova York. Concentra cerca de um terço dos residentes da metrópole nascidos no exterior — no início dos anos 1990, mais de 60% desses imigrantes vinham da América Latina, e cerca de 10%, da Ásia e da África. O peso dos muçulmanos nessa comunidade teve um crescimento significativo a partir dos anos 1970. Segundo um estudo da Universidade Columbia, havia no início de 2001 pelo menos 27 mesquitas no Brooklyn — três vezes o número existente em toda Nova York em 1970. Pelo menos dois desses templos foram palco de pregações de um veterano da jihad no Afeganistão: o xeque egípcio Omar Abdel Rahman.

Quando emigrou para os Estados Unidos, Rahman já tinha respondido três vezes por conspiração para assassinar Sadat e incitar à violência no Egito. Na primeira vez, ficou seis meses na prisão. Foi libertado depois que a corte aceitou o argumento de seus advogados de que ele não havia atacado Sadat nominalmente e que, portanto, não participara do complô. Depois de desembarcar nos Estados Unidos, em julho de 1990, Rahman passou a defender nada menos do que uma jihad contra os "inimigos de Deus". "Assassinato para fazer o Islã triunfante é legítimo", disse num sermão gravado que seria usado pelos promotores em seu julgamento. Para que não pairassem dúvidas sobre os alvos, Rahman os definia como "descendentes de macacos e porcos alimentados nas mesas do sionismo, do comunismo e do imperialismo".[1]

Enquanto viajava pelos Estados Unidos e pelo Canadá, o xeque atraía um círculo de seguidores atentos. Um desses discípulos era o iraquiano Rashid, "um amigo do Afeganistão, um sujeito que fará qualquer coisa", de acordo com Mahmoud Abouhalima, ex-motorista de Rahman, que o apresentou ao xeque.[2] A identidade era falsa, mas o recém-chegado de fato estivera no Afeganistão e faria qualquer coisa para transformar a jihad preconizada por Rahman em sangrenta realidade. Oriundo de família paquistanesa e palestina, Abdul Basit Mahmoud Abdul Karim — ou simplesmente Ramzi Yousef, como ficou conhecido — cresceu num subúrbio operário da Cidade do Kuweit e estudou engenharia elétrica no País de Gales. Dois de seus tios ocupavam posições de comando na jihad afegã — um deles, Khaled Sheik Mohammed, passaria à história como o autor da ideia de usar aviões nos atentados de 11 de setembro. Enquanto recebia treinamento com explosivos no Afeganistão, entre 1991 e 1992, Yousef decidiu empregar suas habilidades num espetacular atentado em solo americano. Obteve asilo nos Estados Unidos depois de se apresentar como ex-soldado do exército de Saddam perseguido por colaborar com a resistência kuweitiana. Em Nova York, seguidores do xeque Rahman desconfiaram de seu sotaque, que parecia paquistanês e não iraquiano.

Nos cinco meses em que esteve nos Estados Unidos, Yousef usou um apartamento em Jersey City como laboratório para montar com pólvora, nitrato de amônia, azido de sódio e hidrogênio o que o FBI definiu como a maior bomba artesanal já encontrada no território nacional. O artefato explodiu 18 minutos depois do meio-dia de 26 de fevereiro de 1993, no nível B-2 do estacionamento do subsolo do World Trade Center, em Manhattan, Nova York. O próprio Yousef estivera na van Ford Econoline que levava a bomba e acionara o dispositivo. A explosão abriu uma cratera sete andares acima, deixando seis mortos e 1.042 feridos. Ao embarcar para o Paquistão, naquele dia, Yousef levou a frustração por não ter atingido o objetivo de pôr abaixo as Torres Gêmeas e matar 250 mil pessoas.

O FBI não teve dificuldade de reconstituir os passos de Yousef e identificou seguidores do xeque Rahman no Brooklyn entre seus cúmplices. Um ano depois, agentes federais invadiram um albergue no Queens usado como laboratório de explosivos. O novo complô visava mandar pelos ares outros símbolos nova-iorquinos, como a sede das Nações Unidas e os túneis Lincoln e Holland. Yousef seria preso em 1995, em Islamabad, Paquistão. A rapidez com que as autoridades prenderam e julgaram os suspeitos pelo atentado de Nova York e a escassez de ações terroristas em 1993 — além da explosão no World Trade Center, o Departamento de Estado listou apenas outros dois incidentes significativos, um deles uma tentativa frustrada do Iraque de assassinar o ex-presidente George H. W. Bush no Kuweit — tranquilizaram os americanos. Pouca atenção foi dada a detalhes que seriam decisivos na escalada do terror nos anos seguintes.

Durante anos, os Estados Unidos haviam combatido um tipo específico de ameaça terrorista: a de grupos políticos baseados no exterior, com identidade ideológica definida — nacionalista e esquerdista, na maioria das vezes — e laços com Estados como Síria, Líbia, Irã e Iraque ou com causas de libertação nacional como as da Palestina e da Irlanda do Norte. Os militantes usados por essas organizações costumavam ser homens e mulheres com trajetória de radicalização política iniciada na juventude, normalmente na universidade, indicava formação intelectual sólida e compromisso com a causa forjado em anos de participação em conflitos regionais. O figurino não servia em Ramzi Yousef. Ele não exibia o fenótipo do muçulmano radical. Não usava barba e nem mostrava excessivo zelo religioso. As queimaduras no rosto e nas mãos podiam ser vistas como sequelas de acidentes de trabalho — e, em certo sentido, o eram. Sua formação era técnica e se completara no Afeganistão do início dos anos 1990, fora dos radares de segurança e defesa das superpotências.

A maior distância entre Yousef e seus antecessores na lista de terroristas mais procurados do mundo, porém, estava nos objetivos. Carlos, o Chacal, e Abimael Guzmán, líder do peruano Sendero Luminoso, tinham metas políticas precisas — pôr fim à ocupação israelense da Palestina, instaurar uma ditadura maoista nos Andes. Dificilmente seria possível divisar uma estratégia global por trás de suas ações sangrentas. O programa político não escrito de Yousef, por sua vez, podia ser resumido como uma versão planetária da Lei de Talião: punir severamente os Estados Unidos e seus aliados, onde fosse possível, por terem entrado em terras muçulmanas. Um exame minucioso das *fatwas* do xeque Rahman e dos depoimentos de Yousef não deixava dúvidas de que eles pensavam estar travando uma jihad global contra os "cruzados". Ninguém estava a salvo diante de motivações criminosas nessa escala. Tampouco o terrorismo pós-moderno parecia se deter diante de pruridos de natureza propagandística: seu ideário não apenas permitia como considerava um dever matar civis, mulheres e crianças que colaborassem com o inimigo, muçulmanos ou não. Num detalhe que parece indicar misericórdia com os verdadeiros crentes, a explosão no World Trade Center em 1993 ocorreu ao meio-dia de uma sexta-feira — horário em que devotos deveriam estar na mesquita para as preces de *dhuhr*.

O nome de Osama bin Laden veio à tona nas investigações do atentado de 1993, em meio a uma centena de outros. A CIA detectou o envolvimento dele no treinamento de terroristas egípcios no Sudão, classificado naquele ano como Estado patrocinador do terrorismo. No julgamento de Rahman, dois anos depois, promotores perguntaram a pelo menos uma testemunha se ela conhecia Bin Laden. Para o Centro de Contraterrorismo da CIA, porém, o saudita continuou sendo apenas um "financiador de terrorismo" até 1997, quando já se encontrava outra vez no Afeganistão. Outros sinais também passaram despercebidos pela máquina americana de segurança, defesa e espionagem. Yousef viajara para os Estados Unidos em companhia de outro terrorista, Ahmad Ajaj, detido pelas autoridades no Aeroporto John F. Kennedy sem que as ligações entre os dois fossem identificadas. Ajaj levava na bagagem um manual sobre explosivos intitulado *Al Qaeda*.[3]

No final de 1993, a família Bin Laden excluiu Osama do quadro de acionistas das duas grandes empresas da família, a Mohammed bin Laden Company e o Saudi Binladin Group, e no ano seguinte expediu a primeira condenação pública da conduta do parente. Essa declaração praticamente coincidiu com a decisão do governo saudita de cancelar o passaporte de Bin Laden e privá-lo de cidadania, e é provável que ambas tenham a mesma causa: a pressão de países muçulmanos como Egito, Argélia e Iêmen sobre a família real para enquadrar o súdito rebelde. Banido e privado dos dividendos do conglomerado Bin Laden, Osama continuou em contato com a mãe, o padrasto, meios-irmãos e sobrinhos até pelo menos 2001.

A temporada no Sudão, porém, estava próxima do fim. Em fevereiro de 1994, um trio de militantes chefiados por Mohammed Abdullah al Khilaifi, mujaidim líbio que conhecera Bin Laden em Peshawar, abriu fogo contra o saudita, seu filho mais velho, Abdullah, e guarda-costas em frente a sua casa, em Cartum. Osama e Abdullah responderam ao fogo e mataram dois dos três atacantes. O saudita responsabilizou "governos árabes" pelo atentado. Meses mais tarde, o líder da Al Qaeda anunciou a seus homens que teria de reduzir seus salários por falta de dinheiro. Seguiu-se um período de defecções, a principal sendo a de Jamal al Fadl, que rompeu com a rede depois de roubar US$ 110 mil e se tornou informante dos Estados Unidos.

A tentativa de assassinato aproximou ainda mais o saudita de seu velho companheiro de jihad Ayman al Zawahiri. A Jihad Islâmica teria um papel decisivo no desfecho das relações entre Bin Laden e o regime sudanês. Um atentado fracassado contra um comboio que levava o presidente do Egito, Hosni Mubarak, em Addis Abeba, Etiópia, em junho de 1995, e outro contra a embaixada egípcia em Islamabad, Paquistão, em novembro, com 18 mortos, levariam à expulsão do grupo do Sudão. O regime de Bashir e Turabi enfrentou em seguida a pressão dos Estados Unidos, da Arábia Saudita e da Líbia para que estendesse o decreto a Bin Laden. Provavelmente informado de que não havia acusação legal contra o saudita na Justiça americana, o ministro da Defesa, general Elfatih Erwa, prontificou-se a entregá-lo aos Estados Unidos. O Departamento de Estado recusou. Em maio de 1996, Bin Laden, dois filhos e alguns guarda-costas deixaram Cartum a bordo de um avião fretado rumo a Jalalabad, no Afeganistão. Perdera praticamente todo o dinheiro investido no Sudão.

Os Estados Unidos permitiram a ida de Bin Laden para o Afeganistão por não terem uma política para aquele país.[4] Na prática, porém, essa omissão significava um endosso dos interesses de seus mais influentes aliados na região, o Paquistão e a Arábia Saudita. Em 1996, o Afeganistão havia mergulhado ainda mais fundo na guerra civil. Sete anos haviam transcorrido desde a retirada das forças soviéticas, mas a paz parecia ainda mais distante do que no auge da "guerra total" dos anos 1980. Ao sair do país, os soviéticos haviam deixado em Cabul um novo governo títere, encabeçado por Mohammed Najibullah, ex-chefe do Departamento de Inteligência, conhecido pela sigla KhaD (a polícia secreta). A esse médico de formação e ex-halterofilista, apelidado de Touro na juventude, que granjeara a reputação de brutalidade comum aos chefes de serviços secretos na órbita soviética, estava reservado o papel de Gorbachev afegão. Najibullah lançara a proposta de um governo de reconciliação e unidade nacional, mas os mujaidim baseados em Peshawar, insuflados por agentes paquistaneses e sauditas, recusaram a oferta. Seguiram-se anos de guerra entre o governo de Cabul e os chefes tribais e entre as próprias milícias, sem que nenhuma facção fosse capaz de assegurar o controle do país.

Com o fim da União Soviética, Najibullah ficou suspenso no ar. Em 1992, três grupos mujaidim entraram em Cabul. O Jamiat-e-Islami, de Burhanuddin Rabbani e Ahmad Shah Massud, se proclamou governo. O sul e o oeste da capital foram ocupados pelas facções rivais Hizb-e-Islam, de Hekmatyar, apoiado pelo Paquistão, e Hizb-e-Wahdat, de xiitas da etnia hazara. Convidado para participar da administração na condição de primeiro-ministro, Hekmatyar apresentou uma série de exigências que sabia de antemão inaceitáveis para o Jamiat. As outras facções mujaidim odiavam Hekmatyar e faziam circular a versão de que, com sua fúria sectária, ele eliminara mais afegãos do que soviéticos durante a jihad. Em janeiro de 1994, o Hizb-e-Islam, aliado a antigos colaboradores de Najibullah, promoveu um dos mais ferozes bombardeios da história de Cabul com fogo de artilharia e foguetes, destruindo metade da cidade e matando cerca de 25 mil pessoas.[5]

Apesar de ser formalmente considerada o governo do Afeganistão, a administração de Rabbani e Massud não governava nessa época mais do que uma parte da capital e de seus arredores, incluindo o Vale do Panjshir. A oeste, o ex-capitão do exército afegão e aliado do Irã Ismail Khan controlava Herat. No norte, o homem forte era o general uzbeque Rashid Dostum, que fora aliado dos governos comunistas. A nordeste, incluindo Jalalabad, e ao sul, chefes tribais patanes, excluídos pela primeira vez em 300 anos do poder central em Cabul, comandavam as províncias em que sua etnia predominava. Na prática, o país não tinha uma autoridade federal, e a única lei se baseava em ópio e chefes tribais.

A cidade de Cabul, que num passado não muito distante fora uma aprazível metrópole de ruas arborizadas, palácios e museus, tinha se convertido numa agência tribal do inferno na metade dos anos 1990. Durante a era de ocupação soviética e os anos de Najibullah, a capital fora a mais guarnecida pelas forças russas e afegãs leais ao governo e permanecera inatingível à artilharia rebelde, que praticamente não tinha aviação. Uma parcela de sua população adulta, que ostentava níveis de educação e refinamento superiores a grandes cidades da Índia e do Paquistão, tinha uma lembrança relativamente doce desses tempos.

Uma dessas cabulis, a ginecologista Susan, que entrevistei em 2001, havia se formado no final dos anos 1980 pelo Instituto Médico da capital. Em 1994, um foguete lançado pelo Hizb-e--Islam de Hekmatyar atingiu sua casa e ela foi ferida na perna. Susan entrara claudicante no escritório da Sociedade de Direitos Humanos e Ajuda a Prisioneiros (Sharp), em Islamabad, e se acomodara pesadamente numa cadeira, enquanto a perna ferida balançava levemente. Trazia a cabeça descoberta, revelando uma face arredondada e olhos verdes, que marejavam enquanto recapitulava sua história. A dispensa do véu e as roupas coloridas não a credenciavam como religiosa.

A falta de luz e gêneros e os bombardeios forçaram a família a deixar a capital, Susan relatou. Eles buscaram refúgio na cidade de Khost, perto da fronteira com o Paquistão. Em 1996, pouco antes de tomar Cabul, o Talibã chegou à cidade, e a médica passou a viver confinada. No ano seguinte, ela, o marido e a filha se refugiaram no Paquistão.

— Quero que minha filha estude e tenha um futuro brilhante — diz Susan, revelando uma aspiração inacessível às mulheres sob o Talibã.

Os mujaidim eram tradicionalistas, mas sob o governo Rabbani as mulheres de Cabul tinham relativa liberdade cotidiana, recorda outra cabuli que entrevistei, a intérprete de dari Hangama. Podiam circular desacompanhadas, trabalhar e frequentar escolas e universidades, embora a administração encorajasse o uso do véu. Professora recém-formada em 1996, Hangama pôde dar aulas por quatro meses antes de ser proibida de trabalhar pelo Talibã.

— Os mujaidim estabeleciam apenas pequenas exigências — afirma a ex-professora.

Num cenário como esse, o surgimento do Talibã como uma milícia independente não chegava a surpreender. A maioria de seus chefes havia lutado na jihad dos aos 1980. O mulá Mohammed Omar, líder máximo do Talibã, recebera o batismo de fogo na guerra contra os soviéticos sob a bandeira do Hizb-e-Islami (mesmo nome da facção de Hekmatyar, com a qual rompera nos anos 1970). O inspirador do grupo era Yunus Khalis, chefe político e religioso da província de Nangarhar, nordeste do Afeganistão. A região é uma das janelas para o vizinho Paquistão — fica na embocadura ocidental do Passo de Khyber, uma brecha entre as montanhas a leste do Hindu Kush. Nem a história violenta da região diminui a impressão causada no viajante pela combinação entre o céu azul e as muralhas de terra nua, que mudam de cor à medida que o sol avança sobre o território afegão.

Nangarhar é uma região de cultivo de papoula, usada na produção de ópio e facilmente escoada por contrabandistas por trilhas nas montanhas até Torkham, no lado paquistanês da fronteira. É também uma das áreas mais ao norte povoadas pelos patanes do Sul, e os laços étnicos devem ter contribuído para o engajamento de Omar nas forças de Khalis. O chefe do Hizb-e-Islami era um maulana, título dado aos eruditos religiosos profissionais. Como muitos desses clérigos desde a primeira metade do século passado, Khalis trocara os estudos corânicos pelos afazeres de líder tribal. No momento da invasão soviética, já fizera 60 anos e exibia a figura imponente de um patriarca, de semblante fechado, barbas brancas e turbante. Em 1988, numa delegação de mujaidim, encontrou-se com o presidente americano Ronald Reagan. Sob sua liderança, Omar, então com cerca de 20 anos, deve ter sido destemido: foi ferido quatro vezes. Na batalha de Jalalabad, epílogo da retirada soviética, em 1989, perdeu o olho direito em razão de um estilhaço de foguete, segundo uma versão. Os dois ficariam ligados até a morte de Khalis, em 2006. Quando Bin Laden voltou ao Afeganistão, em 1996, instalou-se numa fazenda do maulana. Após a queda do Talibã, ao qual dera apoio, Khalis disse ao jornal americano *Christian Science Monitor*: "Os americanos podem bombardear o que quiserem, eles nunca vão apanhar Osama".[6]

Omar nasceu em 1959 numa aldeia na província sulista de Kandahar, numa família de camponeses de um ramo pobre e obscuro da tribo patane Ghilzai. Essa linhagem é a maior do Afeganistão e traça sua ascendência até os tempos bíblicos. Diz a lenda que, ao se libertar do cativeiro na Babilônia, nem todos os hebreus retornaram a Jerusalém: uma parte — conhecida como Bani Israel ou Bani Afgana — se dirigiu para leste, até as montanhas de Ghor, hoje no Afeganistão, e para o sul, rumo a Meca, na Arábia. Com o advento do Islã, uma delegação dos primos Afgana de Ghor teria sido convidada a visitar Medina para conhecer a mensagem de Maomé. À frente do grupo, estaria um certo Qais. O Profeta deu a bênção aos recém-chegados e, impressionado com a aridez de seu idioma, disse que só poderia ser a língua do inferno — um mito que os patanes repetem ainda hoje com humor. Segundo uma tradição, o primeiro Ghilzai viria a ser bisneto de Qais.

Entre os rebentos dos Ghilzai registram-se guerreiros e reis, mas pouco dessa glória chegou ao jovem Omar. A morte do pai levou-o a assumir muito cedo a responsabilidade pela mãe e pelos irmãos. Em busca de sustento, abriu sua própria madrassa no vilarejo de Singesar, uma das muitas povoações patanes perdidas no planalto desolado da região de Kandahar. Somente grandes acontecimentos apressam a passagem do tempo em lugares como Singesar, com suas casas de barro e palha que parecem brotar do chão do deserto, onde se pode esperar anos pela chuva e aviões, TVs e computadores parecem saídos de uma antevisão do Juízo Final. Em 1979, um terremoto sacudiu a mansidão de Kandahar: a chegada dos tanques soviéticos, vindos do oeste pela estrada de Herat.

Ao final da guerra contra os soviéticos, Omar retornou para Singesar e retomou os estudos religiosos. Era um homem tímido e pouco carismático, com a fisionomia ensombrecida pela barba negra e pela órbita vazia no lugar do olho direito. Por volta dos 1930 anos, já tinha três mulheres e uma legião de filhos. Suas relações se limitavam a outros mulás da região. Como ex-*mujaidim*, líderes espirituais e chefes políticos, Omar e seus companheiros eram depositários das queixas dos habitantes de Kandahar e arredores contra os líderes tribais da região e os bandoleiros que assolavam as estradas. O sul, menos atingido pela guerra da década de 80 do que o nordeste e o norte fronteiriço à União Soviética, era uma rota preferencial dos contrabandistas que operavam entre Irã,

Afeganistão e Paquistão. No limiar dos anos 1990, era impossível para esses mercadores de papoula, eletrônicos e armas percorrer a estrada de Herat, no leste, a Kandahar e Quetta, no Paquistão, sem ser interceptados, roubados e às vezes sequestrados por bandidos. "Nós nos sentávamos por um longo tempo para discutir como mudar a terrível situação", disse o mulá Mohammad Ghaus, ex-ministro do Exterior do Talibã, ao jornalista Ahmed Rashid.[7]

O pesadelo afegão se revelara especialmente delicado para o Paquistão. Os britânicos, que governaram a Índia por dois séculos, viam o Afeganistão como um Estado tampão, um amortecedor entre sua própria fronteira e a do Império russo, demarcada pelo Rio Abu Damrya. Para o frágil Estado paquistanês, o vizinho era mais do que isso. Os patanes eram a principal etnia do Afeganistão, mas havia muito mais patanes na Província da Fronteira Noroeste e no Baluchistão do que em solo afegão. Durante a luta de independência, os patanes da Índia britânica, liderados por Abdul Ghaffar Khan, o "Gandhi da Fronteira", haviam proposto a criação de um Pashtunistão, recusando-se a aderir ao Paquistão ou à Índia. A fórmula não vingou, mas a proposta de transformar o cinturão patane da Fronteira em um Estado independente costumava reviver em tempos de crise, para assombro da elite e dos militares paquistaneses. Em Islamabad, o envolvimento no Afeganistão era um raro ponto de acordo entre as principais facções políticas — apesar das divergências sobre a melhor forma de fazê-lo — e um segredo impossível de guardar.

O respaldo dos militares paquistaneses a Hekmatyar depois de 1989 produzira poucos resultados. Seu Hizb-e-Islami tinha um quadro de combate modesto, jamais conseguira assumir o controle da capital e era desprezado pelos próprios patanes. Uma virada política no Paquistão teria repercussão imediata sobre o vizinho. O governo do primeiro-ministro Nawaz Sharif, da Liga Muçulmana, tradicional partido conservador preponderante no Punjab, perdeu as eleições parlamentares de outubro de 1993 para seu maior rival, o Partido do Povo do Paquistão.

Desde sua fundação, em 1967, o PPP havia sido o que mais se assemelhava a um partido político no Paquistão. Seu fundador, o advogado e futuro primeiro-ministro Zulfikar Ali Bhutto, pertencia a uma família da elite de Sindh, a província do Sul que fora um rico império no passado. Refinado e ambicioso, Bhutto era um caudilho que aspirava a elevar o país a potência econômica e militar. Ingressara na política aos 31 anos como ministro do general-presidente Ayub Khan. Em 1963, no auge da popularidade, fora recebido em Washington pelo presidente John Kennedy, que lhe dissera:

— Se você fosse americano, estaria em meu ministério.

Bhutto objetou:

— Cuidado, senhor presidente. Se eu fosse americano o senhor estaria em meu ministério.[8]

O credo do PPP era populista: enfatizava desenvolvimento e justiça social, acalentava sonhos expansionistas dos militares para mantê-los sob controle e recorria à corrupção e à violência no varejo da política. Seu lema simples — "Pão, roupa e casa" — se tornou um *motto* poderoso para as massas paquistanesas. Ainda como ministro de Ayub Khan, Bhutto sustentou pela primeira vez em 1965 a necessidade de o país construir a bomba atômica para fazer frente à da Índia, e sete anos depois deflagrou de fato um programa nuclear.

O exército revelou-se a nêmesis de Bhutto. Em 1977, em seu segundo mandato como primeiro-ministro, ele foi deposto por um golpe militar, processado e, dois anos depois, enforcado. "No dia em que meu pai foi preso eu passei de menina a mulher", escreveu sua filha Benazir Bhutto, que se tornaria herdeira política do pai à frente do PPP e primeira mulher a encabeçar o governo em um Estado islâmico.[9] Depois de um primeiro mandato entre 1988 e 1990, ela foi reconduzida ao governo como primeira-ministra em 1993.

Decidida a explorar as possibilidades de investimento nas repúblicas muçulmanas surgidas na Ásia Central depois da era soviética, Benazir apostou numa solução negociada para a guerra civil afegã, capaz de garantir segurança aos comboios pelo caminho mais curto das estradas do Norte. A solução provou-se impossível em virtude dos ódios recíprocos, para os quais concorria o apoio perene do ISI a Hekmatyar. A segunda possibilidade, pensaram os estrategistas paquistaneses, seria abrir caminho pelo Sul. Ao prospectar parceiros para essa tarefa, o serviço secreto puxou as cordas de antigos contatos. Descobriu que uma milícia de religiosos patanes, muitos deles oriundos de madrassas paquistanesas, já se organizara em Kandahar para punir desmandos de chefes tribais e bandidos de beira de estrada. Em outubro de 1994, o ministro do Interior paquistanês, general Nasirullah Babar, de origem patane, ex-governador da Província da Fronteira Noroeste e velho amigo da família Bhutto, colocou um comboio com produtos têxteis em movimento a partir de Chaman, na fronteira, com destino a Kandahar. No momento em que os caminhões foram interceptados, a 32 quilômetros da cidade, Babar solicitou a intervenção do Talibã. Era o início de uma longa amizade.

Benazir nasceu em 1953, numa família muçulmana profundamente tocada por valores laicos. Seu avô, sir Shah Nawaz Bhutto, tinha sido administrador local e líder político muçulmano renomado nas últimas décadas do Raj. Como prefeito do distrito de Larkana, idealizara uma barragem vital para a irrigação e usara o sucesso da empreitada em benefício da causa muçulmana na Partilha. Era amigo de infância e vizinho em Mumbai de Mohammed Ali Jinnah, fundador do Paquistão. Os Bhutto eram sunitas, mas Zulfikar casou-se com uma iraniana xiita, Nusrat. Seguindo o exemplo do pai, ele fez questão de educar filhos e filhas em igualdade de oportunidades, contrariando o costume de Sindh de negar às mulheres acesso ao ensino. Benazir recorda que, ao chegar à adolescência, sua mãe lhe estendeu uma burca e o pai reagiu: "Minha filha não tem de usar esse traje".[10]

O instinto de sobrevivência política, porém, levou os Bhutto a tirarem por vezes da manga a carta religiosa, especialmente em momentos de crise. Para enfrentar o Jamiat-e-Islami em seu próprio terreno, pouco antes de ser deposto, Zulfikar Ali Bhutto proibiu o álcool e fechou casas noturnas. Como mulher e personalidade política de proa, Benazir assumiu um fardo maior. Aos 34 anos, essa graduada em Oxford consentiu em um casamento arranjado pela mãe com Asif Ali Zardari, de uma família abastada de Sindh. "Um casamento arranjado foi o preço a pagar pelo caminho político que minha vida tomou", afirmou em sua autobiografia *Filha do Destino*.[11] A presença de mulheres na linha de frente da política tinha sido comum depois da independência — Fatima Jinnah, irmã do Quaid-e-Azam, fora uma figura proeminente na Liga Muçulmana e tivera apoio do Jamiat. Mas a religião estava em eclipse no tempo dos Jinnah, enquanto Benazir teve de lidar com um ascendente movimento fundamentalista que nunca aprovou uma mulher à frente de uma nação muçulmana.

Entre os Bhutto e as forças armadas, havia pouco espaço para hipocrisia desde que Zulfikar Ali Bhutto fora enforcado pelos militares numa prisão de Rawalpindi. O ISI havia contribuído para a derrocada do primeiro governo de Benazir. Cautelosa, ela se dispôs a uma acomodação em sua segunda administração. Questionada na época sobre o apoio ao Talibã, foi categórica: "Não temos favoritos no Afeganistão e não interferimos no Afeganistão".[12] Ao fazer um balanço de seu mandato pouco antes de morrer, assinalou as boas relações mantidas inicialmente com o ISI. Sobre o Afeganistão, disse que, se seu governo tivesse chegado a termo, dificilmente Bin Laden teria conseguido asilo no país vizinho "em 1997, quando ele criou a Al Qaeda". O desembarque do saudita em Jalalabad ocorreu em maio de 1996, quando Benazir ainda era primeira-ministra de um governo aliado às forças que deram boas-vindas ao chefe da Al Qaeda. [13]

O estrangeiro que transita pela primeira vez pelas ruas de Rawalpindi, sede do Quartel-General das Forças Armadas do Paquistão, se impressiona com o grande número de instalações, veículos e pessoal militar. Essa praça de armas de paredes brancas e jardins bem cuidados, monumentos em bronze e bandeiras ondulantes é rodeada por uma típica metrópole do Hindustão, com seus milhões de habitantes espremidos em bazares e ruelas imundas. Em meu primeiro giro por Rawalpindi, me perguntei o que levara o exército paquistanês a deitar acampamento na borda daquela represa humana prestes a explodir. Era hora da prece do fim da tarde, e o azam, cântico de convocação dos fiéis entoado pelos muezim e irradiado pelos alto-falantes das mesquitas, era ouvido por toda a cidade. Diante de um prédio público, estava a resposta: um soldado paquistanês, barbudo e de uniforme cáqui, rezava inclinado em direção a Meca, a testa tocando o tapete de oração, o fuzil às costas. Mais adiante, havia uma dúzia que orava em grupo. Naquele minuto, dezenas de milhares de soldados como aqueles deixavam turnos de guarda, afazeres de caserna e escrivaninhas para cumprir o dever de bons muçulmanos. Vi um exército rezando nas ruas de Rawalpindi como se estivesse em casa — uma cena que impele o observador a imaginar os tempos imemoriais em que o Profeta e seus seguidores não distinguiam catequese e conquista. O exército paquistanês é o braço armado muçulmano de um Estado muçulmano, mas nem sempre foi assim.

Os primórdios da história do Paquistão estão cheios de episódios em que o serviço público — civil e militar — afirmou sua independência diante da religião. As forças armadas do jovem Estado nasceram de uma costela do exército britânico, e seus dois primeiros comandantes em chefe foram ingleses cristãos. A fé só passou a ser um ingrediente vital na caserna sob o governo do general Mohammed Zia ul Haq. A lealdade de Zia ao Paquistão era dupla. Como muçulmano nascido no Punjab Oriental, era um *muhajir*, imigrante da Índia para o Paquistão. Como capitão da cavalaria do Exército Britânico Indiano, que fora dividido entre os Estados hindu e islâmico, cumprira o dever de se juntar à nascente nação. Ele nunca esqueceu a experiência de escoltar trens de refugiados em meio à selvageria étnica que se seguiu à Partilha. "A vida se tornou tão barata entre hindus e muçulmanos", recordaria mais tarde.[14] Duas jornadas no exterior — em curso militar nos Estados Unidos e como assessor militar do rei Hussein, da Jordânia, no combate à organização palestina Setembro Negro — ajudaram a moldá-lo no ambiente da Guerra Fria.

A devoção religiosa de Zia estava um tom acima dos oficiais de sua geração. Isso não o tornava, no entanto, uma figura excêntrica. O brigadeiro Mohammed Yousaf, que dirigiu o comitê afegão do ISI por quatro anos, definiu-o: "Muçulmano devoto, sim, mas político demais para ter o fervor fundamentalista".[15] Um dos maiores especialistas na questão militar paquistanesa, Stephen Cohen sustenta que, na contramão da versão corrente da história, Zia e os outros generais que derrubaram Bhutto não tinham, antes do golpe de 1977, um plano de islamização do país. Uma cena relatada por Babar — que certamente a ouviu de Bhutto — pode fornecer uma pista sobre o modo como Zia combinava política e religião. Num encontro privado com o então presidente, a quem haveria de depor, prender e executar, Zia pousou a mão sobre um exemplar do Corão e disse: "O senhor é o salvador do Paquistão, e é nossa obrigação sermos totalmente leais ao senhor".[16]

Uma vez no poder, Zia promoveu uma guinada religiosa jamais vista no Paquistão. Antes dos aiatolás do vizinho Irã, ele ergueu um sistema legal baseado no Corão — pelo qual o ato de beber álcool, por exemplo, era punido com 80 chicotadas —, criou uma Corte Federal da Sharia e estimulou o culto, a difusão e a educação religiosa em áreas como o exército e até a economia. "Nós fomos criados com base no Islã", disse Zia, referindo-se ao Paquistão.[17] A agenda islâmica permitiu ao ditador estreitar laços com o principal partido de sustentação do novo regime: o Jamiat-e-Islami. Essa organização fundamentalista tinha vivido na marginalidade desde a criação do Paquistão, mas ganhara terreno ao se opor a Bhutto. Nos anos Zia, muitos mulás e seus protegidos foram guindados a postos importantes no executivo e no judiciário. Em colaboração com os militares, eles seriam os principais operadores do Paquistão durante a guerra contra os soviéticos e, mais tarde, sob o Talibã.

A aproximação entre o Talibã e o ISI foi facilitada por um pequeno partido religioso que permanecera à margem da política nos anos Zia: o Jamiat-e-Ulema-e-Islam (JUI). Esse grupo fora fundado em 1962 como braço político de um dos principais movimentos religiosos do subcontinente, o deobandismo. Escola surgida em 1867 no norte da Índia, num período de revivescência do pensamento islâmico, o deobandismo se baseava numa interpretação tradicionalista dos textos sagrados. Os deobandis pregavam a obediência estrita à lei islâmica, negavam às mulheres papel relevante fora do lar e, no plano político, se opunham ao domínio britânico. A propagação da doutrina deobandi era feita por meio de escolas religiosas: em 1879, três anos depois de fundada, a escola havia criado 12 madrassas na Índia britânica. Cem anos depois, esse número subira para 8.934 na Índia e no Paquistão.[18]

O antiamericanismo, uma das características do JUI, afastou-o dos presidentes e regimes próximos dos Estados Unidos. Em 1970, o partido apresentou-se às eleições com um programa de reformas sociais e em oposição à ditadura do general Yahya Khan. Com isso, entrou para sempre em rota de colisão com o JI, que apoiava no Afeganistão o Hizb-e-Islami de Hekmatyar. Em 1993, o então líder do JUI, maulana Fazlur Rehman, apoiou o PPP de Benazir Bhutto e, com a vitória, tornou-se parte da coalizão governamental, ao mesmo tempo que comandava uma rede de madrassas na Província da Fronteira Noroeste, no Baluquistão e nas áreas tribais. Como presidente do Comitê de Assuntos Estrangeiros da Assembleia Nacional, Rehman tornou-se interlocutor frequente de Babar — além da proximidade política, os dois eram patanes da Província da Fronteira Noroeste.

Um dos ramos do JUI era comandado pelo maulana Samiul Haq, que dirigia a madrassa Dar-ul-Uloom Haqqania em Akhora

Khattak, perto de Peshawar, na qual muitos líderes talibãs fizeram seus estudos. Em 1997, depois da derrota talibã em Mazar-e-Sharif, o mulá Omar pediu ajuda a Haq por telefone. O maulana imediatamente fechou a madrassa e enviou todos os estudantes para lutar no Afeganistão ao lado do Talibã. Nos anos seguintes, essa atitude se tornaria corriqueira no Paquistão.[19]

Depois de libertar o comboio paquistanês, o Talibã não recuou mais. Ao final de novembro de 1994, seus homens tinham assumido o controle de três províncias do Sul: Kandahar, Lashkargarh e Helmand. Já era um pequeno exército, com tanques, blindados, jipes militares, seis jatos Mig-21 e seis helicópteros dos tempos dos soviéticos. Nessa região, os milicianos puseram em prática sua versão estrita da lei islâmica que assombraria o mundo.

Kandahar havia sido parte da história do Afeganistão por dois séculos e meio. No passado, a cidade tinha passado das mãos do império mogol de Délhi às do império persa. Em 1747, uma assembleia de chefes tribais havia se reunido num santuário da região para eleger um rei. Cada participante apresentou suas credenciais ao trono — a sede de poder de cada um só era superada pela determinação de não se submeter aos demais. Apenas um dos líderes, Ahmad Khan, 24 anos, ficou em silêncio. Ao final, foi indicado por ter sido o único a não dar margem para discórdia — ou porque, aos olhos dos demais, poderia ser mais facilmente manipulado pelos clãs mais fortes. Ahmad tomou o nome Durr--i-Durrani (Pérola das Pérolas) e encarnou a elevação dos afegãos de povo de soldados mercenários a cimento de um novo reino. Ahmad Shah Durrani foi o primeiro chefe de Estado afegão e fundou a dinastia que leva seu nome.[20]

Quase 250 anos depois, a cidade do Sul voltou a sediar uma assembleia para consagrar um líder. Era 1996, e o Talibã, após conquistar a maior parte do Afeganistão, se preparava para uma ofensiva sobre Cabul, a capital controlada pelo governo mujaidim de Rabbani e Massud. O mulá Mohammed Omar reuniu centenas de partidários diante do santuário do Manto do Profeta, junto ao sepulcro que abriga os restos de Ahmad Shah Durrani. O lugar guarda uma das mais célebres relíquias religiosas do Afeganistão, um pedaço de pano que teria pertencido ao Profeta e havia sido exibido pela última vez nos anos 1920, durante uma epidemia, por se acreditar que tinha propriedades curativas. Omar subiu ao teto do santuário e, diante da multidão extasiada, mostrou o manto como um troféu e cobriu-se com ele. Os talibãs o saudaram aos gritos de "Emir-ul-muminim" (comandante dos fiéis), título reservado no passado a imames e sultões.

Durrani fez de Kandahar sua capital. Viajava esporadicamente a Cabul, no norte, especialmente durante o inverno. Omar o imitaria. Durante os cinco anos em que o Talibã controlou o Afeganistão, Omar pouco foi à capital. As conquistas iniciais não afastaram o mulá da vida reclusa que o tornara respeitado em sua região natal. Em sua mais célebre entrevista, ao repórter paquistanês Rahimullah Yousufzai, ele deu sua versão do nascimento do Talibã: "Nós estávamos lutando contra muçulmanos que haviam errado. Como poderíamos ficar quietos quando podíamos ver crimes sendo cometidos contra mulheres e pobres?".[21] Omar continuou vivendo com a família em Singesar. Evitava contatos além de seu círculo mais próximo e mantinha a distância diplomatas estrangeiros e repórteres ansiosos por compreender o surgimento da milícia. Um único homem de fora desse universo atraiu sua atenção: Osama bin Laden.

8

"ESTES MENINOS TAMBÉM IRÃO PARA A JIHAD"

Cinco dias depois do início dos bombardeios em 7 de outubro de 2001, os Estados Unidos suspendem os ataques por 24 horas. É sexta-feira, dia santo de oração para os muçulmanos, e o governo George W. Bush tenta desfazer a impressão de que está em guerra com o Islã. Uma das obsessões do presidente no início dos ataques é evitar que bombas e mísseis americanos atinjam mesquitas.[1] A confirmação da morte de quatro trabalhadores da organização não governamental World Technical Consultants (WTC), a serviço das Nações Unidas, a leste de Cabul, cria constrangimento na Casa Branca.

As mesquitas também preocupam Musharraf — não como alvos, mas como focos de subversão. O presidente afirma que não admitirá o uso político dos templos. Na manhã de sexta-feira, dia 12 de outubro, percorro Islamabad e Rawalpindi para checar o ânimo da população diante da advertência do general. Na primeira mesquita que visito, perto do Rajá Bazar, centro de Rawalpindi, a poucos quilômetros do quartel-general do exército, dezenas de pessoas rezam. Um alto-falante irradia o discurso de um mulá. Imran, que não faz o tipo religioso, embora se considere um bom muçulmano, traduz friamente a prédica: uma enxurrada de xingamentos contra os Estados Unidos e juras de solidariedade aos "irmãos afegãos".

Junto a uma viatura estacionada na esquina, uma dupla de policiais militares observa a cena.

A primeira pergunta que me ocorre é: por que a determinação do presidente não é respeitada em Rawalpindi, provavelmente a cidade mais militarizada do país? A segunda é: se Musharraf não é obedecido em Pindi, o que acontecerá nas províncias mais próximas da fronteira? Sem me dar conta, estou sendo apresentado a um traço dominante da política no Paquistão: o jogo duplo. Musharraf provou ser um aliado valioso da coalizão ao aceitar todas as exigências americanas nos terrenos diplomático e militar. No plano interno, porém, ele tem suas próprias necessidades, entre as quais a principal é administrar a pressão fundamentalista dentro e fora do exército. Assim, suas tentativas domésticas de conter os partidos islâmicos são mais simbólicas do que práticas.

Cerca de 300 militantes pró-Talibã foram presos na primeira semana do conflito por autoridades paquistanesas. O mais proeminente é o maulana Fazlur Rehman, chefe do Jamiat-e-Ulema-e-Islam (JUI). Prontamente, militantes de segundo escalão assumiram os postos dos prisioneiros, e a fúria das mesquitas e madrassas se manteve na mesma temperatura. O próprio Rehman, de sua prisão domiciliar, chamou os partidários a vigiarem as bases aéreas de Pasni e Jacobabad, cedidas aos americanos.

Nas semanas seguintes, assisti a muitas manifestações organizadas por gente como Rehman. Eram mais comuns às sextas-feiras. Nesse dia, lojas e repartições públicas começavam a fechar por volta das 11h para as orações do meio-dia. Depois das preces, grupos se reuniam em ruas movimentadas dos bazares. O público, em sua maioria, era jovem e pobre. Mulheres não participavam e, ao passar, sequer viravam a cabeça para ouvir os discursos. Embora o porte de armas de fogo seja relativamente comum no Paquistão, a ponto de o governo ter proibido sua ostentação na presença de autoridades, nunca via ninguém armado nessas ocasiões, com exceção dos policiais.

Não era raro encontrar crianças nas manifestações. Alguns eram levados pelos pais, outros vinham de madrassas, conduzidos pelos mestres. Muitos se divertiam com o clima de estádio de futebol, com aplausos e gritos de guerra. Outros pareciam tristes. Era o caso de Umar Khayyam, 11 anos, e Usama bin Zahid, seis, filhos de Zaid Umar, farmacêutico de 45 anos, que encontrei em

Rawalpindi. Perguntei-lhe se os muçulmanos de outros países desejavam lutar em defesa do Afeganistão.

O autor em Rawalpindi, no Punjab, durante manifestação de partidos religiosos em solidariedade ao Afeganistão.

— Sim. Todos os muçulmanos vão lutar juntos, como aconteceu contra os soviéticos. Estes dois meninos também irão para a jihad — respondeu com fervor, segurando as cabeças dos filhos impassíveis.

Umar participava de uma manifestação do partido fundamentalista Jamiat-ahle Hadiz. Os oradores são os maulanas Abdul Aziz, Talabur Rehman e Abdul Rehman Atick. Aziz, chefe máximo do partido, é o último a discursar. Com turbante e *shalwar kameez* brancos, longa barba e óculos escuros, ele fala por 20 minutos, intercalando trechos do Corão e imprecações contra os Estados Unidos.

— Vamos para o Afeganistão ajudar os irmãos do Islã — conclama.

Nas manifestações de Islamabad e Rawalpindi, onde a presença dos partidos fundamentalistas era periférica em 2001, a maioria do público dos protestos era passiva e silenciosa, como se tivesse saído à rua para ouvir os mulás e ser convencido do que diziam. Esse traço mudava bastante em cidades próximas da fronteira, como Peshawar e Quetta. Com população majoritariamente patane e grande contingente de refugiados, essas localidades estavam mais sintonizadas com o estado de espírito dos afegãos. Nelas, a guerra era algo de todo dia desde a invasão soviética do Afeganistão, em 1979. Poucas vezes o presidente Pervez Musharraf soou tão inócuo como quando ameaçou deportar refugiados afegãos que participassem de manifestações antiamericanas.

Fui ao Escritório da Administração Distrital de Refugiados Afegãos de Peshawar para obter permissão de visita a um campo de refugiados. O chefe do escritório ocupava uma larga mesa revestida de plástico azul numa sala quase vazia. Tenente-coronel do exército paquistanês, trabalhava à paisana: *shalwar kameez* branca, colete preto e sandálias de couro. Nas paredes, havia mapas do Paquistão e do Afeganistão e um cartaz em inglês: "A unidade da família é um direito essencial do refugiado".

Estendi uma cópia do visto de entrada no Paquistão e ele rabiscou algo no verso da folha. Era o passe que nos garantia livre trânsito no campo de Shamshatoo, distante 32 quilômetros de Peshawar. O governo de Musharraf tinha proibido a entrada de novos refugiados. A Washington a medida parecera adequada, mas tinha pouca serventia numa fronteira de 2,5 mil quilômetros que se estende por regiões montanhosas onde a única autoridade reconhecida é a tribal.

No caminho para Shamshatoo, o cenário era ainda mais desolador do que na periferia de Peshawar. Junto à estrada, a paisagem era de deserto. A passagem da Pajero chamava atenção dos moradores dos poucos vilarejos que atravessamos. Vi cemitérios nos quais os túmulos são pedras empilhadas, os mais recentes enfeitados com toscos estandartes.

Descrevi assim a vida em Shamshatoo em reportagem publicada por *Zero Hora* no dia 14 de outubro de 2001:

"Rahima quer voltar para o Afeganistão. Morena, cabelos lisos e olhos rasgados, ela sorri ao lembrar que, em seu país, havia mesas e cadeiras na escola. Seria inútil explicar a Rahima que a volta à terra natal será provavelmente impossível no futuro próximo e que o local em que estudava talvez tenha sido fechado ou destruído. Ela tem oito anos e sente dor nas costas por sentar

no chão durante as aulas em uma barraca no campo de refugiados de Shamshatoo, em Peshawar, noroeste do Paquistão.

Talvez um dia Rahima conclua que a dor nas costas foi um mal menor — pelo menos se comparada ao pesadelo da vida das crianças que permanecem em território afegão. A Unicef, braço das Nações Unidas para a infância, calcula que mais de 50% das crianças do Afeganistão sofram de desnutrição. Muitas devem perecer de pneumonia e outras doenças do aparelho respiratório no inverno que se aproxima. Em Shamshatoo, Rahima não está livre desses males, mas foi imunizada da guerra civil crônica que devasta seu país.

A família de Rahima é uma das 11 mil abrigadas desde o ano passado em Shamshatoo, distante 32 quilômetros de Peshawar. Pertence, portanto, à chamada velha geração de refugiados. A cada dia, dezenas de milhares de afegãos buscam abrigo no Paquistão, burlando a ordem do presidente Pervez Musharraf de fechar as fronteiras. Estimativas do Alto Comissariado das Nações Unidas para Refugiados preveem a chegada de 1,5 milhão de fugitivos da guerra ao território paquistanês nas próximas semanas. Apenas em Shamshatoo, há cerca de 100 mil pessoas.

O campo é um conjunto de casas de pedra que se confunde com o solo pedregoso de uma ampla planície seca nas cercanias de Peshawar. A sobrevivência dos refugiados depende em larga escala da ajuda do governo paquistanês e de organizações humanitárias internacionais. Várias delas desenvolvem projetos no campo. A escola de Rahima, por exemplo, é um conjunto de sete barracas cedidas pelas Nações Unidas. Nelas, crianças de cinco a 12 anos aprendem pashtu (a língua mais falada no Afeganistão), dari, inglês, matemática, arte, cuidados com a saúde e religião — o islamismo. Os refugiados cultivam feijão, trigo e frutas para seu próprio sustento.

"O principal problema aqui é que não temos água", diz Ardad Khuda, que saiu há um ano de um vilarejo próximo de Cabul e ensina dari no campo.

Khuda falava inglês antes dos primeiros bombardeios americanos ao Afeganistão, em agosto de 1998. Hoje, expressa-se apenas em dari e pashtu. Ele prefere não comentar os ataques americanos a seu país. Diz que é "apenas um homem pobre" que deseja paz no Afeganistão.

"Não estou interessado em guerra. Vejo guerra há 21 anos", acrescenta.

Distante apenas algumas centenas de metros da escola, ocorre a distribuição de sementes de trigo aos agricultores. Uma fila de andrajosos se estende diante de um grupo de policiais da Província da Fronteira Noroeste, encarregado de destinar cotas a cada refugiado e evitar distúrbios. Choques entre policiais e refugiados não são incomuns. A situação no interior do campo, porém, é muito mais tranquila do que nos vilarejos situados à beira da estrada que liga Peshawar a Shamshatoo. Ali, onde vivem milhares de afegãos que entraram ilegalmente no Paquistão, campeia a criminalidade.

"Até a polícia teme parar ao longo da estrada", adverte Uzair Gul, guarda do campo.

As únicas mulheres adultas visíveis em Shamshatoo são as professoras da escola. A de Rahima é uma jovem encoberta por um traje muçulmano negro que lhe deixa apenas os olhos assustados à mostra. Dentro e fora do campo, as afegãs se distinguem pelo uso da burca — roupa que cobre o corpo inteiro, incluindo o rosto, sobre o qual há um respiradouro semelhante a uma máscara de esgrima.

A Província da Fronteira Noroeste concentra o maior contingente de refugiados afegãos no Paquistão. São cerca de 800 mil apenas nos campos. No país inteiro, há aproximadamente 3,5 milhões. Apesar do fechamento da fronteira, o governo sabe que não conseguirá evitar a continuidade de uma das maiores tragédias humanitárias de que se tem notícia.

"Não podemos deter a imigração com medidas administrativas", diz um funcionário do Escritório da Administração Distrital para Refugiados Afegãos de Peshawar, que pede para não ser identificado."[2]

Rahima tinha menos de dois anos quando o Talibã tomou Kandahar. Nos três meses seguintes, a milícia avançou para o norte, assumiu o controle de 12 das 31 províncias do Afeganistão e chegou às portas de Cabul. Importantes conquistas — como as das províncias de Urozgan, uma das mais remotas do país, e Zabul — foram pacíficas. As sofridas populações dessas localidades viam nos jovens estudantes de madrassas, que traziam o Corão em uma mão e um Kalashnikov na outra, uma esperança de paz, ordem e justiça depois de anos de ocupação estrangeira, guerra civil e tirania de chefes tribais. O Talibã não era, no entanto, uma versão islâmica da Companhia de Jesus. Antes de tomar Kandahar, o grupo havia sido orientado por agentes paquistaneses a atacar um complexo de túneis construído pelos mujaidim na localidade de Spin Boldak, na fronteira com o Paquistão, onde havia um grande depósito de armas dos tempos da jihad contra os soviéticos. O complexo era guardado por homens do Hizb-e-Islam de Hekmatyar, que se retiraram depois de uma rápida batalha. Ao tomar o depósito, o Talibã pôs as mãos em 18 mil Kalashnikovs, dúzias de peças de artilharia, veículos e munição.

A batalha de Spin Boldak marcou uma virada na política de alianças do Paquistão. A versão do então chefe do ISI, general Javed Qazi, indica que o próprio Talibã pressionou para ser o destinatário exclusivo da ajuda paquistanesa.[3] Mas não era segredo que os generais do ISI estavam desapontados com o aliado. Ao orientar o Talibã a atacar um bastião do Hizb-e-Islam de Hekmatyar, os paquistaneses insuflavam uma facção patane contra outra. Como o jovem Ahmad Khan havia parecido inofensivo aos chefes de clã reunidos no século 18, o novo exército mercenário recrutado pelo ISI, sujo e maltrapilho, deve ter parecido um parceiro mais conveniente do que o ex-universitário fluente em inglês.

Subitamente, Hekmatyar viu-se envolvido numa guerra em duas frentes: contra o governo Rabbani-Massud, ao norte, e contra o Talibã, ao sul. Em fevereiro de 1995, a milícia capturou o quartel-general do Hizb-e-Islam nas cercanias de Cabul, forçando seu comandante a uma retirada em direção a Jalalabad, no norte. A primeira medida do Talibã foi suspender o bloqueio a que o chefe mujaidim submetia a capital: pela primeira vez em meses, os cabulis viram chegar caminhões de suprimentos, e as comunicações com o restante do país foram restabelecidas. No mês seguinte, o Talibã sofreu sua primeira grande derrota num choque com as forças de Massud, que guarneciam a capital. A reputação de invencibilidade, associada a um suposto favor divino, tinha sido abalada.

Derrotado em Cabul, o Talibã fez o primeiro movimento imprevisto por seus padrinhos paquistaneses: voltou-se para Herat, a oeste. Desde a queda do regime de Najibullah, a cidade era governada por Ismail Khan, o ex-capitão do exército afegão que iniciara a rebelião contra o regime comunista em 1979. Com apoio do Irã, esse caudilho xiita havia declarado seu próprio emirado na antiga capital do império timúrida. Ele era uma peça importante para o plano de Islamabad de usar a rodovia Herat-Kandahar, construída pelos soviéticos nos anos 1950, como uma via de acesso aos promissores mercados das antigas ex-repúblicas soviéticas da Ásia Central. A própria Benazir Bhutto havia se reunido em Ashkhabad, no Turcomenistão, em outubro de 1994, com Khan e o general uzbeque Rashid Dostum, ex-aliado de Cabul, que governava com mão de ferro a cidade de Mazar-e-Sharif, ao norte.

A ofensiva contra Khan começou em março, com a tomada de Nimroz e Farah, províncias que faziam parte do emirado de Herat. O objetivo do Talibã era tomar a base aérea de Shindand, construída pelos soviéticos 120 quilômetros ao sul de Herat. A investida contra a cidade foi reforçada por Dostum, que, pouco mais de um ano depois, teria de apelar a Khan para resistir ao Talibã em seu próprio feudo de Mazar-e-Sharif. Naquele momento, porém, pesavam mais para o caudilho uzbeque os acenos de Islamabad, e ele iniciou o bombardeio aéreo de Herat a partir de Baghdis, no noroeste, enquanto o Talibã ameaçava Shindand. O governo de Cabul, percebendo a ameaça representada por uma aliança entre o Talibã e Dostum com a bênção paquistanesa, enviou em socorro de Khan 2 mil homens. Combinadas, as forças de Khan e Massud recuperaram o domínio do espaço aéreo e repeliram o Talibã. De volta a seu bastião no Sul, os milicianos dedicaram o verão de 1995 a reconstituir suas forças depois de quase um ano de fogo ininterrupto. Técnicos enviados por Dostum se dedicaram a fazer reparos em aviões capturados pelo Talibã em Kandahar. Reforços de outros mujaidim e de madrassas no Paquistão elevariam o efetivo sob o comando do mulá Omar a 25 mil homens no final do ano. Além de armamento e fundos, o Paquistão e Dostum providenciaram treinamento militar para os estudantes de Kandahar, que, embora conhecessem a guerra desde o berço, haviam entrado em combate sem qualquer preparação. Aconselhado pelo Paquistão, o serviço secreto saudita também estreitou laços com Omar.

Em agosto, as forças combinadas de Ismail Khan, Massud e chefes tribais esmagados pelo Talibã em províncias do Sul lançaram uma ofensiva contra Kandahar. Por trás desse lance temerário, havia necessidades imediatas e estratégicas. Além de compor uma tenaz sobre as bordas sul e norte de Herat, que poderia voltar a ser pressionada a qualquer momento, a aliança Talibã-Dostum disputava o controle dos ares. Em 3 de agosto, um MiG-21 do Talibã interceptou um avião russo que trazia munição da Albânia para Cabul e prendeu a tripulação russa — os prisioneiros fugiram de Kandahar em direção aos Emirados Árabes Unidos em agosto de 1996, enganando seus captores. Em setembro, foi a vez de outra aeronave, das linhas aéreas afegãs Ariana, com carregamento destinado aos contrabandistas de Jalalabad, ser forçada a pousar. Ao mesmo tempo, Cabul não ignorava os interesses paquistaneses por trás do Talibã. Veterano de mais de 15 anos de guerrilha e guerra civil, Massud dispunha de um olhar de alta precisão para avaliar inimigos. Ele combatera e negociara com os mulás do Sul nas proximidades de Cabul no início de 1995. Sabia que, por mais fantásticas que fossem suas opiniões sobre política e religião, havia por trás delas combatentes de moral elevada. O Talibã seria mais difícil de subornar e manipular do que Dostum e Hekmatyar. O tempo corria a favor de Kandahar. Massud decidiu que o ataque era a melhor alternativa.

Inicialmente, a ofensiva pareceu exitosa. O Talibã foi surpreendido em suas posições ao longo da rodovia Herat-Kandahar, e as forças de Khan avançaram com rapidez, aproximando-se de Kandahar em poucos dias. Logo, porém, os defensores da cidade envolveram as forças invasoras, tirando vantagem do conhecimento do terreno e da logística aprimorada com apoio paquistanês e saudita. O Talibã lutava em seu elemento, enquanto as forças de Khan, formadas em grande parte por recrutas, enfrentavam, além do inimigo, um ambiente hostil. O contra-ataque talibã foi fulminante: no dia 3 de setembro, depois de ser repelido para Shindand, Khan abandonou a base aérea, e no dia 5 se retirou de Herat, deixando a população local à mercê do Talibã.

A um custo insignificante, o Talibã havia tomado uma das maiores cidades do Afeganistão, assumido o controle da fronteira com o Irã e infligindo uma pesada derrota ao governo de Cabul. A administração de Herat foi entregue a patanes que sequer falavam dari, a língua local. O Talibã fechou escolas, proibiu as mulheres de estudar, trabalhar e sair de casa sem a companhia de um homem da família e prendeu centenas de heratianos.

Mal instalou um conselho de governantes em Herat, Omar anunciou que seu próximo objetivo era Cabul. No dia 10 de outubro, 400 tanques do Talibã se puseram em marcha rumo à capital. O governo Rabbani reagiu com indignação, culpando antes de tudo o Paquistão. A embaixada paquistanesa em Cabul foi atacada por manifestantes. Antes de os primeiros foguetes voarem sobre a capital, iniciou-se uma ferrenha batalha diplomática. De um lado, Rabbani e Massud concluíram que, depois de ter repelido Hekmatyar, o Talibã e os hazaras, era hora de obter apoio externo para uma solução política. Respaldado pelo Irã, pela Rússia e pela Índia, que lhe forneciam armas, treinamento e técnicos para reparação de aeronaves, o presidente afegão viajou para as repúblicas centro-asiáticas a fim de propugnar a paz. Os aliados responderam imediatamente. Em visita a Teerã, Benazir Bhutto ouviu, num encontro privado com o presidente do Irã, Ali Akbar Rafsanjani, protestos veementes contra a presença de soldados paquistaneses disfarçados nas colunas do Talibã.

No plano doméstico, o governo de Cabul também se movimentou com desenvoltura. Em junho de 1996, depois de frenéticas rodadas de negociação, Hekmatyar entrou na cidade não como conquistador, mas como primeiro-ministro de Rabbani. Ele já havia recusado o cargo uma vez e aceitado um segundo convite, ficando no posto por menos de um ano, entre março de 1993 e janeiro de 1994. No dia em que Hekmatyar tomou posse como chanceler, a capital foi fustigada por dezenas de foguetes disparados pelo Talibã, que deixaram pelo menos 30 mortos. Era um mau presságio para os que sonhavam com uma trégua.

Entre os cabulis, a presença de Hekmatyar no governo não contribuiu para aumentar a popularidade do governo Rabbani. Eles não poderiam esquecer que, durante três anos, o homem que agora jurava defender a cidade tinha sido seu pior algoz. Tampouco perderam de vista que o Talibã, ao escorraçar Hekmatyar de sua base ao sul da capital, havia levantado o bloqueio promovido pelo comandante que impedia a chegada de alimentos, remédios e combustível. Os mil homens do Hizb-e-Islam que engrossariam a linha de frente das forças governamentais não tinham a aparência de libertadores — para os sofridos cabulis, lembravam um exército de ocupação que, depois de repelir o Talibã, poderia se voltar outra vez contra a capital. As próprias forças regulares leais ao governo não eram vistas com bons olhos. Depois de quatro anos, havia episódios de corrupção, abusos e violência em quantidade suficiente para que o milhão de habitantes da capital imaginasse se, afinal, não haveria uma alternativa diferente de Rabbani e Hekmatyar.

Em Washington, o interesse pelo Afeganistão estava na entressafra. O governo Bill Clinton era fiador da política afegã de Benazir Bhutto, sua principal aliada na região. Do ponto de vista americano, o governo mujaidim não era digno de crédito: além de aliado do Irã e da Rússia, tivera quatro anos para pôr fim à guerra civil e falhara. Num depoimento ao Comitê de Relações Exteriores do Senado, em março de 1995, a subsecretária de Estado para o Sul da Ásia, Robin Raphel, criticou os líderes de facções pela relutância em abrir mão do poder, mas foi amena em relação ao Talibã: "Embora as intenções do movimento Talibã não sejam claras, seus líderes expressaram apoio em princípio a um processo político pacífico".[4] Em abril de 1996, os Estados Unidos propuseram no Conselho de Segurança das Nações Unidas um embargo internacional ao Afeganistão como forma de forçar as potências regionais a não intervir na guerra civil. O ponto de inflexão da política americana para a região na metade dos anos 1990 era o projeto de um oleoduto para escoar a produção de petróleo e gás natural da Ásia Central. O plano tinha sido concebido por um consórcio de companhias americanas, a Unocal, que via no Talibã a melhor força de segurança para guarnecer suas instalações. Os parceiros sauditas da Unocal convenceram seus executivos de que os mulás eram uma versão asiática dos Ikhwan do rei Abdul Aziz no início do século. "O Talibã vai provavelmente se desenvolver como os sauditas. Haverá Aramco (*companhia de petróleo americana que obteve concessão saudita para explorar o petróleo do Reino*), oleodutos, um emir, nenhum parlamento e muita Sharia. Nós podemos viver com isso", disse um diplomata americano a Ahmed Rashid em 1997. Segundo um alto funcionário, na época, muitos no Departamento de Estado queriam "dar uma chance ao Talibã".[5]

No começo de setembro, com apoio paquistanês e saudita, o Talibã obteve uma série de vitórias fulminantes a leste de Cabul. Jalalabad foi tomada depois que seus governantes concordaram em fugir para o Paquistão em troca de vultosa propina. Sem descansar, colunas de picapes talibãs marcharam para oeste e, no dia 25 de setembro, atacaram de surpresa a cidade de Sarobi, que Massud pretendia usar como válvula na defesa da capital. O pânico tomou conta das tropas governistas, que foram incapazes de sustentar o fogo por muito tempo e fugiram em direção a Cabul. O avanço talibã deixou o governo numa posição desesperada. De Sarobi, uma parte das forças da milícia se dirigiram para norte, a fim de tomar a base aérea de Bagram e privar Massud de sua principal linha de abastecimento aéreo. Ao sul, outro contingente se preparava para avançar sobre a capital.

Na tarde de 26 de setembro, Massud reuniu seu estado-maior e decidiu pela retirada de Cabul. Com 25 mil homens em armas, o tajique sabia que não poderia repetir a façanha de março de 1995, quando repelira um inimigo dividido que avançava pelo sul. As reservas de comida da cidade eram suficientes para apenas dois meses. O governo anunciou que não mergulharia a cidade num banho de sangue e partiu para o Vale do Panshir, ao norte, deixando uma quantidade insignificante de material ao inimigo. A retirada foi tão perfeita que precedeu por apenas algumas horas a chegada das primeiras picapes talibãs com bandeiras brancas às ruas desertas da capital e semeou dúvida entre os primeiros observadores sobre seu paradeiro.

Ao revirar a capital em busca de Massud e Rabbani, os primeiros destacamentos talibãs encontraram um prêmio de consolação: o ex-presidente Mohammed Najibullah, que vivia sob custódia das Nações Unidas desde sua deposição, em 1992. Massud convidara-o a deixar a cidade com suas forças, mas Najibullah recusara. Em meio à debandada, os guardas afegãos que faziam sua segurança fugiram. O homem que comandara a polícia secreta do governo Babrak Karmal e presidira o país de 1986 a 1992 foi morto a tiros nas primeiras horas do dia 27 de setembro, depois de ter sido espancado, castrado e arrastado por um jipe. Os talibãs penduraram seu cadáver num poste, colocando cigarros em suas mãos e notas de dinheiro afegão em suas mãos, bolsos e boca. Seu irmão, Shapur Ahmadzai, teve a mesma sorte, assim como dois de seus ex-comandantes capturados um dia depois. "Ordenamos a nossos soldados que matassem Najib daquela forma. Isso foi necessário porque ele era responsável pelo massacre de milhares de afegãos", disse o mulá Abdul Razaq, designado pelo mulá Omar comandante do ataque a Cabul e autor da ordem para assassinar o ex-presidente. O mulá Mohammed Rabbani, novo governador de Cabul, foi mais conciso: "Ele era contrário ao Islã. Ele era um criminoso. Ele era um comunista".[6] O novo governo chegou ao extremo de proibir um funeral islâmico para Najibullah, que foi mais tarde entregue a sua tribo, os patanes Ahmadzai, e sepultado em Gardez, na província de Paktia.

O Talibã governava agora três quartos do território afegão. Suas tentativas de perseguir Massud no Vale do Panshir foram frustradas. Os tajiques provocaram explosões nas encostas para obstruir trilhas nas montanhas. Quando os milicianos tentaram atravessar o túnel de Salang, encontraram Dostum do outro lado. O general uzbeque desistira de sua breve aliança com o Talibã e cerrara fileiras com Massud. A *shura* que assumira o governo em Cabul — um conselho de seis mulás que mal conheciam a capital — expediu sentenças de morte contra Rabbani, Massud e Dostum. Em 1994, depois de tomar Kandahar, uma delegação talibã havia dito ao general Javed Qazi, chefe do ISI, que a milícia não desejava negociar com os comandantes mujaidim. "Queremos enforcar todos eles — todos eles", foram as palavras dos talibãs recordadas por Qazi.[7] O Talibã não faria um governo de promessas vãs.

Os primeiros decretos dos novos governantes de Cabul atraíram uma incipiente atenção internacional, mais de curiosidade do que de indignação. O recém-criado Ministério de Promoção da Virtude e Combate ao Vício expediu em novembro um decreto que, em suas primeiras linhas, não deixava dúvidas sobre o que estava por vir: "Mulheres, vocês não devem sair de casa". As que tivessem de sair "para fins de educação, necessidades ou serviços sociais" deveriam "cobrir-se de acordo com os regulamentos da Sharia". Se as mulheres saíssem com roupas "modernas, ornamentais, justas e charmosas", seriam culpadas perante a lei islâmica e não deveriam ir para o Paraíso. A Polícia Religiosa (*Munkrat*) investigaria e puniria não apenas as mulheres que desobedecessem ao decreto, mas também seus maridos e familiares mais velhos. Todas as escolas femininas foram fechadas, sob o argumento de que seu ensino era anti-islâmico. Com essa medida, mais de 70 mil adultas e crianças foram expulsas dos bancos escolares. Nem mesmo cursos técnicos de costura e tapeçaria escaparam da treva talibã.

Mais tarde, meninas até oito anos seriam admitidas em madrassas apenas para estudar o Corão.

As mulheres que desafiavam as normas sobre vestuário estavam sujeitas a detenção e chicotadas. Em dezembro de 1996, a Rádio Cabul — rebatizada como Rádio Voz da Sharia — anunciou que 225 mulheres tinham sido punidas dessa forma. Em março de 1997, os cabulis foram informados de que teriam de vedar as janelas de suas casas até o primeiro andar para que as mulheres não pudessem ser vistas da rua. As cabulis reagiram com a criação de escolas clandestinas em suas residências. Em junho de 1998, o Talibã fecharia mais de cem desses estabelecimentos por operar "contra os princípios da lei islâmica".[8]

A proibição de trabalhar levou ao desespero as cerca de 25 mil viúvas de Cabul que garantiam o sustento de suas famílias. Em entrevista ao jornal *Dharb-i-Mumin*, o ministro das Finanças, maulana Ehsanullah Ehsan, afirmou: "Em Cabul, o Talibã está dando salários mensais a 30 mil mulheres sem trabalho acomodadas em suas casas. São mulheres que estavam associadas com o sistema misto anti-islâmico da era Rabbani". Os maiores e mais desenvolvidos países não davam salários a um número tão vasto de mulheres em suas casas por razões humanitárias, acrescentou.[9]

Apesar de assolada por quase 20 anos de ocupação estrangeira e guerra civil, com bairros inteiros reduzidos a ruínas, a capital ainda era uma metrópole de 1 milhão de habitantes. Parte de sua população educada e multiétnica ainda lembrava das ruas dos anos 1960 e 1970, onde se misturavam estudantes de jeans e saias curtas, professores formados em Paris, Moscou e Cairo e hippies americanos e europeus em busca de transcendência e haxixe. Embora os mujaidim tenham exigido obediência à lei islâmica, a única norma que se mantivera em pé após quatro anos era o uso de véu pelas mulheres. De início, a presença dos milicianos de turbantes negros e Kalashnikovs foi vista com condescendência pelos moradores cansados de guerra. "Eu só quero que a luta pare. No momento não me importo com o que eles me fazem vestir", disse uma cabuli, traduzindo o estado de espírito reinante entre uma ampla parcela da população.[10]

A afegã Nafisa Nassry, que teve o marido assassinado em Peshawar.

O maior choque com a chegada do Talibã foi vivido pelas mulheres que haviam chegado à idade adulta durante o regime comunista e experimentado padrões europeus de emancipação. Uma delas, a fisioterapeuta Nafisa Nassry, diplomada pela Universidade de Cabul e com especialização na Tchecoslováquia, casada e com oito filhos, teve de deixar o emprego. Em seguida, o Talibã atacou a casa de sua família e levou seu carro. O marido, que trabalhava no Departamento de Polícia do governo Rabbani, decidiu que era hora de fugir para Peshawar, no Paquistão. "Os talibãs são brutais com as mulheres. Estão acostumados a bater em mulheres nas ruas, são muito focados em questões religiosas", me disse Nafisa em 2001, 38 dias após o marido ser agredido no escritório político em que trabalhava, em Peshawar, e morrer de infarto.[11]

A lista de proibições do Talibã só aumentou nos meses seguintes: música em locais públicos e veículos, pipas, rosto barbeado e cabelos longos para os homens, drogas, álcool, tambores, revistas femininas ou de moda, bruxaria, quiromancia e circulação em locais públicos nos horários de prece foram banidos. Nos hospitais, mulheres só poderiam ser atendidas por médicas. Se fosse necessário o atendimento por um homem, médico e paciente deveriam estar cobertos com véu islâmico. Motoristas seriam proibidos de transportar passageiras descobertas. Mulheres jovens não poderiam lavar roupa em mananciais na cidade. O Talibã recuou da proibição inicial a qualquer tipo de esporte, mas exigiu que torcedores gritassem *"Allah-u-akbar"* (Deus é grande) para encorajar seus times e se abstivessem de aplaudir.[12]

Símbolo da selvageria talibã, a imagem do corpo brutalizado de Najibullah pipocou em jornais e TVs do mundo inteiro. As Nações Unidas, responsáveis legais pela segurança do ex-presidente, foram as primeiras a repudiar as atrocidades. Irã, Rússia e as repúblicas centro-asiáticas protestaram com veemência contra o tratamento dado a seus aliados e advertiram o Talibã a não violar suas fronteiras. Mesmo no Paquistão, que, ao lado da Arábia Saudita, constituía o único ponto de apoio externo do novo regime, o linchamento e a mutilação de cadáveres despertaram reservas. O Talibã controlava 22 das 31 províncias do Afeganistão, incluindo Cabul, mas seu uso da força estava longe de ser reconhecido como legítimo, e o assassinato do ex-presidente pouco contribuiu para melhorar sua performance. "Somos os párias do mundo", disse o mulá Mohammed Hassan, governador de Kandahar.[13]

Os Estados Unidos assistiram à tomada de Cabul com a frieza dos que não desejam se comprometer. Diplomatas americanos deveriam mostrar ao Talibã "desejo de negociar com eles como as novas autoridades de Cabul; buscar informação sobre seus planos, programas e políticas; e expressar visões *(do governo dos Estados Unidos)* em áreas de preocupação chave para nós — estabilidade, direitos humanos, drogas e terrorismo", segundo instruções enviadas por Washington dois dias depois da queda da capital. "Nós fomos encorajados por sua *(do Talibã)* declaração de que o Afeganistão é o lar comum de todos os afegãos, e de que nenhum grupo isolado pode governar o país", prosseguiu o texto. Num documento de seis páginas, a frase "Ficamos desolados com a violação das prerrogativas das Nações Unidas quando suas forças entraram em Cabul e pela execução sumária do ex-presidente

Najibullah" apareceu no final da quarta folha. Embora no momento em que o documento foi enviado as medidas discriminatórias em relação a mulheres e minorias étnicas e religiosas já tivessem ampla repercussão na imprensa, não há uma única menção a esse tema pelo Departamento de Estado.[14] Por outro lado, os diplomatas eram orientados a perguntar sobre a presença de Bin Laden no leste do Afeganistão. No dia seguinte, o conselheiro adjunto de Assuntos Estrangeiros do Talibã, Abdul Jalil, disse a funcionários da embaixada em Islamabad que o saudita não estava em território controlado pelo Talibã.[15]

A embaixada dos Estados Unidos no setor diplomático de Islamabad foi o local do primeiro encontro oficial, no dia 8 de novembro, entre um diplomata americano e um ministro de Relações Exteriores do novo governo afegão. O primeiro era Thomas W. Simons Jr., embaixador no Paquistão, um americano de Minnesotta que servira nas embaixadas de Varsóvia, Moscou e Bucareste e era um estudioso aplicado do papel político do Islã. O segundo era o mulá Mohammed Ghaus, um patane da tribo Durrani, de Kandahar, amigo e companheiro de armas do mulá Omar. O primeiro escrevera dois livros sobre a Guerra Fria; o segundo perdera um olho lutando no último conflito dela. O diálogo entre os dois, registrado em um relatório da embaixada, expôs os ângulos cegos do relacionamento entre os dois governos.

O embaixador diria mais tarde que, na época, os Estados Unidos "basicamente não tinham política" em relação ao Afeganistão, e em sua exposição enfatizou a necessidade de tolerância e divisão de poder no país vizinho em vez da política de "o vencedor fica com tudo".[16] Simons lembrou ao mulá que os americanos eram o povo mais religioso do mundo ocidental, que havia mais americanos muçulmanos do que judeus e que, mesmo assim, aprenderam que era "muito difícil discernir a vontade de Deus", tentando impor a vontade de um grupo sobre outro. Essa era a razão, segundo o embaixador, pela qual o Estado americano não era religioso. Os Estados Unidos haviam apoiado a luta dos afegãos contra a União Soviética na esperança de que, ao final, eles pudessem determinar seu destino juntos, mas isso não acontecera, concluiu.

Simons sabia que não poderia haver approach mais distante da visão de mundo do Talibã do que esse. Para Ghaus, a vontade de Deus não só era simples de discernir como estava expressa no

Corão e na Suna, e a missão do Talibã era colocá-la em prática contra os infiéis, afegãos ou não. O mulá disse que as palavras do embaixador eram "frustrantes" para ele e que seu efeito seria o apoio americano ao fornecimento de armas do Irã, da Rússia e da Índia aos partidários de Rabbani, Massud e Dostum. O Talibã estava disposto a negociar, garantiu Ghaus. Mas, devolveu Simons, apenas negociar a rendição dos inimigos. "Dostum e Massud terão de se submeter à vontade de Deus e à vontade do povo, que é manifestada no movimento talibã", declarou o mulá. O encontro terminou com um pedido de Ghaus de que os Estados Unidos reconhecessem seu governo e se dispusessem a negociar interesses comuns.

Dez dias depois da reunião, Raphel, que desde 1994 conformara a política americana na região aos interesses de Islamabad, disse em sessão fechada do Conselho de Segurança das Nações Unidas, em Nova York, que o Talibã "não devia ser isolado". "O Talibã controla mais de dois terços do país, são afegãos, são nativos, demonstraram força consistente. A verdadeira fonte de seu sucesso tem sido a vontade de muitos afegãos, particularmente patanes, de tacitamente trocar guerra incessante por alguma paz e segurança, mesmo com severas restrições sociais", afirmou.[17] Dificilmente um representante do governo americano poderia falar — e falaria — em termos mais favoráveis dos homens do mulá Mohammed Omar.

9

"SÃO INIMIGOS DO POVO HAZARA"

Durante a passagem por Quetta, no Paquistão, perguntei ao guia Nadir se ao final da guerra ele pretendia voltar ao Afeganistão, de onde sua família emigrara. O guia era um jovem universitário, fluente em pashtu, urdu e inglês, que me fora indicado como intérprete pelo repórter britânico Richard Lloyd Parry, então correspondente do jornal *The Independent* em Tóquio e que chegara a Quetta no mesmo voo que eu. Nadir vestia-se com uma jaqueta de náilon com fecho sobre a shalwar kameez, e sua pele morena e sorriso franco poderiam tê-lo feito passar por brasileiro. Leitor ávido de notícias internacionais, não desperdiçava chance de me questionar sobre a América Latina: qual era a situação política no Brasil? Chávez era um ditador? Para onde iria Cuba? Qual era o papel dos Estados Unidos na região? Quando ouviu minha pergunta, refletiu um minuto e respondeu em voz baixa: "Não posso ir ao Afeganistão. Sou hazara. Correria perigo se voltasse".

O horror étnico subjacente às palavras de Nadir, ditas quase em segredo, tem profundas raízes na história do Afeganistão. Nenhuma etnia foi tão perseguida no último milênio na região quanto os hazaras. Esses homens e mulheres de traços mongólicos são popularmente chamados de "japoneses" — epíteto racista que os situa como estrangeiros. De acordo com alguns estudiosos, seriam descendentes de mongóis das hordas de Gengis Khan miscigenados com tajiques e turcomenos. Em 2001, somavam entre 3 e 4 milhões, a maioria fixada em Hazarajat — área central virtualmente independente, cujo coração era a província de Bamiyan. Alguns milhares haviam se refugiado da fúria talibã em Mazar-e-Sharif, ao norte. Outros tinham fugido para o Irã e o Paquistão. Relatei um pouco da história de alguns deles na seguinte reportagem:

"Os hazaras predominam no subúrbio de Fatama Mezer, em Quetta, centro-oeste do Paquistão. Moradores calculam que cerca de 2 mil refugiados da etnia tenham chegado à cidade desde o início dos bombardeios americanos sobre o Afeganistão, em 7 de outubro.

A maioria atravessou a fronteira em postos pouco vigiados à noite, depois de pagar altas somas em dinheiro a contrabandistas. É o caso de Assad Ullah, 60 anos, um agricultor com feições que lembram as do líder vietnamita Ho Chi Minh. Ele acusa o Talibã de ter matado 560 hazaras em um único dia em um vilarejo perto de Ghazni. O próprio Ullah perdeu um irmão de 40 anos e um filho de 13 no ataque promovido pelos milicianos.

— Caminhei dois dias e duas noites até Ghazni. Havia várias famílias em fuga — afirma.

Ullah aluga um quarto em uma casa infecta de Fatama Mezer. No vilarejo miserável, não existe água potável. Nas ruas estreitas, crianças se misturam a bodes e galinhas. Os refugiados não escondem a simpatia pelas ações militares dos Estados Unidos no Afeganistão.

— A América fez a coisa mais certa. Agradecemos ao governo americano porque queremos derrotar os talibãs. Eles são animais — diz Ullah."

Em Fatama Mezer, conversei com um homem que experimentara na pele a violência do talibã pelo simples fato de ser um hazara:

"O agricultor Mohammad Hussein, 70 anos, traz no peito e nas costas as marcas da guerra civil que assola o Afeganistão. Pouco depois do início dos ataques dos Estados Unidos ao país, quatro milicianos talibãs invadiram sua casa na cidade de Jaghuri, distante cerca de cem quilômetros de Ghazni, na região centro--leste do Afeganistão.

O afegão de etnia hazara Mohammad Hussein mostra as cicatrizes deixadas pelos talibãs.

Hussein e sua família foram agredidos a coronhadas de fuzil e esfaqueados. Integrante da etnia hazara e seguidor da linha muçulmana xiita, o agricultor enfrenta o ódio do Talibã desde que a milícia tomou o poder na maior parte do país, em 1996. (...)

— Por que o senhor saiu do Afeganistão?

— Eu e minha família fomos agredidos pelo Talibã há duas semanas, logo depois do início dos ataques dos Estados Unidos. Quatro soldados do Talibã invadiram minha casa, me esfaquearam e me golpearam com coronhas de fuzis. Cortaram meu dedo (mostra uma cicatriz no dedo indicador da mão direita). Fiquei inconsciente.

— Por que os talibãs invadiram sua casa?

— Em razão da guerra no país. Eles são inimigos do povo hazara. Não sei a razão da violência. Só sei que os talibãs são cruéis.

— *Onde está sua família?*

— *Outras cinco pessoas de minha família chegaram há 15 dias a Quetta. Eu vim antes com um sobrinho que voltou para o Afeganistão.*

— *A região em que o senhor vivia foi atingida pelos bombardeios dos Estados Unidos?*

— *Não pude ver nada. Fiquei inconsciente depois da agressão dos talibãs. Meu sobrinho me trouxe até aqui.*

— *O senhor é capaz de identificar os agressores?*

— *Não. Sei apenas que são talibãs.*

— *Os talibãs já haviam atacado o senhor antes?*

— *Sim. Há um ano, eu criava vacas e cabras em minha propriedade. Os talibãs foram até lá e me pediram que lhes desse três cabras. Eu disse que era um homem pobre e que não tinha motivo para entregar as cabras. Perguntei-lhes se iriam pagar pelos animais. Eles me agrediram. Sou um velho, não posso me defender. Roubaram 10 cabras e quatro vacas.*"[1]

Como outras minorias no caminho da expansão muçulmana entre os séculos 7 e 15, os hazaras se converteram ao xiismo. O Xia advoga o direito dos familiares do Profeta — o genro Ali e seus descendentes — a sua sucessão como califas. Derrotado nas guerras civis árabes, encontrou terreno fértil para seu proselitismo entre as nações subjugadas ao Norte e ao Oeste. A seita xiita está presente no Irã, no Iraque, no Líbano, na Síria, nas repúblicas centro-asiáticas, no Afeganistão, no Paquistão e na Índia. A mensagem das diferentes linhas do Xia era categórica: sob o comando de califas e sultões, a comunidade dos fiéis tinha sido desviada do caminho de justiça e piedade prescrito pelo Profeta. Na história do Islã, os xiitas se identificaram frequentemente com o inconformismo e a revolta. Também seguidamente tomaram o poder e governaram de forma semelhante a seus oponentes sunitas — o que certamente contribuiu para que se cristalizassem como minoria.

No Afeganistão, os hazaras jamais se conformaram ao jugo de outras etnias ou nações. Um de seus líderes, o aiatolá Abdul Ali Mazari, principal comandante mujahid xiita, fundou uma agremiação, o Hizb-e-Wahadat (Partido Unido), com apoio iraniano, e se tornou um dos campeões da guerra contra a ocupação soviética. Mazari foi morto em 1994, depois de ser feito prisioneiro do Talibã durante a primeira ofensiva contra Cabul. Embora alianças pontuais tenham sido celebradas entre os mulás e o Hizb--e-Wahadat, os hazaras e seu aliado de longa data, o Irã, jamais esqueceram o assassinato do aiatolá afegão. Diante do avanço talibã, muitos hazaras acorreram em fuga a Mazar-e-Sharif. O sucessor de Mazari, Karim Khalili, havia feito um pacto anti-Talibã com Dostum, governador de Mazar-e-Sharif, e Massud. A cidade do norte era também um lugar de peregrinação para os xiitas. Nela está situada a Tumba de Ali, onde se acredita que esteja sepultado o genro do Profeta. Os hazaras haveriam de estar no centro de importantes acontecimentos na cidade.[2]

Atacar Mazar-e-Sharif era um movimento previsível do Talibã depois da tomada de Cabul. Senhores de dois terços do país, incluindo a capital, os mulás haviam conquistado muito mais do que podiam manter. A parcela de território em suas mãos era a mais pobre: o naco de solo cultivável, as reservas minerais e a incipiente indústria estavam nas províncias do norte, em torno de Mazar. Depois de um breve período de colaboração com o Talibã, o governador da cidade percebera que tinha pouco a ganhar com a aliança. Num país menos turbulento, Rashid Dostum e seus Uzbeques poderia ter sido o nome de uma banda *heavy metal*. No Afeganistão, era um exército treinado e equipado pela Rússia e que rompera em 1992 com o regime comunista, precipitando a queda de Najibullah. Ex-camponês que se alistara no exército afegão no final dos anos 1970, Dostum ascendera na hierarquia como uma ave de rapina e transformara seus homens numa tropa de assalto levada de um front a outro na época da invasão soviética para enfrentar os mujaidim. Na Ásia Central, os uzbeques tinham uma reputação de brutalidade que remontava aos tempos de seu antepassado Gengis Khan. Com a queda de Najibullah, Dostum passou a se mostrar mais religioso. Sob seu controle, Mazar dispunha de um serviço público eficaz, com ensino elementar, uma universidade e atendimento à saúde, que ficou relativamente a salvo da guerra civil — apenas as levas de refugiados do Sul lembravam a existência do conflito.[3]

O Talibã atacou Mazar em 24 de maio de 1997, a partir de Herat, a oeste, e Cabul, a leste. A ofensiva foi favorecida por uma divisão nas fileiras uzbeques: cinco dias antes, o lugar-tenente de Dostum, general Malik Pahlawan, havia se rebelado contra seu comandante e aderido ao Talibã. Humilhado, Dostum fugiu com um punhado de oficiais e soldados para o Uzbequistão, depois de subornar seus próprios homens rebelados para lhe abrirem caminho à Ponte da Amizade, no Passo de Termez, sobre o Rio Abu Damrya. Cerca de 2,5 mil talibãs ocuparam Mazar e, contrariando as expectativas de Malik de uma divisão de poder, começaram a desarmar as forças uzbeques e hazaras remanescentes. O Paquistão teve um papel fundamental na operação. "Meus rapazes e eu estamos atacando Mazar-e-Sharif", teria dito o coronel do exército paquistanês Amir Sultan Tarar, celebrizado pelo codinome de coronel Imam, por muitos anos responsável do ISI pelo Afeganistão, numa conversa telefônica gravada e ouvida por diplomatas ocidentais em Islamabad.[4] O Paquistão prontamente reconheceu o Talibã como o novo governo do Afeganistão, seguido da Arábia Saudita e dos Emirados Árabes Unidos.[5]

Os hazaras perceberam que encontrariam a morte nas mãos dos novos ocupantes da cidade. Na tarde de 28 de maio, uma revolta eclodiu entre combatentes hazaras que resistiam a entregar as armas. A rebelião logo ganhou adesão do restante dos habitantes da cidade, apavorados com a presença de patanes de turbantes negros que sequer falavam uzbeque e dari. Em 15 horas de combates de rua, cerca de 600 talibãs foram mortos e outros mil capturados, entre eles conquistadores de Herat e Cabul. O desespero dos hazaras de Mazar havia conduzido o Talibã a sua mais dolorosa derrota, no exato momento em que os mulás conquistavam o reconhecimento oficial de seus patrocinadores paquistaneses e sauditas. A região seria palco de uma luta encarniçada por mais de um ano depois do levante hazara. Na ciranda de aço e sangue em volta de Mazar, não faltariam recriminações, traições e duelos num mesmo lado de cada trincheira.

Desde a queda de Cabul, a nova fase da guerra no Afeganistão havia atraído a atenção da imprensa mundial. A batalha de Mazar forneceria a correspondentes estrangeiros cenas de uma crueza inédita mesmo para os mais acostumados à carnificina afegã — valas comuns onde se descobriam milhares de corpos de talibãs, prisioneiros mortos por asfixia em contêineres no deserto, populações rurais massacradas ou forçadas a fugir em massa.

Às forças anti-Talibã, o levante de Mazar forneceu a ocasião para uma nova aliança. Massud, Malik e Khalili criaram uma entidade política de nome tão extenso quanto o arco político que cobria: Frente Unida Islâmica e Nacional pela Salvação do Afeganistão.

Essa aliança, que se apresentava como governo legitimamente constituído do país, com Rabbani como presidente e Mazar como capital, seria rebatizada pela imprensa ocidental como Aliança do Norte e forneceria os principais nomes para a administração pós-Talibã erguida com apoio americano. As diferenças entre os três comandantes, porém, tornariam pouco gloriosos seus primeiros meses de vida. Até a tomada definitiva de Mazar pelo Talibã, mais de um ano depois, os integrantes da Aliança — especialmente seus braços uzbeque e hazara — dedicariam parte do tempo a lutar entre si. Apesar dos duelos sectários, a união possibilitou sucessos no campo de batalha. Massud aproveitou o rechaço do Talibã em Mazar para desferir um ataque ao norte de Cabul, recapturando a base aérea de Bagram e deixando suas forças a 32 quilômetros da capital.

Bin Laden e sua família ocupavam uma fazenda perto de Jalalabad quando o Talibã tomou a cidade, em setembro de 1996. Alguns de seus anfitriões haviam partido para o Paquistão após receber propina. Outros, como Yunus Khalis e Jalaluddin Haqqani, se juntariam à nova ordem. Bin Laden parece ter se preocupado com a própria sorte e providenciado lições de tiro para suas mulheres.[6] O Talibã, por sua vez, tinha motivos para prestar atenção no saudita. Seus negócios no Sudão haviam reforçado a aura de muçulmano devoto e generoso surgida na jihad contra os soviéticos. A Al Qaeda permanecia praticamente desconhecida fora dos círculos fundamentalistas do Oriente Médio, e o próprio Bin Laden era visto pelo governo americano como um financiador de atividades terroristas e não como o cavaleiro do apocalipse global em que se transformaria nos anos seguintes. Preocupações com o saudita foram transmitidas ao Talibã por emissários de Riad, mas no sentido de que ele fosse mantido sob vigilância e não se envolvesse em ataques contra o Reino.[7]

Autoridades estrangeiras que se relacionaram com os patanes sempre tiveram dificuldade em obter a entrega de criminosos à justiça. O código de conduta ancestral das tribos (o Pashtunwali) incluía uma noção rígida de hospitalidade, pela qual um patane não poderia recusar negar abrigo mesmo a um inimigo que se aproximasse seguindo a tradição. "A maior das afrontas a um patane é levar embora seu convidado, e sua indignação não será dirigida contra o convidado que o deixou mas contra a pessoa que o levou a sair", escreveu Caroe. "Na mesa de todo magistrado há uma lista de fugitivos da justiça", acrescentou, referindo-se às autoridades britânicas.[8] No caso do Talibã, porém, os interesses políticos e a autoridade religiosa sempre se sobrepunham aos costumes tribais. O sistema governamental erigido pelo mulá Omar, com uma Shura Suprema de seis integrantes e outra, ampliada, de 22 membros, era estranho à tradição patane, na qual as grandes decisões sempre haviam sido tomadas por uma assembleia de líderes de tribos, a *loya jirga*. Segundo relatos sauditas, os mulás inicialmente consideravam o rei Fahd, da Arábia Saudita, como seu emir e teriam chegado a oferecer Bin Laden em custódia ao Reino depois da tomada de Cabul. Era a segunda oferta desse gênero recebida por Riad — o governo sudanês de Al Bashir já fizera proposta semelhante. A família real, porém, preferia Bin Laden nos confins do Hindu Kush do que numa prisão saudita e declinou.[9]

O saudita pagou um preço alto pelo abrigo no Afeganistão. Segundo uma versão, ele teria contribuído com US$ 3 milhões para a conquista de Cabul pela milícia.[10] Estimativas da Comissão do 11 de setembro indicam que ele teria pago entre US$ 10 milhões e US$ 20 milhões por ano ao Talibã. Ele também destacou combatentes árabes para a tomada final de Mazar-e-Sharif, em 1998. Com o tempo, a milícia passou a depender desse dinheiro para comprar armas e veículos e financiar projetos de construção. Outros US$ 10 milhões anuais foram destinados à manutenção de campos de treinamento, armas, salários e subsídios a famílias. Uma parte desses campos era exclusiva da Al Qaeda, e outra, aberta a militantes de outras organizações. Entre 10 mil e 20 mil pessoas teriam recebido treinamento terrorista nessas instalações entre 1996 e 2001, incluindo os sequestradores do 11 de setembro. Diferentemente da versão corrente logo depois dos atentados de 2001, Bin Laden não parece ter tirado esse dinheiro das próprias contas. Os fundos provinham de doadores da região do Golfo Pérsico e de uma complexa teia de organizações de caridade espalhadas pelo mundo muçulmano.[11]

Bin Laden dedicou seu primeiro ano no Afeganistão a recompor laços com simpatizantes em outros países — em novembro de 1996, ele comprara um telefone por satélite, embora evitasse usá-lo por temor de ser interceptado —, dar entrevistas e escrever uma declaração formal de guerra aos Estados Unidos.[12] Num texto cheio de ecos de suas leituras esparsas de jornais, obras sobre a história americana e *Os Protocolos dos Sábios de Sião*, Bin Laden endereçou uma ameaça direta ao secretário de Defesa americano, William Perry: "Oh William, amanhã você conhecerá os jovens que enfrentam sua prole desnorteada... Aterrorizar vocês, enquanto vocês carregam armas em nossa terra, é uma obrigação legítima e moral". O documento, o primeiro divulgado pelo chefe da Al Qaeda em seu próprio nome, circulou em agosto de 1996, com pouca repercussão imediata fora dos círculos jihadistas do Oriente Médio e da Europa.

O texto da *fatwa* não fazia referência à Al Qaeda. Mas Bin Laden compensou essa omissão com declarações laudatórias a seu grupo — que na época tinha menos de cem integrantes — recolhidas por repórteres que o visitaram no Afeganistão. Ao jornal árabe editado em Londres *Al-Quds Al-Arabi*, ele havia dito em novembro de 1996 que seus homens haviam participado da derrubada dos Black Hawk americanos na Somália. Em outras entrevistas, comemorou os atentados ao Centro de Treinamento da Guarda Nacional, em Riad, em 1995, e às Torres Khobar, em Dharhan, em 1996. "Eu tenho um grande respeito pelas pessoas que fizeram isso. O que eles fizeram foi uma grande honra da qual não pude participar", afirmou à CNN em 1997.[13]

No governo americano, pelo menos um homem vibrou com a mudança de Bin Laden para o Afeganistão: o veterano analista da CIA Michael Scheuer. Em janeiro de 1996, quatro meses antes de o saudita aterrissar em Jalalabad, Scheuer havia sido nomeado chefe de uma unidade recém-criada para investigar o financiamento de terroristas e convencera o diretor de Operações da agência, David Cohen, a concentrar o trabalho em Bin Laden. A Estação Alec (uma homenagem de Scheuer ao filho adotivo de origem coreana) funcionava com cerca de 16 funcionários em Tysons Corner, Virgínia, distante menos de dois quilômetros da sede da CIA em Langley. Seus arquivos continham 35 volumes dedicados a Bin Laden — em sua maioria transcrições de escutas telefônicas nas quais o nome do saudita aparecia associado a algo chamado Al Qaeda. A expressão árabe chamou a atenção de Scheuer, um perito em Afeganistão — ele nunca tinha ouvido falar na rede.[14]

A colaboração estreita entre a CIA e chefes tribais afegãos compunha um capítulo memorável da história da agência, e o novo refúgio de Bin Laden deixava-o mais exposto. Por meio da filtragem e da análise de relatórios de inteligência e transcrições de telefonemas do mundo inteiro, a Estação Alec forneceu material para que a Casa Branca reavaliasse o papel do saudita no submundo do terror: mais do que um "financiador de terroristas", ele era o líder de uma organização dedicada a atacar americanos e seus aliados onde fosse possível, inclusive em seu próprio território. O foco em Bin Laden era estimulado pelo diretor de Contraterrorismo do Conselho de Segurança Nacional, Richard A. Clarke, nomeado por Clinton para a função em 1995. Apesar dessa convicção, as preocupações dos funcionários da Estação Alec não contribuíram para colocar o país em prontidão, e seus integrantes por vezes se sentiam ridicularizados pelos colegas.[15] Os Estados Unidos levariam quase seis anos e dois governos para definir uma resposta ao que parecia ser uma nova e desconhecida ameaça — e, quando o fizeram, seria tarde demais.

Enquanto a Estação Alec dava os primeiros passos, o FBI e a Procuradoria do Distrito Sul de Nova York abriram uma investigação criminal contra "Usamah bin-Muhammad Bin-Ladin, ou Xeque Usamah bin Ladin, ou Mujahid Xeque, ou Abu Abdullah, ou Qa Qa". Embora as provas tivessem sido obtidas pelo agente do FBI Daniel Coleman junto à CIA, havia antes rivalidade burocrática do que coordenação entre os dois órgãos federais. Depois de estudar o texto da *fatwa* de agosto de 1996, a procuradora Mary Jo White se detém na apuração de uma possível conspiração para derrubar o governo dos Estados Unidos — crime previsto num estatuto dos tempos da Guerra de Secessão. O processo resultou no indiciamento de Bin Laden, tornado público em novembro de 1998.[16]

A escalada guerreira no Afeganistão e a presença de Bin Laden no país não eram os únicos fatores a contribuir para o aumento da temperatura política na região. Em novembro de 1996, o presidente do Paquistão, Faruq Leghari, destituiu o gabinete de Benazir Bhutto, sob suspeita de corrupção, e em fevereiro do ano seguinte assumiu o posto o empresário e arqui-inimigo dos Bhutto Nawaz Sharif, da Liga Muçulmana, um espectro do grande partido de Jinnah. Exilada nos Emirados Árabes Unidos, na Grã-Bretanha e nos Estados Unidos, Bhutto viveria um inferno semelhante ao dos anos de encarceramento e execução de seu pai. Ela e o marido enfrentariam processos por corrupção — ela seria julgada e condenada à revelia, ele cumpriria pena na prisão. Em pouco mais de dois anos como premiê, Sharif seria ainda mais alijado das decisões políticas de seu governo para o Afeganistão do que a antecessora, a ponto de saber pela TV do reconhecimento do governo talibã pelo Ministério do Exterior paquistanês.[17] Na Índia, uma combinação de recessão e escândalos de corrupção desgastou o dominante Partido do Congresso e permitiu o fortalecimento do Bharatiya Janata Party (BJP), sigla fundamentalista hindu que tinha a agitação contra muçulmanos — e, secundariamente, cristãos — como carro-chefe de sua plataforma. "Os únicos lugares para os muçulmanos são o túmulo ou o Paquistão", dizia uma rima em hindi utilizada por militantes em comícios do BJP. Personalidades centrais do BJP, como o futuro primeiro-ministro Atal Bihari Vajpayee e L.K. Advani, tinham sido por muito tempo ligadas à organização paramilitar da qual fizera parte o assassino de Gandhi.[18]

Na Casa Branca, a preocupação com o sul da Ásia crescera desde a viagem de Hillary Clinton à Índia em 1995. O governo começou uma lenta mas significativa revisão de sua política para a região, e no início de 1997, o Conselho de Segurança Nacional recomendou oficialmente uma mudança de rumo que seria resumida num memorando ao presidente Bill Clinton em agosto daquele ano, enquanto se desenrolava a batalha de Mazar--e-Sharif. No texto, a ênfase era colocada na redução das tensões entre Índia e Paquistão — os dois países se engajariam numa quarta guerra em 1999. Mais efetivo na mudança de rumo da administração Clinton foi o *lobby* feminista contra as medidas discriminatórias do Talibã. A secretária de Estado, Madeleine Albright, que como embaixadora americana junto às Nações Unidas já havia se referido ao tratamento dado pela milícia às mulheres como "impossível de defender", foi mais contundente em novembro de 1997: "Nós nos opomos ao Talibã por sua oposição aos direitos humanos e o seu lamentável tratamento às mulheres e crianças e sua grande falta de respeito pela dignidade humana". Semanas depois, Hillary ecoou a secretária de Estado num discurso sobre direitos humanos nas Nações Unidas: "Agora mesmo no Afeganistão o Talibã está impedindo meninas de ir à escola".[19] No compasso da mudança de atitude americana, o

secretário-geral das Nações Unidas, Kofi Annan, designou um ex-
-ministro do Exterior argelino, Lakhdar Brahimi, como mediador
para o Afeganistão e criou o chamado Grupo Seis mais Dois, que
incluía Estados Unidos, Rússia e seis países do sul da Ásia para
propor soluções para o conflito.[20]

O mulá Omar convidou Bin Laden a se transferir para Kandahar.
O planalto do Sul, em meio às tribos patanes, era território
desconhecido para o saudita. Desde que pisara pela primeira vez no
Afeganistão, ele se limitara a transitar nas montanhas do noroeste,
perto da fronteira. A oferta de Omar, contudo, permitiria a Bin
Laden estreitar laços com a cúpula do Talibã. Sua estratégia era
parecida com a que adotara diante dos mujaidim afegãos e do
governo sudanês: comprometer-se com investimentos e obras que
ele próprio financiaria em troca de cobertura política. O Talibã,
que se comprometera junto aos sauditas a manter o hóspede sob
vigilância, poderia fazê-lo melhor em Kandahar e, portanto, tinha
pouco a perder com o acordo. Por volta de março de 1997, Bin
Laden mudou-se para Kandahar com três mulheres, dezenas de
filhos e colaboradores, mediante a promessa de suspender as
entrevistas a meios de comunicação ocidentais nas quais denunciava
especialmente a família real saudita.[21]

Omar cedeu a Bin Laden a sede de uma antiga cooperativa rural
abandonada no deserto, perto do aeroporto, ao sul de Kandahar.
O complexo era constituído de cerca de 80 edifícios de concreto e
tijolos de barro, uma pequena mesquita e um prédio de escritórios
de seis andares. Chamado de Fazenda Tarnak, era cercado por um
muro de três metros de altura e não tinha rede de água. A fazenda era
guarnecida por dois tanques T-55 de fabricação soviética enviados
pelo Talibã. Graças à condição de protegido do governo dos mulás,
Bin Laden gozava de uma liberdade de movimento da qual não se
beneficiava desde os primeiros tempos do Sudão. Seus comboios de
picapes japonesas de vidros escuros eram reconhecidos nas ruas,
onde os afegãos comuns apontavam os carros e diziam: "Osama,
Osama". Seus militantes podiam entrar e sair do país sem exigência
de vistos ou procedimentos de imigração, usar salvo-condutos do
Ministério da Defesa talibã e até mesmo aviões da companhia
estatal Ariana para transportar dinheiro.[22]

Em maio de 1997, Zawahiri juntou-se a Bin Laden no
Afeganistão. Mesmo sofrendo de uma úlcera, ele havia sido um

dos mais ativos chefes terroristas da década, mas não evitara que seu grupo, a Jihad Islâmica, sofresse com descrédito, perda de militantes e falta de dinheiro. Em novembro de 1996, fora preso na Rússia com um passaporte falso sudanês que registrava em menos de um ano quatro passagens pelo Iêmen, três pela Malaísia, duas por Cingapura e uma pela China (provavelmente Taiwan). Ficou cerca de seis meses na cadeia e foi deportado para o Azerbaijão sem que as autoridades descobrissem quem ele era. "Deus os cegou para nossas identidades", comemorou Zawahiri ao falar do episódio, qualificado por outros militantes da Jihad Islâmica como "um desastre que quase destruiu o grupo". A organização havia recebido apenas US$ 5 mil de Bin Laden durante as peripécias de Zawahiri. Alguns dos antigos companheiros de Zawahiri, como Abu Hafs, já haviam se juntado ao saudita na Al Qaeda. Mas era a incapacidade de obter avanços significativos em seu próprio país, o Egito, que corroía as pretensões da Jihad Islâmica de ser a voz dominante do movimento fundamentalista mundial. Em novembro de 1997, um comando do grupo massacrou 58 estrangeiros e quatro egípcios nas ruínas de Luxor, atingindo um dos pulmões da economia do país, o turismo. A onda de repúdio gerada pelo atentado virtualmente paralisou seus militantes. Da prisão nos Estados, o xeque Omar Abdul Rehman responsabilizou Israel pelo crime. A Jihad Islâmica estava à beira do desaparecimento. Para Zawahiri, unir-se a Bin Laden era uma forma de sobreviver a esse destino.[23]

Foi de Zawahiri a primeira versão do documento que ficaria conhecido como a definitiva declaração de guerra de Bin Laden aos Estados Unidos. Ele começou a redigir o texto em janeiro de 1998, cerca de um mês antes de sua divulgação.[24] A estratégia apresentada na *fatwa* — atacar americanos e seus aliados em qualquer lugar do planeta até a definitiva retirada de seus exércitos de todas as terras consideradas islâmicas, da Espanha à Indonésia, e restabelecimento de um califado, tido como única forma legítima de governo muçulmano — era expressão de uma mudança radical nos pontos de vista do egípcio. Ele sempre fora dos mais nacionalistas entre os comandantes da jihad. Havia consagrado a existência a derrubar o governo do Egito — por esse objetivo, enfrentara prisão, tortura e exílio, expusera a família a privações, sacrificara a saúde e enfrentara a morte. Por essa razão de viver se opusera a alguns dos mais eminentes combatentes islâmicos de seu tempo, como Abdullah Azzam e, durante algum tempo, ao próprio Bin Laden, que tendiam a procurar seus objetivos políticos além das fronteiras. Suas passagens pela Arábia Saudita, pelo Paquistão e pelo Afeganistão, no início dos anos 1980, haviam sido antes de tudo estações de fuga — ele nunca se desviara da meta de recolocar sua pátria no caminho do Islã, primeiro por meio de um golpe militar, depois pelo choque de ações espetaculares contra os inimigos, fossem eles governantes seculares, intelectuais, judeus, coptas ou estrangeiros. Agora, tudo isso parecia superado não por uma visão mais prática, como a de alguns de seus companheiros no cárcere egípcio que haviam anunciado o abandono da violência em favor da participação política e eleitoral, mas por uma meta ainda mais esotérica — a expulsão dos Estados Unidos e de todos os estrangeiros não apenas da Península Arábica, mas de todos os lugares onde algum dia havia sido hasteada a bandeira do Crescente.

Muitos dos velhos militantes da Jihad Islâmica, que viam com desconfiança a estratégia transnacional de Bin Laden, resistiam à aproximação. Entre eles, estava Mohammed al Zawahiri, irmão de Zawahiri, segundo no comando e responsável pelas ações militares do grupo. O chefe do grupo convocou uma reunião da Jihad Islâmica no Afeganistão para explicar seus objetivos. Para reforçar sua posição, promoveu um estudo da influência judaica nos Estados Unidos, a partir do qual apontou o país como um dos alvos do grupo — nos próximos anos, seria praticamente o único. No curso de uma violenta discussão ameaçou renunciar ao posto de emir. Seu ponto de vista prevaleceu, e Mohammed deixou a organização. Ele teria sido preso em 2000 em Dubai por agentes egípcios e executado na prisão.[25]

A mensagem divulgada pelo jornal *Al Quds Al Arabi*, em Londres, no dia 23 de fevereiro de 1998, tinha a linguagem obscura de um documento religioso medieval. Pela primeira vez, um texto assinado por Bin Laden e Zawahiri — que, junto a outros três líderes fundamentalistas do Paquistão, do Egito, de Bangladesh e da Caxemira, se autodenominavam comandantes de uma certa Frente Unida Internacional contra Judeus e Cruzados — se referia a três agravos dos Estados Unidos: a ocupação da Península Arábica, a agressão ao povo iraquiano e o apoio ao Estado judeu.

"Todos esses crimes e pecados cometidos pelos americanos são uma clara declaração de guerra contra Deus, Seu Mensageiro e os muçulmanos", afirmam os signatários. E completam: "O dever de matar os americanos e seus aliados é uma obrigação individual para cada muçulmano que possa fazê-lo em qualquer país em que seja possível fazê-lo". Jamais na história das guerras uma declaração formal de hostilidade havia sido feita nesses termos. Seus signatários não eram chefes de Estado, de governo ou de organizações nacionais, mas dirigentes de grupos párias que, juntos, não reuniam mais do que três centenas de homens. Não havia por trás deles nenhum país que compartilhasse de sua estratégia: pelo contrário, sua história recente tinha sido a de sucessivas rupturas com todos os governantes que os tinham abrigado. Tampouco os autores deixavam claros seus objetivos, meios e fundamentos políticos e morais — sua intenção parecia ser a de virar o mundo de cabeça para baixo e reorganizá-lo de acordo com a lógica de eruditos mortos há mais de mil anos. A *fatwa* de Bin Laden e Zawahiri parecia ter sido transplantada de um compêndio ancestral para o cotidiano áspero do contraterrorismo e da espionagem. Para interpretá-la, analistas de inteligência do mundo inteiro tiveram de se acostumar a traduzir termos como "Al Andalus" (Espanha) e "Khurasan" (Ásia Central) a partir de escutas de telefones por satélite e discos rígidos. Era como se os anos 1000 e 2000 tivessem se irmanado no pesadelo de um orientalista da era digital.[26]

O Talibã lançou o ataque final contra Mazar-e-Sharif em julho de 1998. Com treinamento, fundos e armas do Paquistão e da Arábia Saudita, a milícia avançou a partir de Herat rumo ao Norte e, em 1º de agosto, irrompeu na cidade defendida por apenas 1,5 mil combatentes hazaras. Segundo Ahmed Rashid, ao conquistar Mazar o Talibã promoveu um massacre sem precedentes por dois dias, como vingança pelas baixas do ano anterior, e deixou cadáveres apodrecerem nas ruas.[27]

Pouco mais de três anos depois do massacre de Mazar, em Fatama Mezer, nos arredores de Quetta, sou cercado por um grupo de mulheres hazaras, a maioria idosas. As mulheres dessa etnia têm um comportamento distinto das patanes: embora cubram a cabeça com panos coloridos, não parecem ariscas. No Hizb-e-Wahadat, diferentemente de outras organizações afegãs, as mulheres lutam lado a lado com os homens e chegam a participar dos organismos de direção. Falam de forma agitada, num burburinho, na esperança de que o repórter estrangeiro lhes forneça algum alívio. Uma delas traz nas mãos duas fotografias que contêm a um só tempo um pedaço do drama de sua família e da tragédia dos hazaras:

"*Aos 35 anos, Fatma parece ter o dobro da idade. Mãe de cinco filhos, ela saiu de Kandahar nos primeiros dias de bombardeio. A guerra ceifou sua família. Ela mostra numa foto os dois filhos que morreram em Mazar-e-Sharif e o marido, que sucumbiu em Bamiyan. Fatma não deixou ninguém no Afeganistão. Sua última lembrança do país é a de Kandahar sob o bombardeio americano:*

— Eu estava num ônibus. Vi casas e lojas explodindo, muitas pessoas que choravam e gritavam ao tentar salvar suas vidas.

Fatma não sente saudade do país em que nasceu. Ela só deseja voltar ao Afeganistão depois do fim do governo talibã.

— Se houver paz e direitos humanos, posso voltar — afirma."[28]

Mulheres afegãs da etnia hazara no subúrbio de Fatama Mezer, em Quetta.

10

"CAPTURÁ-LO OU MATÁ-LO?"

Com nove minutos de intervalo, duas explosões mudaram a história da Al Qaeda na manhã do dia 7 de agosto de 1998. A primeira ocorreu pouco antes das 10h30, quando um homem lançou uma granada e em seguida detonou um caminhão-bomba carregado com cerca de uma tonelada de TNT, nitrato de alumínio e pólvora diante do portão da embaixada americana em Nairóbi, Quênia. A segunda ocorreu a quase 700 quilômetros de distância — um caminhão-tanque com carga equivalente de explosivos mandou pelos ares uma parte da embaixada americana em Dar es Salaam, Tanzânia. Entre os 224 mortos — 213 em Nairóbi e 11 em Dar es Salaam — e milhares de feridos, a maioria era de africanos, muitos deles muçulmanos. Na lista de vítimas fatais contavam-se 12 americanos, todos em Nairóbi. Era uma cifra inferior aos 19 soldados americanos mortos no atentado contra as Torres Khobar, em Dharan, dois anos antes. Mas desde a explosão de um carro-bomba contra os portões de um quartel-general instalado pelos *marines* no Aeroporto Internacional de Beirute, em 1983, que resultara em 241 mortos, todos americanos, nenhum ataque contra um alvo dos Estados Unidos havia sido tão letal.

Embora nas horas seguintes às explosões o governo americano tenha cogitado envolvimento de grupos como Hamas e Hezbollah, pistas abundantes tornaram Bin Laden um suspeito óbvio desde o início. Oito anos antes, um 7 de agosto havia marcado o início da Operação Tempestade no Deserto, com o desembarque na Arábia Saudita dos primeiros soldados americanos que expulsariam Saddam Hussein do Kuweit. Erros no planejamento e na execução dos atentados denunciaram a inexperiência dos terroristas, mas o que captou a atenção do público e da imprensa foi a capacidade dos autores de provocar explosões praticamente simultâneas — um efeito valorizado por Bin Laden. Embora a operação estivesse sendo preparada desde o final de 1993, reveses sofridos pela célula de Nairóbi haviam provocado sucessivos adiamentos: a morte de seu chefe, Abu Ubaidah al Banshiri, no naufrágio acidental de um *ferryboat* no Lago Vitória, e a prisão pela CIA de Wadih el Hage, ex-secretário de Bin Laden e um dos encarregados da operação. O próprio Bin Laden supervisionara pessoalmente a preparação dos atentados por meio de um telefone por satélite adquirido em 1996. Apesar de o aparelho estar grampeado pela CIA desde o início de 1997, a inteligência americana não foi capaz de detectar os preparativos para o ataque.[1]

As explosões tinham a marca de Zawahiri. O uso de suicidas e caminhões-bomba tinha sido testado pela Jihad Islâmica em 19 de novembro de 1995, num atentado que destruíra a embaixada egípcia em Islamabad. Na oportunidade, os terroristas também haviam provocado explosões de alerta que mobilizaram a segurança e tornaram ainda mais letal a bomba principal detonada em seguida. O homem que montara as bombas nos quintais de dois casebres alugados no Quênia era um egípcio com passagem pelos campos da Al Qaeda no Afeganistão — Abdullah Ahmed Abdullah, conhecido na organização como Abu Mohammed El Masri ou simplesmente Saleh.[2]

No dia 13 de agosto, um tresnoitado Bill Clinton assistiu a uma cerimônia em homenagem a 10 das 12 vítimas americanas na Base Aérea de Andrews. Nenhum país atingira a excelência dos Estados Unidos no combate ao terrorismo, e nenhum antecessor de Clinton na Casa Branca havia sido tão desafiado nesse terreno. Na metade de seu segundo mandato, porém, o presidente comandava uma máquina antiterrorismo moldada nos estertores da Guerra Fria e que ainda não se adaptara aos novos tempos. A dispersão de responsabilidades entre órgãos do governo exigia uma coordenação que apenas a Casa Branca era capaz de exercer. Mas o braço forte da presidência se tornara alvo de desconfiança e ressentimentos desde a eclosão do escândalo Irã-Contras. Assim fora batizada na segunda metade dos anos 1980 uma negociação ilegal promovida por assessores do presidente Ronald Reagan — incluindo o então diretor da CIA, William Casey — para fornecer armas a moderados do regime iraniano em troca de apoio à libertação de reféns americanos em Beirute. O caso mostrou que, se tivessem de escolher entre a Doutrina Reagan — que preconizava apoio a rebeldes anticomunistas na Polônia, no Afeganistão ou na América Central — e o império da lei, muitos altos funcionários da administração optariam pela primeira. Os americanos se acostumaram a ver diretores da CIA e espiões prestando depoimento ao Senado por suspeita de atividades ilegais. O estado de espírito da comunidade de inteligência em relação às ações sigilosas foi resumido por um ex-assessor de Clinton e George W. Bush em depoimento ao Congresso em 2002: "Eu penso que se você olhar para os anos 1970 e 1980, os indivíduos que assumiram a função *(da Diretoria de Operações da CIA, responsável pelas operações secretas)*, um após outro foram demitidos ou indiciados ou condenados por um comitê do Senado. Eu penso que sob essas circunstâncias, se você se torna diretor de Operações, você desejaria ser um pouco cuidadoso em não lançar operações secretas que vão colocá-lo pessoalmente em apuros e vão também ferir a instituição".[3] O episódio fez que, durante uma década, o governo americano preferisse lidar com a ameaça terrorista por meio de uma combinação de diplomacia, sanções econômicas e medidas judiciais do que com ações militares e operações secretas.

A atitude diante de Bin Laden havia sido típica. O chefe da Al Qaeda deixara o Sudão havia apenas dois anos, sem que ninguém tentasse detê-lo. Quando partiu rumo ao Afeganistão, não existia na Justiça americana sequer um inquérito formal sobre suas atividades, e mesmo os funcionários de inteligência que o conheciam melhor julgavam ser mais fácil vigiá-lo em Jalalabad do que em Cartum. Mas, na época, Bin Laden era visto como um financiador de atividades terroristas, um milionário excêntrico que badalava no circuito da jihad, e não o responsável por ameaças reais e diretas aos Estados Unidos. Um decreto presidencial de 1976, assinado pelo presidente Gerald Ford, proibia militares ou agentes de inteligência americanos de assassinar indivíduos.

Embora houvesse planos para neutralizar as bases de operações e finanças de Bin Laden desde 1996, e no ano seguinte até mesmo um grupo de chefes tribais afegãos tivesse sido recrutado com a missão de prendê-lo ou matá-lo, essas iniciativas estavam no final da lista de prioridades. Mesmo os aficionados de Bin Laden na administração Clinton consideravam em meados de 1997 que, a depender dos afegãos mobilizados pela CIA, a prisão levaria meses. Três meses antes das explosões na África, um plano de ataque noturno à Fazenda Tarnak tinha sido engavetado pela CIA antes de ser levado ao presidente por ser considerado de alto risco político caso Bin Laden não sobrevivesse.[4]

Clinton conhecia pessoalmente pelo menos um dos homenageados em Andrews, o cônsul Julian Bartley, com quem se avistara duas vezes. Mas o bombardeio das embaixadas não era o único fator a contribuir para sua fisionomia angustiada. Durante meses, ele se enredara num jogo de evasivas a respeito do envolvimento com a ex-estagiária da Casa Branca Monica Lewinsky. O caso se transformara num escândalo rumoroso no Congresso, seu depoimento ao grande júri estava marcado para o dia 19 de agosto e ele tinha pela frente uma delicada hora da verdade com a mulher, Hillary, e a filha, Chelsea. O caso Monica Lewinsky já inspirara um filme, *Wag the Dog*, no qual uma guerra fabricada contra a Albânia era usada para desviar a atenção de um *affair* entre um presidente e uma colegial em visita à Casa Branca. Depois de estabelecida a responsabilidade de Bin Laden, a equipe de Clinton chegou a consultar o comandante em chefe sobre a conveniência de um ataque em razão de suas complicações íntimas. O presidente estava dormindo no sofá da sala de estar ao lado de seu quarto na Casa Branca — "Dormi naquele sofá por dois meses ou mais", recordaria em suas memórias. Ele deu sinal verde para o bombardeio.[5]

Por volta das 10 horas (horário de Cabul) do dia 20 de agosto, os Estados Unidos dispararam 75 mísseis táticos de cruzeiro Tomahawk contra o campo de treinamento de Zawhar Kili, na província de Khost, oeste do Afeganistão. Relatórios de inteligência indicavam que Bin Laden estaria presidindo um encontro da Al Qaeda no campo no momento do ataque. Outros 13 mísseis destruíram a indústria química de Al Shifa, suspeita de fabricar armas químicas, em Cartum, no Sudão. O poder de destruição dos

Tomahawk — arma símbolo da guerra ao terror, cada um ao preço aproximado de US$ 750 mil — excedia em mais de 40 vezes o das bombas no Quênia e na Tanzânia. Os ataques provocaram cerca de 30 mortes, incluindo a de um guarda-noturno em Al Shifa. Não era a primeira vez que os Estados Unidos retaliavam responsáveis por atos terroristas: em 1986, o governo Reagan alvejara a Líbia em resposta a um atentado contra uma discoteca em Berlim, e em 1993 Clinton bombardeara o Iraque depois da descoberta de um plano para assassinar o ex-presidente George H. W. Bush durante visita ao Kuweit. Desta vez, porém, o alvo não era um Estado, mas um grupo terrorista — ou, mais exatamente, um indivíduo, embora a Casa Branca compreendesse que, ao personalizar a guerra contra Bin Laden, acabaria por fortalecê-lo.

A resposta de Bin Laden à Operação Alcance Infinito veio por meio de uma transmissão de rádio. "Pela graça de Deus, eu estou vivo", disse o chefe da Al Qaeda, num timbre que seria usado nos anos seguintes para determinar a autenticidade de outras gravações atribuídas a ele. A decisão de não ir a Khost teria sido tomada ao acaso, na noite anterior, mas há pelo menos um testemunho de que o Talibã teria recebido alerta de uma fonte paquistanesa a respeito dos ataques.[6] O general paquistanês Hamid Gul disse que mais da metade dos mísseis dirigidos a Zawhar Kili caíram no Paquistão, matando dois paquistaneses. Outros não teriam explodido — Bin Laden supostamente os venderia à China por US$ 10 milhões.[7]

A maior controvérsia, porém, cercou o ataque a Al Shifa. O governo considerara dois alvos no Sudão — além da fábrica, também havia sido cogitada uma empresa supostamente pertencente a Bin Laden. A principal evidência em relação a Al Shifa tinha sido a menção, pela CIA, de que um teste de amostra de solo próximo à fábrica indicara a presença de um componente do gás venenoso VX. A Diretoria de Programas de Inteligência do Conselho Nacional de Segurança havia alertado a Casa Branca de que as ligações entre Bin Laden e a fábrica eram incertas e que "precisaremos de inteligência muito melhor sobre essa fábrica antes de considerar qualquer opção". Depois da total destruição da fábrica, o governo sudanês provou que não se fabricavam armas químicas no local, mas apenas remédios e produtos veterinários. Além disso, Bin Laden não tinha nada a ver com Al Shifa. O diretor da CIA, George Tenet, e o conselheiro de segurança de

Clinton, Samuel "Sandy" Berger, seguiram sustentando o acerto do bombardeio — o último chegou a discorrer perante a Comissão do 11 de Setembro sobre o risco de o ataque ser desmarcado e o metrô de Nova York ser alvo de um atentado com armas químicas duas semanas depois.[8]

Entre 1983 e 1986, o cargo de coordenador de Contraterrorismo do Conselho de Segurança Nacional havia sido ocupado por um "herói americano", nas palavras do presidente Ronald Reagan: o coronel *marine* Oliver L. North, um texano de San Antonio que recebera quatro condecorações por bravura no Vietnã.[9] North fora alvejado pelo escândalo Irã-Contras, do qual tinha sido um dos artífices, e 12 anos depois seu posto e seu gabinete com vista para o Potomac tinham passado às mãos de Richard A. Clarke. Filho de operário de fábrica de chocolate em Boston, Massachussets, Clarke era no serviço civil o que North fora na carreira militar: um funcionário de elite. Formado pela Universidade da Pensilvânia e pelo Massachussets Institute of Technology, Clarke havia fortalecido a própria posição no governo por meio de um decreto presidencial do qual fora o inspirador e pelo qual passara a ser coordenador nacional para Proteção da Infraestrutura e Contraterrorismo. Seus inimigos na administração temiam que o decreto o transformasse em outro North. Ele pretendia ser muito mais. Como chefe do Grupo de Segurança e Contraterrorismo, que reunia os departamentos de Estado, de Defesa e de Justiça, a CIA, o FBI e o Estado-Maior das Forças Armadas, Clarke desfrutava de status de ministro — reportava-se diretamente ao Pequeno Grupo, que reunia os auxiliares mais próximos de Clinton. O novo comandante de contraterrorismo dos Estados Unidos não tinha completado três meses no posto quando os atentados de agosto lhe puseram um desafio ainda maior.

Diferentemente de muitos na administração, Clarke sabia quem era Bin Laden. As digitais do coordenador de Contraterrorismo podiam ser encontradas na criação da Estação Alec, nos planos para atacar a Fazenda Tarnak e no planejamento dos bombardeios de 20 de agosto. Ninguém mais do que ele esperava que, depois dos mísseis sobre o campo de treinamento em Khost, o governo empreendesse uma campanha sustentada contra Bin Laden e sua rede terrorista. Ele elaborou um plano batizado de Delenda (da sentença em latim "*Delenda Cartago*", com a qual Catão urgia o

Senado de Roma a aprovar o aniquilamento da cidade africana) para "eliminar imediatamente qualquer ameaça significativa aos americanos" pela rede de Bin Laden. A proposta chegou ao conhecimento do Pequeno Grupo de Clinton, mas nunca foi aprovada. O Departamento de Defesa, por sua vez, trabalhou no planejamento de uma operação batizada de Determinação Infinita, concebida como um prolongamento dos bombardeios de agosto.

Os tempos, porém, eram difíceis para um engajamento regular contra uma pouca conhecida rede terrorista no remoto Afeganistão. No final de 1998, os Estados Unidos atacaram o Iraque em resposta à decisão de Saddam Hussein de não cooperar com os inspetores de armas químicas das Nações Unidas, e em 1999 bombardearam a Sérvia a pretexto de interromper a limpeza étnica contra muçulmanos bósnios. Essas ações provocaram repúdio internacional ao governo Clinton, já enfraquecido pelo processo de *impeachment* que se seguiu ao *affair* Monica Lewinsky — "Não à guerra por Monica", diziam grafites de rua em países árabes. Integrantes do Departamento de Defesa e do Estado-Maior consideravam os precários campos da Al Qaeda no Afeganistão um alvo primitivo demais para os caros Tomahawk e resistiam em empregar forças especiais numa caçada pela Ásia Central sem inteligência e aliados confiáveis — as imagens de helicópteros americanos abatidos na tentativa de resgatar reféns americanos no Irã ou durante a intervenção na Somália estavam vivas na mente dos militares.

Apesar das hesitações, Clarke recordaria mais tarde o período posterior ao bombardeio das embaixadas como o de maior engajamento dos Estados Unidos contra Bin Laden. Entre agosto e setembro, ele comentou com o assessor de Segurança Nacional de Clinton, Sandy Berger, houve "o maior número de prisões de terroristas em um curto período que nós conseguimos/possibilitamos". Ocorreram prisões no Azerbaijão, na Albânia e na Itália. Em Londres, a Scotland Yard deteve Khaled al Fawwaz, que durante quatro anos chefiara o escritório da Al Qaeda em Oxford Street e era tido como "embaixador de Bin Laden". Essas ações, acreditava Clarke, contribuíram para evitar outros atentados.[10] "Nós nunca tivemos recusado um pedido de autorização para uma ação particular. (...) Sempre que fizemos uma proposta a uma autoridade superior, com uma ou duas exceções, ela foi aprovada", disse o coordenador de Contraterrorismo de Clinton.[11]

A partir de agosto de 1998, os Estados Unidos planejaram pelo menos três ataques com mísseis a locais onde relatos de inteligência indicaram que Bin Laden se encontraria. Sob o mais rigoroso sigilo, o Pentágono estacionou navios de guerra e dois submarinos equipados com mísseis na costa do Paquistão, no Mar da Arábia. As operações, porém, não foram aprovadas por falta de informações confiáveis ou alto risco de danos colaterais. Em uma delas, em fevereiro de 1999, o chefe da Al Qaeda estaria acompanhado de príncipes dos Emirados Árabes Unidos. As desistências provocaram insônia em Scheuer. "Tenho certeza de que vamos nos arrepender de não ter agido a noite passada", escreveu o chefe da Estação Alec em dezembro de 1998. Outros integrantes da comunidade de informações, como o chefe da CIA em Islamabad, Gary Scheuer, concordaram com ele. Em maio de 1999, Scheuer foi afastado da chefia da Estação Alec, acusando seus superiores de tibieza no combate à Al Qaeda.[12]

Até o desembarque dos caixões das vítimas de Nairóbi, o diretor da CIA, George Tenet, não escondia sua desconfiança em relação à eficácia de operações secretas. Filho de trabalhadores imigrantes de origem grega e criado no distrito de Queens, em Nova York, Tenet iniciara a carreira como funcionário do Comitê de Inteligência do Senado e integrara o Conselho de Segurança Nacional no início do governo Clinton. Quando foi designado diretor da CIA, em 1997, numa decisão fortemente apoiada por seus amigos Anthony Lake, antecessor no cargo, e Sandy Berger, um jornal nova-iorquino não resistiu e chamou-o de "O Espião que Veio do Queens". Era um exagero. Tenet jamais fora espião, e se o Congresso tinha no final dos anos 1990 um controle jamais visto sobre pessoal, orçamento e atribuições do serviço secreto, isso se devia em parte a leis que o diretor da CIA ajudara a formatar em suas passagens pelo Capitólio e pela Casa Branca. Por trás do perfil de Tenet, muitos viam uma agência cada vez mais burocratizada e avessa a riscos depois do final da Guerra Fria. Os atentados empurraram todo o governo Clinton — e Tenet com ele — em outra direção.

Em maio, o diretor da CIA decidira arquivar o plano para usar chefes tribais afegãos na caçada a Bin Laden sem mostrá-lo ao presidente. Três meses depois, participou da preparação do memorando secreto pelo qual Clinton autorizou a ressurreição da ideia. O documento permitia que a CIA capturasse Bin Laden, com uso de força letal em legítima defesa, se fosse necessário — nas primeiras versões do texto, os afegãos seriam pagos apenas se capturassem o chefe da Al Qaeda, não se o matassem. No Natal de 1998, depois de uma minuciosa negociação entre integrantes da Casa Branca, Berger levou a Clinton uma nova versão da ordem, pela qual o pagamento seria admitido em caso de morte. O presidente concordou. Em fevereiro de 1999, retomando o comportamento típico de advogado que cultivara até os atentados na África, Clinton reescreveu em termos mais ambíguos outro memorando que dava à Aliança do Norte a mesma liberdade para matar Bin Laden conferida aos chefes tribais.[13]

O debate da Casa Branca sobre a licença para matar Bin Laden permaneceu em sigilo. Mesmo depois do 11 de setembro, o assunto foi abordado com cuidado por ex-auxiliares de Clinton. Por um lado, o governo devia obediência à lei de 1976 que proibia participação de servidores públicos americanos em assassinatos. Por outro, os atentados na África indicavam que o país se encaminhava para o engajamento num conflito, e a lei antiassassinato não se aplicava a alvos militares. Segundo um ex-assessor da Casa Branca, a discussão entre os auxiliares de Clinton sobre o tema atingiu um grau "talmúdico" de sofisticação e nuança. Em 2002, num depoimento ao Senado, Berger refletiu esses cuidados ao relembrar o período. "Nós estávamos envolvidos — naquele momento, nosso foco intenso era pegar Bin Laden, pegar seus auxiliares chave. O presidente recorreu a várias autoridades na comunidade de inteligência com esse propósito", afirmou. O senador Richard Shelby, republicano do Alabama, perguntou: "'Pegá-lo' significa matá-lo se fosse preciso, capturá-lo ou matá-lo?". "Eu não sei o que posso dizer nesta audiência (...) Não há dúvida de que os mísseis de cruzeiro não estavam tentando capturá-lo", respondeu Berger. No final de 1999, porém, os memorandos sobre Bin Laden retomaram a linguagem cautelosa que autorizava o uso da força apenas para operações de captura.[14]

O ataque ao campo de Khost provocou uma resposta indignada do Talibã. Prestes a consolidar seu domínio do país, com apoio paquistanês e saudita, militantes realizaram manifestações antiamericanas nas grandes cidades. Na madrugada do dia 22 de agosto, dois dias depois do bombardeio, o diretor do Departamento de Estado para o Sul da Ásia Michael Malinowski atendeu o telefone em sua casa, em Washington. Do outro lado da linha aberta, em seu quartel-general em Kandahar, estava o mulá Omar. Era a primeira vez que o chefe do Talibã falava com um representante do Departamento de Estado. De acordo com Malinowski, Omar disse que "a fim de reconstruir a popularidade dos Estados Unidos no mundo islâmico e em razão de suas atuais dificuldades políticas domésticas, o Congresso deveria forçar o presidente Clinton a renunciar". E acrescentou: "Os ataques seriam contraprodutivos para os Estados Unidos. Eles semeariam mais, e não menos, ataques terroristas". Malinowski assinalou: "Omar se conduziu de maneira cuidadosa e controlada. Em nenhum momento ele fez imposições ou ameaças".[15] Às agências de notícias, o Comandante dos Fiéis foi menos diplomático. "Se o ataque ao Afeganistão é decisão pessoal de Clinton, ele fez isso para distrair o mundo e a opinião pública americana daquele vergonhoso *affair* na Casa Branca que provou ser Clinton um mentiroso e um homem sem decência e honra", disse o mulá, acrescentando que Bin Laden era um convidado do governo afegão, e os Estados Unidos, "o maior terrorista do mundo".[16]

A *fatwa* de fevereiro convencera a família real saudita de que era preciso pressionar o Talibã a cumprir a promessa de controlar Bin Laden. Uma nova rodada de negociações entre os dois governos iniciada em junho estava em andamento quando os caminhões-bomba explodiram na África. Os sauditas haviam contribuído com dinheiro e 400 picapes ainda com placas de Dubai para a tomada final de Mazar-e-Sharif e desfrutavam do status luxuoso de governo mais rico a reconhecer o Talibã.[17] Em setembro, quando as mortes em Mazar se contavam aos milhares, o príncipe Turki voltou a Kandahar, acompanhado pelo chefe do ISI, general Nasim Rana. O objetivo era cobrar de Omar o cumprimento da promessa de entregar Bin Laden. A conversa, no entanto, teve um tom pouco amistoso. Segundo uma versão, Omar teria derramado água na própria cabeça, explicando que precisava se acalmar, e insultado a família real. "Por que vocês não nos dão as mãos e vamos juntos liberar a Península Arábica dos soldados infiéis?", perguntou, para constrangimento de Rana, que traduzia as palavras para o inglês. No caminho para o aeroporto, um ultrajado Turki teve de contemplar a Fazenda Tarnak, usada por Bin Laden. Dias depois, a Arábia Saudita retirou seu embaixador de Cabul.[18]

Os Estados Unidos também aumentaram a pressão pela expulsão de Bin Laden. Entre 1996 e 2001, o Departamento de Estado contabilizou mais de 30 contatos com representantes do Talibã sobre o assunto — 19 deles entre os bombardeios na África e o final do governo Clinton, excetuada a conversa telefônica de 22 de agosto. Esse cômputo é suficientemente genérico para incluir uma carta do secretário de Estado no primeiro mandato de Clinton, em 1996, na qual Warren Christopher manifestava o desejo de trabalhar junto com o Talibã para "expulsar todos os terroristas de solo afegão". A correspondência é do tempo em que não havia política para o Afeganistão no Departamento de Estado – em sua passagem pelo comando da diplomacia americana, não há registro de declaração pública de Christopher sobre o país.

Depois dos atentados na África, uma das tentativas de maior repercussão de obter a expulsão de Bin Laden foi feita pelo então embaixador americano nas Nações Unidas, Bill Richardson, em abril de 1998. Tido como domador de crises de Clinton, Richardson encontrou-se em Kandahar com o mulá Rabbani, contrariando os conselhos da CIA, que temia pela segurança do embaixador. "Nós queremos que vocês nos entreguem Bin Laden. Vamos então encontrar uma forma legal para que isso aconteça", disse Richardson. A resposta foi evasiva. Mais de um ano depois, em outubro de 1999, o Talibã moveria uma peça intocada no tabuleiro, apenas para manter o jogo empatado: pela primeira vez, era sugerido o julgamento de Bin Laden por um tribunal islâmico afegão, levando-se em conta que não havia acordo de extradição em vigor com outros países. O Departamento de Estado notou que boa parte desses contatos era seguida de manifestações do Talibã à imprensa sobre a inexistência de provas contra o chefe da Al Qaeda.[19]

Desde 1986, a investigação de atentados terroristas contra americanos no exterior era uma atribuição do FBI, mas o birô jamais havia solucionado um caso desse tipo. O órgão era um dos mais antigos e tradicionais braços do governo americano. O mais longevo de seus diretores, J. Edgar Hoover, fora um dos homens mais poderosos do país, e sob seu comando o birô enfrentara de gângsteres nos anos 1930 a espiões soviéticos da Guerra Fria. O

FBI havia criado um Centro de Contraterrorismo em 1996, mas o ramo não era considerado atraente num órgão acostumado a medir resultados a partir de dados objetivos como estatísticas de prisões, apreensões e indiciamentos. Em 2000, a área empregava metade do pessoal dedicado à investigação de drogas ilegais.

Um dos fatores que inibiam a capacidade do FBI em lidar com a ameaça terrorista era a pequena ênfase dada à produção de inteligência relacionada à segurança doméstica. Coleta, análise e combinação de dados — a aplicação da inteligência na investigação de casos policiais — era uma das áreas chave do órgão. Num livro comemorativo publicado no ano dos atentados às embaixadas, o FBI se orgulhava do resultado do inquérito sobre a queda de um Boeing 747 da Pan Am sobre Lockerbie, Escócia, que matara os 259 passageiros e tripulantes, 180 deles americanos, e outras 11 pessoas em terra. A partir do exame dos restos do avião — espalhados por uma área de 2.188 quilômetros quadrados, 23% maior que a da cidade de Londres —, agentes que investigavam o caso em colaboração com autoridades britânicas estabeleceram que um explosivo líbio havia causado a catástrofe. Quando se tratava, porém, de produzir inteligência, a maior e mais bem treinada polícia federal do mundo claudicava. Em 1990, o FBI obtivera 47 caixas de documentos e manuais de treinamento de círculos islâmicos radicais de Nova York e Nova Jersey, mas levara dois anos para traduzi-los e não os compartilhara com a CIA. À Comissão Mista do Congresso que investigou as falhas de inteligência antes do 11 de setembro, o FBI reconheceu que tinha apenas 21 agentes com domínio suficiente de árabe para recrutar informantes no exterior.

Essa debilidade era em parte provocada por um proverbial atraso tecnológico em relação a outros setores da administração. Em abril de 2002, o ex-diretor Robert Mueller admitiu que muitos dos computadores do FBI tinham sido descartados por outros órgãos públicos. "Ao longo dos anos, *(o FBI)* falhou em desenvolver uma capacidade suficiente de coletar, armazenar, pesquisar, manter, analisar e dividir informação", disse Mueller. Um ex-diretor do escritório central de Washington admitiu em depoimento à Comissão do 11 de Setembro que não conseguia enviar *e-mails* de seu computador para o Departamento de Justiça. Desde 1995 o birô tinha um Sistema Automatizado de Casos (ACS, sigla em inglês), mas estudos sucessivos concluíram que a ferramenta era "limitada em sua capacidade de pesquisa, difícil de usar e não confiável".[20]

Durante o reinado de Hoover, o FBI se engajara numa campanha de espionagem doméstica de legalidade duvidosa. Personalidades suspeitas de "atividades antiamericanas", como o reverendo Martin Luther King Jr., passaram a ser seguidas e monitoradas por meio de escutas telefônicas ilegais, muitas vezes com a colaboração da CIA e da inteligência das Forças Armadas. O choque provocado pela revelação desses abusos nos anos 1970 abalou a imagem do birô. A Divisão de Inteligência Doméstica foi extinta. Alguns viam nesse passado embaraçoso a causa de dificuldades atuais. "Sei dos abusos em que o FBI se envolveu nos anos 1950 e 1960. Sei a razão pela qual temos as linhas mestras definidas pela Procuradoria-Geral. Mas penso que o pêndulo oscilou demais (...). Não significa que você se torna um Estado totalitário se faz um bom trabalho de observação e controle. Precisamos de capacidade de coleta e análise de inteligência doméstica, e não a temos, e só agora começamos a produzi-la", disse Clarke em 2002. "Não posso recordar de nenhum exemplo de inteligência pura produzida pelo FBI", observou Brent Scowcroft, ex-assessor de segurança nacional dos governos Ford e Bush pai.[21]

A investigação dos bombardeios das embaixadas ficou a cargo do escritório do FBI em Washington, tradicionalmente responsável por inquéritos no exterior. O chefe da Divisão de Segurança Nacional do birô em Nova York, John O'Neill — que pediria exoneração do serviço público e morreria no World Trade Center no 11 de setembro, recém-contratado como chefe de segurança —, conseguiu puxar o caso para sua jurisdição. Agente especial do FBI, O'Neill se tornara um dos poucos especialistas do órgão em Al Qaeda desde que, no dia 5 de setembro de 1995, atendera o telefone na sede em Washington. Ele acabara de chegar de Chicago para assumir a chefia da seção de contraterrorismo e, embora fosse um domingo, preferira ir ao trabalho antes de passar na nova residência. "Quem fala?", perguntou Richard Clarke. "É John O'Neill. *Who the fuck are you?*", respondeu o agente especial. Anos depois, Clarke recordou ter respondido: "Olha, sou da Casa Branca e trabalho com terrorismo. E preciso de ajuda".[22] Até aquele dia, O'Neill lidara com crimes de colarinho branco, tráfico de drogas e violência contra clínicas de aborto. Subitamente, foi integrado a uma força-tarefa destinada a prender em Islamabad, no Paquistão, o pivô do atentado de 1993 ao World Trade Center, Ramzi Yousef. Depois da experiência, O'Neill passou a estudar o perfil dos novos terroristas. Tornou-se amigo de Clarke, da promotora do Distrito Sul de Nova York, Mary Jo White, que indiciaria Bin Laden em sigilo em junho de 1998, e de outros protagonistas do combate ao terror.

Os aliados de O'Neill ajudaram-no a reverter a decisão inicial da cúpula do FBI de manter o caso em Washington. Seu prestígio, porém, não foi suficiente para garantir sua própria presença na cena do crime como comandante das investigações. Ele dirigiu uma equipe que chegou a ter 900 agentes no exterior a partir de um gabinete com as paredes forradas por organogramas de números nos Estados Unidos, na África e no Oriente Médio — um rascunho da rede de Bin Laden em forma de planta telefônica. Seus homens localizaram num hotel na periferia de Nairóbi, registrado com identidade falsa, o saudita Mohammed al 'Owhali, que jogara a granada contra a embaixada no dia 7 de agosto. "Nós temos um plano para atacar os Estados Unidos, mas ainda não estamos prontos", disse 'Ohwali depois de revelar sua identidade aos homens do FBI. Ao todo, os agentes prenderam quatro homens da Al Qaeda conectados aos atentados.[23]

A declaração de 'Ohwali foi apenas uma das muitas evidências colhidas pelas autoridades americanas depois dos atentados na África de que a Al Qaeda planejava ataques nos Estados Unidos. Depois das explosões nas embaixadas, a rede de monitoramento de atentados operada pela CIA registrou um aumento no fluxo de alertas genéricos sobre possíveis ataques. Nesse momento surgiram os primeiros sinais de que Bin Laden poderia usar aviões em operações dirigidas contra aeroportos americanos. Relatórios que circularam entre setembro e outubro descreviam ameaças de explosão de um avião em um aeroporto e atentados com aviões em Nova York e Washington. Não era a primeira vez que a comunidade de inteligência esbarrava nesse tipo de ameaça. Desde a prisão de Ramzi Yousef, mentor do atentado ao World Trade Center, em 1995, rumores sobre ataques aéreos suicidas e atentados em aviões comerciais faziam parte do cardápio cotidiano servido pelos relatórios da CIA. No dia 26 de outubro, o Grupo de Segurança e Contraterrorismo se reuniu para "avaliar a ameaça de um ataque terrorista nos Estados Unidos pela rede de Osama bin Laden". Clarke pediu a sua equipe "para ser o mais criativa possível" ao pensar em formas de prevenir um ataque de Bin Laden em solo americano.

Alguns desses alertas chegaram a Clinton. O relatório diário de inteligência ao presidente em 4 de dezembro de 1998 alertava: "(...) Relatos (...) sugerem que Bin Laden e seus aliados estão se preparando para ataques nos Estados Unidos, incluindo o sequestro de uma aeronave para obter a libertação do xeque Omar Abdel Rahman, de Ramzi Yousef e de Muhammad Sadiq 'Awda". No mesmo dia, Tenet escreveu num memorando a seus auxiliares diretos: "Nós devemos agora entrar em uma nova fase em nossos esforços contra Bin Laden (...) Nós estamos em guerra". Os três aeroportos de Nova York e outros da Costa Leste reforçaram os procedimentos de segurança, intensificando a revista de passageiros e bagagens. No dia 17, o Pequeno Grupo da Casa Branca discutiu a iminência de ataques às embaixadas no Catar e na Etiópia.

Sobre Bin Laden, Clinton escreveu em 2004: "Depois da chacina na África, decidi concentrar todos os esforços na sua captura ou morte e na destruição da Al Qaeda". Poucos souberam dessa decisão. "Se um presidente quisesse liderar o povo americano em um esforço de guerra, ele precisaria divulgar uma declaração sobre o crescimento do perigo da Al Qaeda (...) Em algum nível difícil de precisar, acreditamos que a ameaça ainda não havia se tornado evidente", diz o relatório da Comissão do 11 de Setembro sobre o período anterior aos atentados de 2001. Enquanto o presidente dos Estados Unidos falava em detenção ou morte, a Al Qaeda as punha em prática. Bin Laden abandonou definitivamente o telefone por satélite. Passou a se deslocar com mais frequência, evitando pernoitar mais de uma vez no mesmo lugar. Novos campos de treinamento foram construídos perto de grandes cidades como Kandahar e Cabul — um indício de que a Al Qaeda percebia a preocupação dos Estados Unidos com o risco de atingir não combatentes.

Foi num desses campos, Al Matar, nas cercanias de Kandahar, que o chefe terrorista se reuniu no início de 1999 com Mohammed Atef, seu comandante militar, e com um homem a quem conhecera de passagem nos tempos da jihad contra os soviéticos. Pouco depois da chegada de Bin Laden ao Afeganistão, em 1996, esse veterano mujahid o procurara no complexo de Tora Bora e fizera um relato de sua trepidante vida depois da retirada dos soviéticos. Natural do Paquistão, o visitante era tio de Ramzi Yousef, o pivô do atentado de 1993 ao World Trade Center que cumpria pena de prisão perpétua nos Estados Unidos. Ele participara indiretamente da operação, transferindo US$ 660 do Catar para a conta de um dos participantes do atentado. Depois, ajudara a conceber um delirante plano para explodir no ar 12 aviões sobre o Pacífico. Na última primavera dos anos 1990, a criatividade letal do visitante não dava sinais de cansaço. Num árabe com forte sotaque paquistanês, ele entreteve Bin Laden e Atef com planos ainda mais sinistros.[24]

11

COISAS PARA NOMEAR COM UMA PALAVRA SEM SENTIDO

Entre as palavras que ouviu nos três anos em que lutou na jihad contra os soviéticos no Afeganistão, uma chamou atenção do homem que se reuniu com Bin Laden e Atef em Kandahar: *bojinka*.[1] A imaginação poderosa de Khaled Sheikh Mohammed percebeu uma vantagem na sonoridade do termo — poderia ser usada como código em atividades clandestinas. Anos depois, em 1993, quando se reuniu a seu sobrinho Ramzi Yousef, três anos mais jovem, no Paquistão, Sheikh Mohammed já era um barão do submundo do terror, inteiramente dedicado a coisas que pudessem atender pelo nome de *bojinka*. Yousef acabara de explorar em profundidade o sistema de inteligência, segurança e defesa dos Estados Unidos ao explodir um Ford Econoline no subsolo do World Trade Center. A operação, da qual Sheikh Mohammed participara como coadjuvante — transferira US$ 660 do Catar para uma conta americana de um dos cúmplices de Youssef para aluguel do caminhão —, foi uma experiência grandiosa para os dois. Haviam encontrado um novo alvo. No ano seguinte, Sheikh Mohammed e o sobrinho viajaram para Manila, nas Filipinas, e começaram a trabalhar na Operação Bojinka, pela qual pretendiam detonar explosivos à prova de detecção nos aeroportos em 12 jatos comerciais sobre o Pacífico. Era a primeira vez que Sheikh

Mohammed participava da concepção e do planejamento de um atentado terrorista. Durante anos, agentes secretos, analistas e repórteres especularam sobre o significado de *bojinka* — afirmava-se que remetia a uma expressão árabe que designava "explosão" ou que era o termo servo-croata para "bangue-bangue". Capturado em 1º de março de 2003 por agentes americanos e paquistaneses, Sheikh Mohammed revelou que a palavra não significava nada.

Nos 17 anos em que circulou pelo mundo como emir do terror, Sheikh Mohammed — chamado na Al Qaeda de Muktar, ou Cérebro, em árabe — percorreu 15 países e três continentes.[2] A CIA já o havia identificado e tentara segui-lo nessa volta ao mundo. Nascido numa família religiosa de ascendência baluque (etnia majoritária no sudoeste do país e presente no Afeganistão e no Irã, com um histórico de rebeliões por autonomia), Sheikh Mohammed cresceu no Kuweit, onde ingressou muito jovem na Irmandade Muçulmana. Em 1993, depois de completar o secundário, mudou-se para os Estados Unidos, onde estudou em uma escola batista e na Universidade Estadual de Técnica e Agricultura da Carolina do Norte, em Greensboro. Formou-se em engenharia mecânica em 1996, e imediatamente se transferiu para o Paquistão e o Afeganistão, onde passou a gravitar na órbita dos jihadistas afegãos — seu irmão Zahid era colaborador do mujahid Abdul Rasul Sayyaf, em Peshawar. Baixo, gordo e polido, não fazia o tipo guerrilheiro. Depois de receber treinamento num campo de mujaidim, foi designado para trabalhar com Abdullah Azzam, o mentor de Bin Laden, que valorizara seus conhecimentos de árabe e inglês. Era de uma versatilidade notável: podia transitar da administração de uma entidade de ajuda a familiares de *mujaidim* em Jalalabad a um posto de técnico num ministério do Catar, sem jamais abandonar os vínculos com o submundo do terror. Em sua ficha na CIA, podia ser visto em trajes tradicionais árabes ou em um terno de executivo. Sheikh Mohammed cunhara para si uma imagem de refinado agente secreto — "uma espécie de James Bond", segundo o ex-diretor da CIA George Tenet, que tratou de desconstruir essa imagem no momento de sua prisão ao divulgar sua mais famosa foto, vestindo camiseta sem mangas, despenteado e humilhado.[3]

Em 1996, com a CIA em seu encalço, Sheikh Mohammed fugiu do Catar e se fixou no Afeganistão, de onde agendou uma reunião com Bin Laden em Tora Bora pouco depois da chegada do chefe da Al Qaeda ao país. Recusou amigavelmente um convite para se integrar à organização — ainda se sentia ligado a Sayyaf, à época aliado de Massud, enquanto Bin Laden se inclinava pelo Talibã —, mas não deixou de dividir com o ex-companheiro de jihad projetos para futuros atentados. As experiências de Nova York e das Filipinas lhe fizeram pensar nos inconvenientes do uso de explosivos: alto custo do material para montagem das bombas, obstáculos logísticos, exposição aos serviços de segurança e espionagem. (O então chefe do FBI em Nova York, Lewis Schiliro, lembra que, ao chegar preso a Nova York, numa noite clara de janeiro de 1995, Ramzi Yousef foi transferido a bordo de um helicóptero para um centro de detenção do birô junto ao Federal Plaza, em Manhattan. No início do voo, um dos agentes lhe pediu para tirar a venda de Yousef. Schiliro assentiu e viu os olhos do prisioneiro se fixarem nas torres iluminadas do World Trade Center. Um dos agentes lhe disse: "Você vê? Ainda estão lá". E Yousef: "Não estariam se tivéssemos tido mais dinheiro".)[4] Ao mesmo tempo, Sheikh Mohammed desenvolvera uma obsessão por aviões. Sugeriu a Bin Laden o sequestro de 10 jatos civis pilotados por homens treinados nos Estados Unidos e seu lançamento como mísseis contra alvos como a Casa Branca, o Capitólio, o Pentágono, as sedes da CIA e do FBI, o World Trade Center e os prédios mais altos de Nova York e da Califórnia. O próprio Sheikh Mohammed pilotaria o 10º avião e, depois de aterrissá-lo em um aeroporto, matar todos os passageiros homens e libertar mulheres e crianças, faria uma proclamação contra a política americana para o Oriente Médio. O saudita lhe parecia o homem indicado para assumir responsabilidade pela operação em razão de suas declarações antiamericanas, mas a proposta não despertou entusiasmo. Depois do duplo atentado na África e do bombardeio de retaliação ao Afeganistão, Sheikh Mohammed concluiu que chegara a hora de colocar a ideia em prática. Desta vez, na reunião em Al Matar, Bin Laden aprovou a proposta. A fim de levar o plano adiante, Sheikh Mohammed aceitou ingressar na Al Qaeda — onde logo adquiriu o status de número 3 da organização, depois de Bin Laden e Zawahiri, e de encarregado da comunicação — e se mudar para Kandahar. Estava em marcha a preparação do atentado terrorista que mudaria a história.

Bin Laden indicou dois jovens sauditas de famílias abastadas de Meca — Nawaf al Hazmi e Khaled al Mihdhar — para a operação. Os dois, afirmou o chefe da Al Qaeda, haviam lutado na Bósnia e estavam tão ansiosos por participar de ataques aos Estados Unidos que haviam providenciado por conta própria vistos americanos. Não eram noviços. Tinham viajado juntos para os Bálcãs em 1995 e eram frequentadores habituais de campos de treinamento no Afeganistão. Dois outros escolhidos — Taufiq bin Attash, chamado de Khallad, e Abu Bara al Iemeni — eram iemenitas, e depois que o primeiro teve pedido de visto negado pelos Estados Unidos, Sheikh Mohammed decidiu dividir a operação. Enquanto Al Hazmi, Al Mihdhar e outros continuariam responsáveis pelo ataque a alvos americanos, uma segunda parte teria lugar no Pacífico, por meio da explosão de aviões em rotas sobre o oceano. Esse novo plano seria um aperfeiçoamento da Operação Bojinka — os terroristas usariam explosivos que não pudessem ser rastreados pela segurança dos aeroportos, possivelmente escondidos em sapatos. O efeito obtido com as explosões simultâneas na África era outra aspiração da Al Qaeda: os ataques ocorreriam ao mesmo tempo, à distância de um hemisfério. Depois de um curso intensivo de guerrilha num campo no Afeganistão e um breve treinamento sobre a vida nos Estados Unidos ministrado por Sheikh Mohammed em Karachi — ao qual apenas Al Mihdhar não compareceu, com permissão de Bin Laden —, os quatro partiram em dezembro de 1999 para Kuala Lumpur, na Malásia, a fim de levantar informações para o plano. Todos sabiam que estavam escalados para um atentado suicida. Em janeiro de 2000, Al Hazmi e Al Mihdhar chegaram a Los Angeles.

Apesar de comprometidos com Bin Laden, Al Hazmi e Al Mihdhar quase não falavam inglês e dificilmente fariam progressos em escolas de pilotagem. No Sorbi Flying Club, escola de pilotagem em San Diego — onde se estabeleceram num albergue —, um piloto que falava árabe não levou a sério a intenção dos dois de pilotar Boeings. Outros instrutores se lembram da dupla como alunos medíocres, que não se interessavam pelos aspectos mais complexos da condução de uma aeronave, como aterrissagem e decolagem. Quatro meses depois, abandonaram as aulas de voo, e Al Mihdhar voltou para o Iêmen depois do nascimento de seu primeiro filho, em junho, sem permissão da organização. Sozinho, desinteressado de aprender inglês, Al Hazmi tentou encontrar uma mulher pela internet e trabalhou num posto de gasolina até ser avisado de que outro companheiro estava a caminho.

Bin Laden e Atef aparentemente estavam cientes da incapacidade dos sauditas enviados à Califórnia de levar adiante o grandioso plano de Sheikh Mohammed. Entre o final de novembro de 1999 e janeiro de 2000, eles receberam em Kandahar quatro árabes procedentes de Hamburgo, na Alemanha. Com idades entre 20 e 31 anos, eram naturais do Egito, do Iêmen, dos Emirados Árabes Unidos e do Líbano. Três deles vinham da classe média urbana, tinham familiares estabelecidos em profissões liberais e negócios e haviam cursado escolas de elite antes de chegar à universidade, onde seu domínio do inglês e do alemão se aperfeiçoara. Embora fossem estritamente religiosos e antiamericanos, nenhum tinha antecedentes na jihad afegã nem passagem por grupos fundamentalistas em seus países de origem. Seu laço mais consistente com o universo da Al Qaeda era o desejo de lutar contra os russos na Chechênia, que os havia levado ao Afeganistão. Sua radicalização tinha múltiplas vertentes, mas um traço comum: não ocorrera enquanto viviam em seus ambientes familiares, mas numa das maiores cidades da Europa, com uma expressiva comunidade muçulmana.

O mais velho do grupo, Mohammed Atta, nascido em 1º de setembro de 1968, era um engenheiro arquitetônico formado pela Universidade do Cairo. Filho caçula de um advogado — tinha duas irmãs mais velhas —, introvertido e puritano, mudou-se para a Alemanha a fim de estudar planejamento urbano na Universidade Técnica de Hamburgo-Harburg. Ziad Jarrah, nascido em 11 de maio de 1975, filho de um funcionário público e de uma professora e sobrinho de um banqueiro, era um alegre frequentador de discotecas e bares de Beirute quando chegou a Greifswald, Alemanha, onde estudou alemão por cerca de um ano, antes de se matricular na Universidade Técnica de Hamburgo-Harburg nas carreiras de engenharia aeronáutica e construção e *design* de aeronaves. Marwan al Shehhi, nascido em 9 de maio de 1978, filho de um militar dos Emirados Árabes Unidos, seguira a carreira do pai e, como sargento do exército, se habilitara a uma bolsa de estudo na Alemanha. Ramzi Bin al Shibh, nascido em 1º de maio de 1972, trabalhara como escriturário no Banco Internacional do

Iêmen antes de pedir asilo à Alemanha sob a identidade falsa de Ramzi Omar, do Sudão.

Testemunhos apontam que Atta e Jarrah começaram a se mostrar mais intensamente religiosos por volta de 1996. Em 11 de abril daquele ano, dia em que Israel iniciou o ataque ao Líbano na Operação Vinhas da Ira, Atta firmou um testamento modelo obtido na mesquita Al Quds no qual se oferecia para o martírio. Quase ao mesmo tempo, Jarrah fez uma viagem ao Líbano e, ao voltar à Alemanha, passou a ler textos em árabe sobre a jihad e conversar com amigos sobre o assunto.

Em 1998, Atta, Al Shehhi e Bin al Shibh passaram a dividir um velho apartamento sem televisão no bairro Harburg, em Hamburgo. Quando um conterrâneo de Shehhi lhe perguntou por que decidira abrir mão de conforto, ouviu que aquele era o modo de vida do Profeta. Jarrah, que se aproximara do grupo sem aparentemente dividir a mesma moradia, recusou-se a apresentar aos novos amigos sua namorada dos primeiros tempos na Alemanha, a estudante de odontologia Aysel Senguen, por sua recusa em ser devota — a família de Aysel era de origem turca. Todos deixaram crescer barbas e passaram a observar rigidamente os horários das orações. Em junho desse ano, Atta encaminhou pedido de um novo passaporte no Cairo, ainda que o antigo não tivesse expirado — para o ex-diretor da CIA George Tenet, um possível sinal de que ele pretendia esconder evidências de uma viagem ao Afeganistão no início do ano.

Comparada a outros países europeus, a presença alemã no mundo muçulmano foi sempre periférica. "Não havia nada na Alemanha que correspondesse à presença anglo-francesa na Índia, no Levante, na África do Norte", escreve Edward Said em sua obra máxima.[5] Nos 20 anos cruciais que moldaram a Europa e o Oriente Médio modernos, de 1889 a 1919, milhares de técnicos, professores e militares alemães percorreram os domínios otomanos como resultado da aliança turco-germânica. Em visita ao mausoléu de Saladino em Damasco, em 1889, o kaiser Guilherme II jurou lealdade e proteção aos 300 milhões de súditos do sultão. Os impérios alemão e otomano não sobreviveram à Primeira Guerra Mundial, mas a Alemanha ainda seria um século depois um dos destinos preferenciais de imigrantes muçulmanos na Europa. Mesmo o racista Adolf Hitler colheria dividendos dessa longa amizade, como comprovam as simpatias pelo Eixo de Hajj Amin al Husseini, mufti de Jerusalém nos anos 1930, e do jovem capitão egípcio Anwar el Sadat, que seria preso pelos ingleses. O resultado de longo prazo do *Drang nach Osten* (giro para o Oeste) de Guilherme II pode ser visto hoje nas metrópoles alemãs — 3 milhões de residentes muçulmanos, dois terços de origem turca.

Para essa comunidade numerosa, como para a maioria dos expatriados, as oportunidades de uma vida nova e próspera caminham lado a lado com a dor e o ressentimento. Em 1999, a feérica Hamburgo representava um desafio adicional para qualquer imigrante, com seus estaleiros e fábricas de jatos, seu imenso contingente de jovens com *piercings* e cabelos verdes ou rosa *pink* e sua liberalidade de costumes simbolizada pelo "distrito da luz vermelha", no qual prostitutas com cãezinhos no colo conversam com possíveis clientes através de vidros de vitrinas. Os próprios alemães pareciam estarrecidos em seu solo: uma década havia se passado desde a queda do Muro de Berlim, e a capital se transformara num grande estacionamento de guindastes, com arranha-céus de fachadas de vidro brotando em todos os quadrantes. A Potsdamer Platz, outrora um descampado junto ao muro, havia se convertido num cartão-postal da globalização onde transnacionais como Chrysler e Sony erguiam suas sedes em meio à poeira. Muitos alemães viam o mundo através de um espelho quebrado no qual havia Wessies (ocidentais) e Ossies (orientais). O país ainda se espantava com o imenso custo econômico e social da reincorporação da porção leste. A inclinação germânica para o debate sistemático e exaustivo inundava jornais, revistas e TVs com artigos e programas sobre os percalços da integração e a "nostalgia do Muro".

Ainda que se sentissem deslocados antes de sua conversão ao Islã fundamentalista, não há registro de que Atta, Bin al Shibhh, Shehhi e Jarrah tenham passado por experiências traumáticas na condição de estrangeiros na Alemanha. Na universidade, Atta era visto como um aluno inteligente e fluente em alemão. Jarrah tinha a estima de professores e colegas e posou para um retrato pintado por sua senhoria em Hamburgo. Familiares e amigos reagiram a suas mudanças de comportamento. Aysel teve inúmeras brigas com o namorado em razão de seu fervor religioso, seguidas de reconciliações, e o laço entre eles jamais se rompeu. Ela chegou a visitá-lo na Flórida por 10 dias em 2000 e, em julho de 2001, já instalado em Newark, Nova Jersey, ele viajou à Alemanha para encontrá-la, mas voltou um mês depois, após o que parece ter sido uma discussão com Bin al Shibhh. A notícia de que Aysel e Jarrah se casariam deu à família dele esperanças de que o jovem abandonasse o grupo: um tio chegou a dar um carro como presente antecipado para o futuro casal.

Do encontro em Kandahar resultou um juramento dos quatro de fidelidade a Bin Laden e a instrução para que voltassem à Alemanha, adotassem uma atitude menos religiosa para evitar suspeitas e se matriculassem em escolas de voo americanas. Todos rasparam suas barbas. Por *e-mail*, Atta buscou informações sobre aulas em 31 cursos de pilotagem nos Estados Unidos. Depois de providenciar vistos, ele, Shehhi e Jarrah embarcaram entre janeiro e maio de 2000 e se instalaram na Flórida. Bin al Shibhh teve o pedido de ingresso negado pela embaixada americana em Berlim. No final do ano, Atta, Shehhi e Jarrah obtiveram suas licenças e começaram a treinar pilotagem de grandes jatos em simuladores de voo.

No segundo semestre de 2000, Sheikh Mohammed recebeu em Karachi um novo candidato a piloto, que substituiria Bin al Shibhh: era Hani Hanjour, da Arábia Saudita, identificado por Bin Laden e Atef num campo de treinamento do Afeganistão como habilitado a participar da operação. Ele recebera lições de voo numa escola em Mesa, Arizona, no final dos anos 1990, e voltaria a treinar num simulador de voo na mesma cidade no início de 2001. Além de Al Hazmi e Al Mihdhar, Bin Laden e Atef designaram outros 13 sequestradores para dar cobertura aos pilotos, dominando a tripulação e os passageiros. Desse contingente, 12 eram sauditas e um, dos Emirados Árabes Unidos. Assim, a escalação final das equipes de 11 de setembro tinha 15 sauditas entre 19 integrantes, mas apenas um entre os quatro pilotos. Sheikh Mohammed disse que essa composição era um reflexo da maior presença de sauditas em campos de treinamento da Al Qaeda. Na biografia de todos, o único traço comum eram os contatos com operadores da Al Qaeda e, em alguns casos por breves momentos, a passagem pelo Afeganistão.

Enquanto os quatro de Hamburgo se deslocavam entre a Alemanha e o Afeganistão, os serviços secretos do mundo inteiro tentavam desesperadamente rastrear possíveis ataques na virada do milênio. Ligações telefônicas captadas por autoridades jordanianas em 30 de novembro mostravam um dos altos dirigentes da Al Qaeda, Abu Zubaida, dizendo que "o tempo de treinamento terminou" e que seus liderados se preparassem para "o dia do milênio". Em dezembro, 16 militantes foram presos, e um deles confessou que o plano era atacar o Hotel Radisson e um cinema, em Amã, com explosivos e gás cianido. A CIA informou Clinton de que Bin Laden estava programando entre cinco e 15 atentados em todo o planeta na noite de 31 de dezembro. Ao longo de dezembro, os assessores de segurança da Casa Branca reuniram-se diariamente para analisar potenciais complôs. O serviço secreto americano realizou operações em 55 países contra 38 alvos distintos — provavelmente a maior ofensiva simultânea desse tipo na história da CIA. O diretor da CIA chegou ao extremo de aconselhar um amigo senador a não viajar e evitar locais de grande concentração de público na noite de Ano-Novo.

No dia 14 de dezembro, uma guarda de fronteira em Port Angeles, Washington, prendeu um argelino, Ahmed Ressam, que tentava entrar nos Estados Unidos. Seu nervosismo chamou a atenção da guarda de fronteira, que passou a checar seus documentos — todos falsos. Ressam entrou em pânico e correu, mas foi capturado quatro quadras adiante. No porta-malas de seu sedã Chrylser alugado, a polícia encontrou produtos químicos e equipamentos de detonação. O alvo de Ressam era o Aeroporto Internacional de Los Angeles. O terror não era a única ameaça a pairar com a aproximação do ano 2000. As grandes corporações temiam um colapso das comunicações com o chamado Bug do Milênio (abreviadamente chamado de Y2K).

Os alertas não eram exagerados. Na noite de 3 de janeiro de 2000, um bote de fibra de vidro com explosivos C-4 afundou quando navegava em direção ao destroier USS The Sullivans no porto de Aden, no Iêmen. O The Sullivans — batizado em homenagem a cinco irmãos marinheiros de Iowa que morreram após o afundamento do USS Juneau na Batalha de Guadalcanal, em 1942 — participava de exercícios no Mar da Arábia e atracara em Aden para reabastecimento. O ataque vinha sendo preparado havia um ano por integrantes iemenitas da Al Qaeda. A intenção inicial tinha sido atingir navios comerciais ou petroleiros, mas Bin Laden determinara que o alvo fosse militar.

O trânsito frenético de relatórios de inteligência sobre possíveis ataques da Al Qaeda prosseguiu. Em fevereiro e março, a comunidade de inteligência fez circular na administração informes sobre planos para assassinar o diretor do FBI, para atacar prédios, portos, aeroportos, usinas nucleares, a Estátua da Liberdade e realizar ações "espetaculares e traumáticas" como a primeira explosão no World Trade Center.

No dia 12 de outubro, a Al Qaeda voltou ao local do crime, dessa vez com sucesso: o mesmo bote que afundara em janeiro e fora recuperado explodiu junto ao casco do destroier USS Cole, abrindo uma cratera no aço e deixando 17 mortos e 39 feridos. Por pouco o Cole não foi a pique. Pelo menos um dos responsáveis pela operação havia passado pelo time dos aviões: o iemenita Khallad, que tivera visto negado para os Estados Unidos na primeira fase da operação e se reunira no ano anterior com Al Mihdhar e Al Hazmi na Malásia, antes de a Al Qaeda cancelar o plano de explodir aviões sobre o Pacífico. Outro, Ibrahim al Tawar, chamado Nibras, havia passado por um treinamento de alto nível no campo de Mes Aynak, para o qual fora selecionado pessoalmente por Bin Laden.

Temendo um iminente bombardeio de retaliação, como ocorrera após os atentados na África, a Al Qaeda adotou procedimentos mais rígidos de segurança. Bin Laden, Atef e Zawahiri se dividiam entre Kandahar e Cabul e evitavam permanecer muito tempo no mesmo lugar. Embora fosse evidente que os serviços de inteligência americano e saudita sabiam da Fazenda Tarnak, Bin Laden manteve uma de suas mulheres residindo lá e visitava o local regularmente.

O bombardeio, porém, não veio. Tampouco houve qualquer tipo de retaliação contra Bin Laden e sua rede. Berger disse à Comissão Mista do Congresso que a ausência de resposta se deveu "em parte" à crença de que o próximo presidente deveria se encarregar do problema. Os Estados Unidos estavam engajados numa das mais acirradas campanhas presidenciais da história entre o vice-presidente Al Gore, candidato democrata apoiado por Clinton, e o governador do Texas, George W. Bush, candidato republicano e filho do presidente que deflagrara a Operação Tempestade no Deserto. As deficiências no sistema de inteligência e segurança pareciam obscurecidas pela revelação de que a democracia americana se apoiava em uma teia caótica de mecanismos estaduais de votação, que iam do voto em cartões perfurados enviados pelo correio a urnas eletrônicas. A corrida culminou num impasse judicial de 36 dias. Numa decisão por cinco votos a quatro que interrompeu a recontagem de votos na Flórida, a Suprema Corte consagrou Bush como 43º presidente dos Estados Unidos, o quarto a ocupar o cargo sem vencer no voto popular.

Era o fim dos anos Clinton, durante os quais pela primeira vez um presidente americano jurara "concentrar todos os esforços" na captura ou morte de Bin Laden e na destruição da Al Qaeda. Em agosto, na convenção democrata que apontara Gore candidato à Casa Branca, Clinton havia lembrado a pergunta de Reagan em 1980 para saber se um partido merece uma nova chance no poder: "Vocês estão melhor hoje do que há oito anos?". Uma ovação foi a resposta para o presidente e seu candidato. No terreno da luta contra o terrorismo, os números sugeriam um salto espetacular. O orçamento do FBI para a área triplicara e o número de agentes duplicara, o Centro de Contraterrorismo da CIA fora fortalecido e Bin Laden era o primeiro fora da lei a ter uma unidade da agência, a Estação Alec, dedicada a monitorar suas atividades.

Se a pergunta de Reagan fosse feita em um campo de treinamento da Al Qaeda no Afeganistão, a resposta seria ainda mais entusiástica. O ataque ao Cole produziu uma onda de júbilo nas fileiras da organização. Bin Laden encomendou a Sheikh Mohammed, então responsável pelo comitê de mídia do grupo, novos vídeos com imagens de campos de treinamento que seriam reproduzidas pelas grandes redes de TV — uma falha da célula iemenita impedira que a explosão do Cole fosse filmada. A organização bombardeara duas embaixadas americanas, quase afundara um colosso naval projetado para enfrentar uma guerra atômica e inoculara militantes suicidas em solo americano para espalhar morte, pânico e destruição. Bin Laden organizou uma grande festa de casamento num salão de Kandahar para Mohammed, seu filho de 17 anos, e Khadija, 14 anos, filha de Atef. Na celebração, gravada por duas câmeras de TV, Bin Laden recitou um poema de sua autoria em honra do ataque ao Cole.

Na campanha eleitoral, Bush se apresentou como um texano simples, religioso e algo simplório, avesso às maquinações e aos escândalos da capital federal — o antípoda de Clinton. "Estou otimista de que podemos mudar o tom em Washington", disse o presidente eleito em seu primeiro discurso, na Câmara dos Deputados do Texas. Criado à sombra do pai célebre, estudante medíocre, alcoólatra até os 40 anos, Bush estava longe de exibir, como Clinton, posições de princípio em relação à política externa — ainda que, no caso do ex-presidente, deduzidas da experiência de advogado e professor de direito. Não disfarçava sua falta de interesse em adquirir conhecimento sobre o mundo e, quando confrontado com questões pontuais, recorria à assessora de política externa Condoleezza Rice, que se tornaria sua conselheira de Segurança Nacional. Durante a campanha, questionado por uma repórter sobre o Talibã, sacudiu a cabeça em silêncio e, ao ouvir uma dica sobre "Afeganistão" e "repressão a mulheres", imaginou que se tratava de uma banda de rock. Nem mesmo Condoleezza, uma especialista em assuntos soviéticos, tinha afinidade com o tema — numa entrevista, insinuou que o Irã, que quase fora à guerra com o Talibã em 1999, poderia ter fornecido armas à milícia.

As primeiras definições da equipe de Bush mostraram que velhos quadros das administrações de Reagan e "Big George" voltariam à cena. O vice-presidente Dick Cheney havia sido secretário de Defesa de Bush pai, e seu ex-adjunto no Pentágono, Paul Wolfowitz, seria reconduzido ao posto. O ex-chefe do Estado-Maior das Forças Armadas Colin Powell assumiria o Departamento de Estado. Parte deles se entrincheirara durante os anos Clinton em um *think tank* conservador de Washington batizado de Projeto para um Novo Século Americano (PNAC). Outros colaboradores de Bush — Donald Rumsfeld, secretário da Defesa, Richard Armitage, secretário-adjunto de Estado, e Richard Perle, presidente do Comitê de Política de Defesa do Pentágono — eram integrantes do PNAC. Fundada em 1997, essa organização não governamental, que teria papel preponderante no desenho da política externa de Bush, definia sua missão em cinco palavras: "Promover a liderança global americana". Na declaração de princípios de junho de 1997, a entidade se candidatava a consciência crítica do conservadorismo: "Os conservadores criticaram os princípios incoerentes da administração Clinton. Eles também resistiram aos impulsos isolacionistas vindos de suas próprias fileiras. Mas os conservadores não avançaram com confiança na definição de uma visão estratégica do papel dos Estados Unidos no mundo". Ao final, acrescentava: "Nós pretendemos mudar isso. Nós queremos advogar e buscar apoio para a liderança global americana".

Desde os primeiros passos, o PNAC deixava claro que seu objetivo estratégico estava no Iraque. Em janeiro de 1998, a cúpula do PNAC disse que os Estados Unidos deveriam almejar "acima de tudo a remoção do regime de Saddam Hussein pela força". Clinton tinha outras prioridades na arena externa, como o processo de paz no Oriente Médio e a crise nos Bálcãs. À Casa Branca, as sanções implementadas sob a égide das Nações Unidas contra o regime de Bagdá pareciam estar funcionando. Em dezembro, depois dos atentados na África, jatos americanos bombardearam posições iraquianas na Operação Raposa do Deserto. Clinton não estava disposto a ir além disso.

As opiniões defendidas nos tempos do PNAC — às quais seus ex-integrantes nunca renunciaram e que teriam papel relevante na invasão do Iraque, em 2003 — não criavam um ambiente propício ao foco na Al Qaeda. O governo Bush herdara de Clinton a falta de uma estratégia para atacar a rede de Bin Laden nos terrenos diplomático, militar, financeiro e de inteligência. Nos últimos anos do governo anterior, a presença de Clarke como coordenador nacional de Contraterrorismo, com status de ministro, era um fator de pressão para que o primeiro escalão buscasse respostas à ameaça. Bush retirou as prerrogativas de que Clarke gozava sob Clinton — ele agora não se reportaria aos secretários, mas a subordinados. No dia 25 de janeiro, Clarke enviou um memorando a Condoleezza propondo uma imediata reunião do Conselho de Segurança Nacional para rever a estratégia contra a Al Qaeda, que nunca ocorreu. Insatisfeito, ele pediu exoneração, mas atendeu a um apelo de Condoleezza para ficar no cargo até outubro. Na CIA, o primeiro time de combate ao terrorismo permanecera o mesmo de Clinton, com o diretor George Tenet à frente. No FBI, o diretor Louis Freeh e o vice, Thomas Pickard, foram mantidos até junho, quando o primeiro se aposentou e o segundo assumiu o posto por dois meses.

Os monitores americanos captaram os primeiros sinais do que viria a ser o 11 de setembro no final de 1999, durante as operações para prevenir ataques na virada do milênio. Desde a prisão de Mohammed al 'Ohwali, o homem que lançara a granada na embaixada no Quênia, a Agência de Segurança Nacional plantara uma escuta no primeiro telefone para o qual ele ligara depois do atentado. O aparelho, que também recebia ligações de Bin Laden, pertencia a Ahmad al Hada. Veterano *mujahid* do Iêmen, ele era sogro de Khaled al Mihdhar, um dos quatro primeiros homens escolhidos por Bin Laden e Atef para a operação dos aviões. Num dos diálogos gravados pela ASN, foram mencionados o nome completo de Al Mihdhar e os primeiros nomes de outros dois indivíduos — Nawaf e Salem — que participariam de um encontro em Kuala Lumpur. Um analista de inteligência escreveu num relatório: "Salem pode ser o irmão mais novo de Nawaf". Enquanto Al Mihdhar viajava para a Malásia, a CIA fotografou seu passaporte, no qual reluzia um visto americano com validade até abril.

O serviço secreto malaio fotografou a movimentação dos participantes no local do encontro, um condomínio de Kuala Lumpur, entre 5 e 8 de janeiro. Nesse dia, as autoridades malaias informaram a chefia da estação da CIA em Bangkok, Tailândia, que três dos participantes da reunião haviam tomado um avião para aquele país — um deles era identificado como Al Mihdhar e outro, pelo sobrenome "Al Hazmi". Em março, a estação da CIA em Bangkok informou num relatório à diretoria da agência que Nawaf al Hazmi havia viajado no dia 15 de janeiro para Los Angeles. O nome completo do saudita e sua ligação com Bin Laden já eram do conhecimento da ASN desde o começo do ano. Nem a agência repassara a informação, nem a CIA revisara a base de dados existente sobre o homem que estivera acompanhando desde o final de 1999. A CIA tampouco alertou o Departamento de Estado sobre o visto de Al Mihdhar ou o FBI sobre a presença dele em solo americano. Um agente do FBI na Estação Alec que lera relatório sobre o visto teve negada permissão para informar o birô. Um ano e meio antes do 11 de setembro, órgãos e agências governamentais dispunham dos nomes de três dos 19 sequestradores, mas a informação se perdeu nos escaninhos da falta de coordenação e da burocracia.

Em Los Angeles, Al Mihdhar e Al Hazmi se encontraram no dia 1º de fevereiro num restaurante com Omar al Bayoumi, 42 anos, ex-funcionário da Autoridade Saudita de Aviação Civil residente em San Diego, e com um amigo dele, Caysan bin Don.

Na versão de Al Bayoumi, repetida ao FBI e à Comissão do 11 de Setembro, ele ouviu os dois rapazes falando árabe com sotaque do Golfo e se aproximou para conversar. Não forneceu, porém, uma explicação consistente para sua presença no local — afirmou estar procurando a mesquita Rei Fahd, que fica nas imediações do restaurante. Bin Don, por sua vez, lembra de ter ido à mesquita duas vezes naquele dia para rezar, antes e depois do almoço. Antes de chegar ao restaurante, Al Bayoumi esteve no consulado da Arábia Saudita, onde foi visto reunido com alguém a portas fechadas. Uma testemunha declarou ao FBI que, antes de viajar a Los Angeles, Al Bayoumi dissera que iria apanhar visitantes. A Comissão anotou: "Nós não sabemos se o encontro no almoço ocorreu por acaso ou por combinação". De acordo com um informante, o salário recebido por Al Bayoumi da Autoridade Saudita de Aviação Civil tinha sido aprovado por Hamid al Rashid, pai de Saud al Rashid, que aparece numa foto encontrada num esconderijo da Al Qaeda em Karachi e esteve no Afeganistão entre maio de 2000 e maio de 2001. Suspeitas de que Al Bayoumi, hoje residente na Arábia Saudita, fosse um agente da inteligência saudita ou de outro país árabe circulam no FBI. Em seu computador, foram encontrados documentos de apologia à jihad. Um pedido do governo saudita para desclassificar trechos referentes a Al Bayoumi no relatório da Comissão Mista de Inteligência foi negado em 2003 pelo presidente George W. Bush.[6]

No dia 10 de julho, em uma reunião no gabinete de Condoleezza na Casa Branca, representantes do alto escalão da CIA, encabeçados por Tenet, apresentaram um relatório que previa um "significativo ataque terrorista nas próximas semanas ou meses". O grupo recomendou que os Estados Unidos se engajassem numa batalha contra Osama bin Laden no Afeganistão. O relatório foi alvo de manifestações de descrédito depois da reunião, e nada foi feito.

Estudantes do Oriente Médio, da África e da Ásia matriculados em escolas de aviação do Arizona despertaram suspeitas no agente Kenneth Williams, do escritório do FBI em Phoenix. Ao interrogar um desses aprendizes em seu apartamento, o agente notou pôsteres de Bin Laden e de combatentes feridos na Chechênia. Em um *e-mail* interno à direção do birô e a unidades dedicadas ao combate ao terrorismo — que se tornaria conhecido como o Memorando de Phoenix —, o agente sugeriu em julho de 2001 que o FBI mantivesse uma lista de escolas de aviação, fizesse contato com esses estabelecimentos em todo o país e tentasse obter informação sobre pessoas que requeriam visto americano para estudar pilotagem. Não houve resposta consistente ao e-mail, e altos funcionários das unidades para as quais a mensagem fora remetida a desconheciam até depois do 11 de setembro.

No dia 15 de agosto, um empregado da Pan Am International Flight School, de Minnesotta, revelou ao FBI suspeitas sobre um de seus alunos, o marroquino naturalizado francês Zacarias Moussaoui. Ele começara a ter aulas dois dias antes e pagara aproximadamente US$ 6,8 mil em dinheiro para pilotar um simulador de voo de Boeing 747, sem ter licença nem emprego de piloto. Demonstrara muito interesse no sistema de travamento das portas e no painel de controle e dissera que "adoraria" voar no simulador do aeroporto de Heathrow, em Londres, ao John F. Kennedy, em Nova York. Contrariando a sugestão de um agente responsável na sede de que Moussaoui fosse vigiado, o escritório de Minneapolis decidiu detê-lo no dia 16 de agosto. Seu colega de quarto Hussein al Attas também foi levado para a cadeia. Os agentes não tiveram permissão superior para vasculhar o *laptop* de Moussaoui. Ao saber da detenção dos dois, um agente da CIA os descreveu num memorando como "suspeitos de planejar sequestro de 747" e "suspeitos de planejar sequestros suicidas de aeronaves" que devem estar "envolvidos em um grande complô para atingir aeronaves em voo da Europa aos Estados Unidos".

Uma parte da incapacidade das autoridades americanas de lidar com a ameaça do 11 de setembro se deve a obstáculos de ordem legal. A lei americana proíbe, por exemplo, que informações obtidas por agentes federais em inquéritos judiciais sejam compartilhadas com outros ramos da administração, mesmo com a área de inteligência do próprio FBI. Esse sigilo, rigorosamente observado em todos os graus da hierarquia, foi concebido para garantir a eficácia da investigação policial. Por razões que podem ser atribuídas a práticas de rotina mas também a disputas burocráticas, a CIA evitou compartilhar dados que poderiam ter ajudado a localizar e deter Al Mihdhar e Al Hamzi nos Estados Unidos. Em suas memórias, ao reconhecer os erros da agência, Tenet fornece um argumento que dificilmente pode servir de consolo: "A deportação (*de Al Mihdhar e Al Hamzi*) poderia ter atrasado mas provavelmente não impediria o 11 de setembro". A ASN, que desde 1999 tinha em seus registros o nome completo de Al Mihdhar, não o revelou às agências irmãs. Em dezembro de 2000, a CIA ainda se perguntava se o saudita Khaled al Mihdhar e o iemenita Taufiq bin Atash — um dos envolvidos nos atentados na África, que usava o codinome de Khallad — eram a mesma pessoa. O segundo Khallad já tivera visto negado para os Estados Unidos sob outra identidade e usava uma prótese no lugar de parte da perna direita, perdida enquanto lutava contra a Aliança do Norte no Afeganistão.

Em abril de 2001, Ahmed Shah Massud fez sua primeira viagem à Europa. No mês anterior, o Talibã destruíra duas gigantescas estátuas de Buda em Bamiyan, o bastião dos hazaras conquistado em setembro de 1998 pela milícia. Esculpidos na pedra de uma montanha por volta de 200 a.C., os Budas de Bamiyan, com 50 e 34 metros de altura, eram considerados uma relíquia histórica da humanidade, visitados por peregrinos da Índia e da China. Em uma reunião com um enviado do governo paquistanês que lhe pedia para reconsiderar a decisão de demolir os colossos, o mulá Omar disse que temia por sua própria sorte se as estátuas permanecessem em pé no Dia do Juízo Final: "Qual face o mulá Omar vai mostrar a Deus?".[7] Os governos europeus haviam protestado com veemência contra a demolição das estátuas, e Massud pretendia aproveitar a oportunidade para reclamar ajuda militar. Apesar de ter sido desalojado de sua base em Taloqan em setembro de 2000, ele continuava sendo o único obstáculo ao controle total do Afeganistão pela milícia de Omar. O roteiro europeu de Massud incluía Bruxelas, Paris e Estrasburgo. Na sede do Parlamento Europeu, ele não pode discursar da tribuna — o máximo que conseguiu foi uma reunião com deputados e jornalistas. "Se o presidente Bush não nos ajudar, esses terroristas vão atingir os Estados Unidos e a Europa — e então será muito tarde", disse em entrevista.

Em Paris, uma delegação da CIA encabeçada por Schroen reuniu-se com Massud. Embora a cúpula da agência estivesse convencida da necessidade de ajudar o único adversário interno capaz de fazer frente ao Talibã, o diretor de Operações não pode avançar nas negociações com o tajique. A administração Bush estava dividida sobre a política em relação à Aliança do Norte: Condoleezza, seu adjunto, Stephen Hadley, e Zalmay Khalilzad, responsável pelo Afeganistão no Conselho de Segurança Nacional, se opunham a uma ajuda exclusiva à Aliança e propunham apoiar também patanes contrários ao Talibã. O Departamento de Estado, por sua vez, apostava na pressão para que o Talibã rompesse com Bin Laden. Além da repercussão na imprensa, o *tour* europeu de Massud rendeu frutos insignificantes — apenas um pacote de menos de US$ 4 milhões da França e promessas de ajuda humanitária da Bélgica.

Ao retornar a seu quartel-general na província de Badakhshan, Massud recebeu uma carta em francês de uma equipe londrina do Centro de Observação Islâmica com um pedido de entrevista por dois jornalistas. Se seu irmão Walid, residente em Londres, tivesse investigado as credenciais da organização, descobriria que ela não existia. Massud estava ansioso por falar à imprensa. A carta tinha sido escrita por Zawahiri. No dia 9 de setembro, Massud foi morto por seus presumidos entrevistadores.

Mohammed Atta se dedicou a coordenar as equipes de sequestradores até a segunda-feira, 10 de setembro. As 19 passagens tinham sido compradas entre 25 de agosto e 5 de setembro. Ele e seu companheiro de voo Abdulaziz al Omari foram de carro de Boston, Massachussetts, a Portland, Maine, onde dedicaram a última noite a afazeres prosaicos, como saque de dinheiro e compras em uma loja de conveniência. Os outros 17 sequestradores ficaram em hoteis. Nas primeiras horas de terça-feira, Atta e Omari pegaram um voo de Portland ao Aeroporto Internacional Logan, em Boston, onde embarcariam no voo 11 da American Airlines, marcado para 7h45. A terça-feira amanheceu ensolarada e sem nuvens, um perfeito dia de outono para voar.

12

A GUERRA ESQUISITA

A guerra travada pelos Estados Unidos no Afeganistão era estranha. O Comando Central das Forças Armadas (Centcom), responsável pelo Oriente Médio, havia iniciado os bombardeios noturnos com uma lista de apenas 31 alvos. A maioria, como a Fazenda Tarnak ou os campos de treinamento da Al Qaeda nos arredores de Cabul e Jalalabad — que o chefe do Estado-Maior das Forças Armadas no governo Clinton, general Hugh Shelton, chamara de "ginásios na selva" —, estava situada em áreas desertas ou escassamente povoadas. Foram atingidos aeroportos militares, estações de rádio e instalações de radar. A minúscula força aérea do Talibã — composta de caças MiG e helicópteros da era soviética — foi aniquilada nessas primeiras investidas. O Pentágono voltou a enfrentar o mesmo dilema de três anos antes, quando começara a estudar opções contra Bin Laden: não havia o que atacar.

Com a notável exceção de Mohammed Atef, que seria morto num bombardeio em Cabul, a cúpula da rede de Bin Laden havia deixado o país ou se dirigido ao complexo de cavernas de Tora Bora. "Nós estamos bombardeando areia", disse o presidente George W. Bush numa entrevista. O secretário de Defesa, Donald Rumsfeld, referiu-se à campanha como "esta assim chamada guerra". A partir do segundo dia de bombardeios, o Centcom voltou a atingir os mesmos alvos, e o Levantamento de Danos de Bombardeio (BDA na sigla em inglês) foi carimbado como altamente secreto. A operação parecia uma versão em longa-metragem da retaliação de agosto de 1998 pelos atentados na África.

O plano para a guerra havia sido aprovado em setembro por Bush. Era constituído de quatro fases. Na primeira, os Estados Unidos e seus aliados obteriam apoio de vizinhos do Afeganistão, como Paquistão e repúblicas centro-asiáticas, para uso de bases aéreas e apoio logístico. Em seguida, seriam iniciados ataques aéreos e de Forças de Operações Especiais contra alvos do Talibã e da Al Qaeda, enquanto a CIA e forças especiais seriam alojadas junto aos principais líderes da oposição armada ao Talibã. Tratava-se de uma colaboração sem precedentes entre a CIA e o Pentágono para empurrar afegãos anti-Talibã — fosse a Aliança do Norte, fossem os minúsculos setores descontentes entre os patanes do Sul — a retomar o controle do país. "Esta guerra nunca será 'americanos contra afegãos', dissemos ao presidente. Em vez disso, será sempre ajudar os afegãos a livrar seu próprio país de uma ameaça estrangeira, a Al Qaeda, e do Talibã, que permitiu que terroristas sequestrassem seu país", disse Tenet. Na terceira fase, os Estados Unidos usariam todos os recursos para desalojar o Talibã de seus bastiões — Mazar-e-Sharif, Cabul, Kandahar. A quarta seria a etapa de "operações de segurança e estabilização".

Como se acostumara a fazer desde 1999, uma equipe da CIA batizada de Quebra-queixo desembarcara no dia 26 de setembro no Vale do Panshir a bordo de um helicóptero Mi-17 de fabricação russa. O grupo de 10 homens, encabeçado pelo veterano Gary Schroen, que servira na estação de Islamabad, falava pashtu e dari e adiara uma aposentadoria para assumir a missão, era àquela altura o único contingente americano em solo afegão. Usava mapas russos que tinham de ser traduzidos para o inglês. Sua missão era atiçar a Aliança do Norte contra alvos do Talibã e da Al Qaeda e fornecer inteligência para os bombardeios. A equipe da CIA operava junto às forças do general Mohammed Fahim, que assumira o comando da facção tajique da Aliança após a morte de Massud. Para garantir a boa vontade de Fahim, Schroen levava US$ 3 milhões — muito mais do que a Aliança estava acostumada a receber da CIA por troca de informações — e a promessa de mais, muito mais, se os objetivos fossem alcançados.

Nos últimos cinco anos, a trajetória da Aliança do Norte havia sido uma longa e contínua retirada — às vezes magistral, como a de Cabul, às vezes desesperada, como a de Taloqan. Seis meses antes, Massud pedira a Schroen em Paris armas para resistir à investida do Talibã. A resposta fora negativa. Os comandantes da Aliança se ressentiam da impassibilidade dos Estados Unidos diante da guerra civil afegã a partir de 1992 e de seu apoio tácito ao Talibã pelo menos até 1997. Duvidavam da disposição americana de romper com os elementos pró-Talibã nas forças armadas paquistanesas. Fahim recebeu US$ 1 milhão para alimentar, armar e vestir seus homens, mas exigiu que os Estados Unidos bombardeassem as linhas de frente do Talibã ao norte de Cabul. Em algumas semanas, convenceu Schroen de que, sem força aérea, o Talibã não teria condições de resistir ao fogo americano e se dispersaria. Como salvaguarda diante da indecisão de Fahim, a CIA enviou equipes para atuar junto às forças dos tajiques Ustad Mohammed Atta e Ismail Khan, do uzbeque Rashid Dostum e do hazara Karim Khalili. Ao sul, o patane Hamid Karzai, ex-aliado do Talibã que vivera exilado em Quetta, também colaborava com a agência. No dia 16 de outubro, Atta, 37 anos, um intrépido comandante da Aliança do Norte que era mulá antes de pegar em armas contra os soviéticos, lança um ataque surpresa ao sul de Mazar-e-Sharif, guarnecida por cerca de 20 mil homens leais ao Talibã. Em meio a uma luta feroz, as forças de Atta, inferiores em número, avançam 20 quilômetros em direção ao centro da cidade, mas os talibãs contra-atacam, repelem os invasores e fazem 200 prisioneiros. O malogro reforça os pedidos de Fahim e Dostum por mais dinheiro, armas e apoio aéreo.

No dia 19, forças especiais americanas entram em ação em Kandahar e atacam o complexo residencial do mulá Omar, construído por Bin Laden. O resultado é pífio. São recolhidos documentos e disquetes sem importância, mas o paradeiro do Comandante dos Fiéis é ignorado.

Nos longos anos em que os Estados Unidos se adaptaram aos interesses do ISI em sua política para o Afeganistão, a pragmática Aliança recorreu aos aliados disponíveis na vizinhança: a Rússia e suas ex-repúblicas da Ásia Central — Tajiquistão, Uzbequistão e Turcomenistão —, o Irã e a China. A Al Qaeda havia subvencionado seus próprios braços terroristas nas guerras civis da Chechênia e do

Tajiquistão, tinha laços com os partidos islâmicos clandestinos no Uzbequistão e recrutara militantes nas províncias chinesas de maioria muçulmana. Ainda que Bin Laden tivesse estabelecido relações com o Hezbollah iraniano em seus tempos no Sudão, a amizade havia esfriado depois de seu alinhamento com o Talibã. O Afeganistão era o principal produtor da heroína que fluía nas grandes cidades da região. Fazer a Aliança do Norte marchar significava, antes de tudo, garantir o apoio desses países à coalizão liderada pelos Estados Unidos e pela Grã-Bretanha. Essa tarefa hercúlea coube ao Departamento de Estado. Logo depois do 11 de setembro, Colin Powell dialogou com contrapartes de 40 países, aproveitando a maré montante da simpatia mundial com a dor das vítimas de Nova York e Washington. Em alguns casos, esse compromisso significava uma aproximação com ditaduras ferozes, como a de Islam Karimov, no Uzbequistão, que reprimia com igual zelo partidos seculares e islâmicos de oposição. A Rússia mostrou-se um aliado de primeira hora, e o Uzbequistão ofereceu suas bases da fronteira — as mesmas que haviam sido usadas pelos soviéticos na invasão de 1979. China e Irã declararam apoio à derrubada do Talibã.

Outra das preocupações de Powell era assegurar o bom comportamento do Paquistão. Para o presidente Pervez Musharraf e para os militares paquistaneses, o Afeganistão e a Cachemira estavam unidos pela jihad — o primeiro sempre fora visto como um celeiro de combatentes para a insurreição na segunda. A perspectiva de uma nova escalada do conflito na Cachemira, por sua vez, despertava na Índia o temor de que os Estados Unidos tivessem feito uma opção preferencial pelo lado paquistanês. No dia 1º, militantes haviam explodido um carro-bomba diante do parlamento em Srinagar, na Cachemira, deixando 29 mortos. Uma mudança de posição em relação à Cachemira não estivera na mesa de negociação entre Paquistão e Estados Unidos logo depois do 11 de setembro. Powell sabia que não poderia combater a jihad no Afeganistão e ignorá-la na Cachemira. Nada o irritava mais do que ouvir Musharraf chamar os militantes muçulmanos do território de "combatentes da liberdade". Musharraf percebia, porém, que poderia terminar sem o Afeganistão e a Cachemira e tratava de discursar em favor de uma "intervenção curta" no país vizinho, seguida da formação de um governo amplo e representativo de todas as etnias — o que abriria espaço para que os patanes questionassem um governo puro da Aliança do Norte surgido de uma eventual vitória militar arrasadora com apoio americano.

No dia 15 de outubro, Islamabad amanheceu tomada por soldados e policiais com armamento pesado devotados a garantir a segurança de Powell. Era o primeiro representante de alto escalão da aliança britânico-americana a visitar o Paquistão depois do início dos bombardeios. No dia 5, antevéspera do início dos bombardeios, Musharraf recebera o primeiro-ministro britânico Tony Blair. Dessa vez, havia barreiras nas principais avenidas, desvio de trânsito nas imediações das embaixadas americana e britânica e guarda em prédios públicos. Era o maior esquema de segurança visto na cidade desde 1999, durante a visita de Clinton. Powell, que desembarcou no início da noite, viu pouco da capital. Fundamentalistas convocaram manifestações e greve em todo o país contra sua presença. Protestos foram registrados em Rawalpindi, Karachi, Lahore e Jacobabad, onde uma base aérea foi cedida aos Estados Unidos para uso militar. Em Rawalpindi, por onde circulei durante o dia, grande parte dos comerciantes não abriu as portas.

Após o encontro, Powell concedeu a entrevista mais próxima de uma concessão ao Paquistão em toda a guerra. Rendeu homenagem a uma das teses mais caras a Islamabad: a confiança no isolamento dos elementos mais radicais pelo Talibã e a possibilidade da ruptura da milícia com Bin Laden. Os Estados Unidos já haviam decidido, porém, arriscar voos próprios no Afeganistão sem o aconselhamento dos velhos aliados. No dia seguinte, enviei o seguinte texto a *Zero Hora*:

"Powell e o presidente do Paquistão (...) concordaram que a milícia Talibã deverá ter um papel na política do Afeganistão, mesmo que seja derrubada do governo pelos ataques americanos. O Talibã tem alguns participantes moderados, que podem seguir na vida pública, reconheceu o secretário.

— Se nos livrarmos do regime talibã, ainda haverá aqueles que consideram os ensinamentos, sentimentos e crenças desse movimento muito importantes, e por isso estão dispostos a participar do desenvolvimento de um novo Afeganistão — afirmou Powell. (...)

(O secretário de Estado) mostrou que as preocupações do governo paquistanês com os efeitos de uma campanha de longa duração no Afeganistão encontram eco no Departamento de Estado. Ele elogiou a postura do Paquistão durante a crise e citou

nominalmene o presidente, que estava a seu lado e teve uma reação de surpresa ao ouvir o próprio nome.

Anteriormente, quando convidado a comentar a confiança de Musharraf em uma intervenção 'curta', o presidente George W. Bush havia dito:

— Não sei quem disse isso ao presidente do Paquistão.

Durante sua intervenção, Musharraf voltou a sugerir a formação de um governo 'multiétnico' no Afeganistão depois de uma eventual derrocada do Talibã. Na segunda-feira, representantes do governo paquistanês reuniram-se pela primeira vez com enviados do rei deposto Zahir Shah, que vive na Itália e tem sido apontado como possível líder de um gabinete de união nacional depois da guerra (...)."[1]

O Talibã havia concentrado suas forças na planície de Shamali, província de Takhar, ao norte de Cabul. Imagens de satélite e relatórios de inteligência indicavam a presença de entre 10 mil e 16 mil combatentes nessas posições. Número equivalente guarnecia Herat, a oeste, e Kandahar, ao sul. Em suas fileiras, encontravam-se milhares de voluntários paquistaneses, chechenos, uzbeques, uighurs e de dezenas de países árabes. A 555ª Brigada, composta por militantes do Golfo leais a Bin Laden, constituía a elite dessas tropas. Veteranos da guerra contra a Aliança do Norte, aconselhados por sauditas e paquistaneses, esses homens, muitos deles recém-saídos de madrassas na zona tribal entre o Paquistão e o Afeganistão e imbuídos de um espírito religioso que os fazia crer que Deus lutaria a seu lado, eram vistos como uma formidável força de combate.

Apesar da escassez de alvos, o número de vítimas foi elevado — mais de cem nas duas primeiras noites de ataque. A morte de quatro trabalhadores afegãos da organização não governamental World Technical Consultants (WTC), a serviço das Nações Unidas, a leste de Cabul, foi utilizada como peça de propaganda pelo Talibã, que chamou as vítimas de "mártires". No dia 16, um jato F/A-18 Hornet bombardeou depósitos do Comitê Internacional da Cruz Vermelha em Cabul. As organizações humanitárias estimavam que 1,5 milhão de afegãos buscariam refúgio no Paquistão — Islamabad havia fechado as fronteiras no primeiro dia de bombardeio. Para testemunhar esse fluxo, viajei a Quetta no dia 22 de outubro. De lá, enviei o seguinte texto a *Zero Hora*:

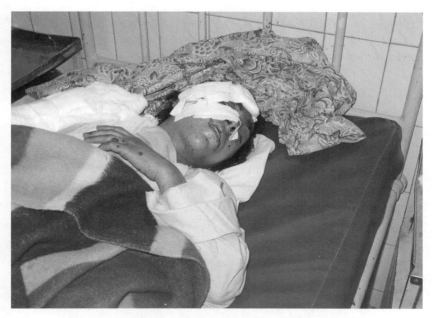

*Afegã vítima de bombardeio aliado convalesce
em hospital em Quetta, no Baluchistão.*

"*É crescente o número de refugiados afegãos que recebem atendimento de emergência em hospitais de Quetta, a 60 quilômetros da fronteira paquistanesa com o Afeganistão. Ontem, em um giro por três hospitais públicos e um filantrópico da cidade, Zero Hora identificou 18 pacientes recém-chegados do Afeganistão. Oito foram trazidos a Quetta na noite de terça-feira, em ambulâncias que partiram da localidade fronteiriça de Chaman, onde os poucos leitos destinados a afegãos estão ocupados.*

A maioria dos pacientes é composta de homens adultos, mas há também mulheres e crianças. Todos apresentam fraturas ou queimaduras graves provocadas pelos bombardeios dos Estados Unidos sobre a região de Kandahar, sul do Afeganistão. Muitos apoiam a ação militar americana, mas repudiam os ataques a civis. Alguns dos feridos sequer conseguem entender o que aconteceu. É o caso de Abdul Vase, 10 anos, que convalesce de uma fratura na perna esquerda no Hospital Provincial Sandeman, o maior de Quetta. Ele lembra que estava brincando por volta das 10h de terça-feira perto de sua casa, em um vilarejo próximo de Kandahar, quando o lugar foi atingido por mísseis e sua perna foi ferida por destroços de casas.

Deitado em uma cama suja e assediado por moscas, Abdul saboreia um suco de maçã em caixa. Perguntado sobre o que pretende fazer quando deixar o hospital, responde num jato:

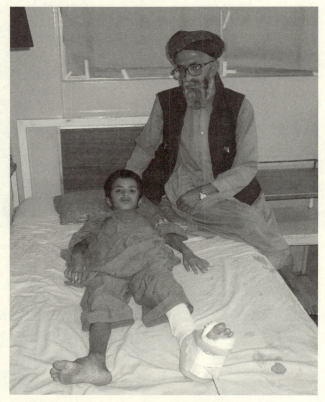

Abdul, 10 anos, foi ferido por destroços durante um bombardeio americano ao vilarejo em que vive, perto de Kandahar. À cabeceira de seu leito de hospital em Quetta, seu pai, Ghulan Jilini.

— Quero ir para a madrassa estudar o Corão.

O pai de Abdul, Ghulan Jilini — 40 anos, mas aparentando 60 —, é grato ao povo e ao governo do Paquistão por ajudarem o filho a chegar a Quetta. Ex-funcionário público, ele garante que não consegue dormir desde o início dos ataques. Dos mísseis que caíram na região onde vive, contou pelo menos cem. Ele lamenta que a população tenha se tornado alvo:

— Os talibãs estão seguros. Eles levaram suas famílias para esconderijos nas montanhas.

A Enfermaria B, destinada pela direção do Sandeman aos afegãos do sexo masculino, é um depósito de horrores. No local, estão instalados oito dos 12 refugiados internados no hospital. Ao lado de Abdul, um homem urra de dor e é confortado por dois amigos. Na parede, junto a sua cama, uma folha de papel o identifica: 'Yarama (Afeganistão). Ferimento provocado por míssil. Fratura exposta do fêmur'.

— Chamem meu irmão. O médico é muito estúpido — grita o paciente.

No Hospital Al-Khidmat Al-Hajeri, pertencente a uma entidade que mantém outros dois estabelecimentos em Quetta e um em Kandahar, a higiene é melhor. O local recebeu cinco refugiados na terça-feira — dois homens, duas crianças e uma mulher. O paciente Fazial Rehaim, que vivia em um vilarejo a 175 quilômetros de Kandahar, chegou há três dias. Teria sido atingido quando tentava ajudar outras pessoas em um bombardeio noturno que durou cinco horas.

— Quero voltar ao Afeganistão e lutar contra a América — garante.

Há 20 anos prestando assistência a refugiados afegãos, o superintendente médico do Al-Khidmat, Ata Rahman, diz que o ódio aos americanos é comum entre os novos pacientes.

— Nas questões de política interna, as opiniões sempre variam. Alguns apoiam o Talibã, outros querem democracia. Mas, depois do início dos bombardeios, 100% estão contra os Estados Unidos — afirma o médico paquistanês.

A opinião é compartilhada pela cirurgiã afegã Faima, formada há 10 anos pela Universidade de Cabul e vivendo há três no Paquistão. Ela deixou o país depois de ter sido impedida de trabalhar pelo Talibã — a milícia não permite que mulheres exerçam a medicina, a não ser em casos excepcionais. Sem dormir desde terça, Faima diz que os Estados Unidos estão errados:

— Se 10 talibãs são mortos, cem civis morrem com eles — lamenta Faima.

O pneumologista Kulsoom Sabir, chefe médico do hospital público TB Sanatorium, prevê mais agruras para os refugiados com a proximidade do inverno, quando as temperaturas chegam a -19°C em localidades do Baluchistão, a província paquistanesa *onde fica Quetta. Ele lembra que a incidência de tuberculose entre os afegãos que buscam abrigo no país foi controlada em meados dos anos 1980, mas pode sofrer um incremento se os bombardeios se prolongarem."*[2]

Havia três anos não chovia em Quetta. Pó e pedra são os elementos constituintes do lugar, um dos mais belos do Paquistão. Nas montanhas com nomes como Takatu e Zarghun, não se distingue nenhum vestígio de verde. Quase não há prédios nesta cidade horizontal. A temperatura é de 35°C, não existe vento, o pó cobre tudo. Ricos e remediados têm poços artesianos, tão necessários quanto TV e geladeira. Pobres dependem da água fornecida pelo governo. Qualquer projeto oficial depende de uma solução prévia para o problema do abastecimento. As Nações Unidas pretendiam abrigar 10 mil refugiados no vilarejo de Darra, nas cercanias de Quetta. Perceberam que não poderiam acomodar mais de 3 mil se quisessem fornecer 55 litros de água por dia para cada assentado.

Em um cruzamento, um menino de rosto queimado de sol e olhos verdes cola o rosto no vidro do carro. A pele escura e os olhos claros são característicos da gente da terra, assim como do vizinho Afeganistão. As feiras livres se espalham pela cidade, com seus vendedores de turbante sentados em meio às bananas nas carroças. A bicicleta e o riquixá são os meios de locomoção preferidos. Quetta é Afeganistão, me disse um colega português em Islamabad.

Jornalistas estrangeiros não podiam circular por Quetta nem ir ao posto de fronteira de Chaman sem escolta policial. Ao sair do hotel, um policial militar armado entra no táxi que leva o repórter. Na rua, o homem armado e uniformizado no banco da frente atrai a atenção de todos. A malta silenciosa que vaga pelas ruas de Quetta já sabe que ali vão um guarda e um jornalista. Na primeira esquina, o policial começa a mostrar serviço: tenta impedir que seu protegido fotografe uma área no centro da cidade. É perigoso, avisa. O conselho não é levado em conta. O agente da lei começa a ficar nervoso e parece pronto a solicitar reforços. O táxi segue para um subúrbio poeirento onde vivem refugiados recém-chegados do Afeganistão. Na chegada, o guarda tenta impedir o repórter de descer do carro. Finalmente, o trabalho deslancha. O policial observa a distância, provavelmente sem entender o que têm a dizer de interessante os humilhados e ofendidos hazaras que cercam o jornalista.

O reforço no policiamento se deve ao grande número de jornalistas na cidade. No avião em que viajei de Islamabad a Quetta, havia 50, que se somaram aos mais de 200 que já estavam na cidade. O hotel em que me hospedei, o Quetta Serena, havia sido cercado por manifestantes na primeira semana de bombardeios. Musharraf substituiu o comandante da guarnição do exército em Quetta como parte de uma operação para afastar chefes militares apontados como simpatizantes do Talibã.

No posto de fronteira de Chaman, distante cerca de 60 quilômetros de Quetta, ocorreram violentos choques entre policiais e afegãos que tentavam chegar ao Paquistão. Chegar a Chaman é o objetivo de 10 entre 10 jornalistas baseados em Quetta. Para conseguir um passe até o local, deve-se escrever uma carta ao diretor da Divisão de Imprensa do governo da província, anexar fotocópia do passaporte, explicar os objetivos da visita e assim por diante. A liberação do visto pode levar até três dias. O Departamento do Interior e Assuntos Tribais define os jornalistas que poderão viajar até a fronteira. Dublê de lobista e guia, O. afirma que o departamento é movido a dinheiro. Ele tem trânsito livre nos gabinetes sujos repletos de montes de papéis sebosos amarrados com fitas. A equipe é especialista em mentiras. A mais difundida é a de que o departamento não elabora nenhuma lista. Seu tamanho também varia. A explicação oficial é de que não é possível garantir a segurança de muitos jornalistas.

Ao cobrir a guerra do Afeganistão, muitos profissionais de imprensa se defrontaram com multidões enfurecidas para as quais seus crachás de identificação importavam menos do que sua aparência de ocidentais. Era um fenômeno novo, capaz de apanhar desprevenidos até mesmo repórteres experientes. No final de outubro, uma equipe do canal de TV espanhol Antena Trés foi recebida a pedradas em Chaman e teve de fugir correndo, com as lentes das câmeras voltadas para trás. Quem atirava as pedras eram mulheres e crianças. No povoado de Killa Abdullah, os repórteres Robert Fisk e Justin Huggler, do jornal britânico *The Independent*, foram atacados ao anoitecer de 8 de dezembro por uma turba depois que o carro em que viajavam rumo a Kandahar quebrou. O pior que poderia acontecer a um estrangeiro seria enfrentar uma pane no carro na estrada de Chaman entre o pôr do sol e o raiar do dia. As coisas tinham mudado e iam piorar. Em Islamabad, conheci dois enviados do canal Radiotelevisão Portuguesa (RTP), o repórter Hernani Carvalho e o cinegrafista Nuno Patrício. Dois anos depois, Patrício quase foi morto em Bagdá por populares depois da tomada da cidade pelos americanos.[3] Foi o primeiro a registrar as imagens do início do ataque americano, numa cobertura histórica com Carlos Fino, também da RTP.[4]

Manifestação de partidos religiosos em Quetta, no Baluchistão.

A mudança na atitude dos afegãos em relação à imprensa era mais marcante porque a guerra se iniciara com o suspense a respeito da sorte de Yvonne Ridley, repórter do jornal inglês *Sunday Express* que fora presa no dia 28 de setembro pelo Talibã depois de atravessar a fronteira disfarçada com uma burca. Yvonne ficou 10 dias presa, mas foi bem tratada. Ela foi denunciada pela câmera fotográfica que deixou cair ao tentar subir num burro para atravessar a fronteira. "Vou ser apedrejada até a morte. Rezo para que a primeira pedra me deixe inconsciente", escreveu Yvonne num diário publicado pelo jornal paquistanês *Dawn*. A jornalista havia dito ao Talibã que era solteira, e teve embaraços quando sua filha, Daisy, nove anos, fez um apelo pela sua libertação. Ela conseguiu convencer os carcereiros de que era divorciada e que seu objetivo no país era fazer uma reportagem, e não espionar.

Enquanto espero pelo visto, visito uma escola profissionalizante na qual 10 jovens entre 16 e 25 anos se preparam para receber diplomas de técnicos em informática em março de 2002. Terão mais oportunidades de trabalho no Paquistão e em outros países, dizem. Pergunto se gostariam de sair do país. Uma das duas únicas moças da classe se apressa em responder que não.

— Amamos o Paquistão — garante.

Outros dizem que sim, uma vez que o país e a província não estão satisfazendo suas necessidades. Todos ouvem música indiana e paquistanesa, passam o tempo livre com a família ou os amigos e considerariam a possibilidade de apoiar a ação dos Estados Unidos no Afeganistão apenas se conhecessem as provas contra Bin Laden. Peço para fazer uma foto. As moças imediatamente se cobrem com seus véus negros e se afastam da câmera.

No dia 26, as redes de TV divulgam uma notícia chocante: o Talibã havia enforcado Abdul Haq, veterano da jihad contra os soviéticos que tentava insuflar a rebelião entre seus patrícios patanes. Enquanto os Estados Unidos usavam Predators e Spectres em sua "assim chamada guerra", Haq decidira fazer as coisas do seu jeito. Atravessara clandestinamente a fronteira no dia 21, em companhia de 19 homens, montado em um cavalo branco, e penetrara na província de Logar. Gordo e calvo, aos 43 anos aparentava mais de 50, como é comum entre seus compatriotas. A jihad lhe tirara tudo: fora ferido 16 vezes em combate, perdera o pé direito ao pisar numa mina em 1987 e, em 1999, a mulher e a filha, assassinadas pelo Talibã em Peshawar. Temendo pela própria sorte, ele se estabelecera como empresário em Dubai, nos Emirados Árabes Unidos. Numa entrevista ao jornal paquistanês *The News*, poucos dias antes de morrer, ele declarara o retorno à política. Estava convencido da possibilidade de derrotar o Talibã, e muitos de seus familiares lutavam nas fileiras da Aliança do Norte. Na juventude, Haq havia sido um colaborador da CIA contra os soviéticos. Com o desenrolar da luta, porém, a agência preferiu utilizar em sua política afegã os intermediários do ISI, que não confiavam em Haq. Em sua última entrevista, o velho *mujahid* disse que estava pronto para lutar ao lado da Aliança do Norte, mas que lutaria de armas na mão contra uma eventual ocupação do Afeganistão pelos Estados Unidos.

A execução de Haq foi uma das últimas demonstrações da ferocidade do governo talibã. Por dois dias os talibãs observaram a casa em que ele se escondia e, na sexta-feira, o cercaram por três direções. Encurralado, ele fez uma ligação pelo telefone por satélite para um sobrinho no Paquistão. Avisada, a CIA providenciou para que um Predator lançasse um míssil Hellfire sobre seus perseguidores, mas errou o alvo. Capturado com outros dois companheiros — um deles era seu sobrinho Izzatullah e outro, Haji Dawran —, ele foi levado para Cabul, torturado e enforcado nas ruínas de uma casa onde haviam perecido 22 paquistaneses atingidos por um míssil. O chefe da agência oficial afegã, Bajtar, admitiu o assassinato:

— Ele foi executado. Insuflava a população a se rebelar.

Em menos de um mês, o Talibã privara a oposição de dois de seus mais importantes líderes. Embora muito menos conhecido no Ocidente do que o tajique Ahmed Shah Massud, o patane Haq era um combatente admirado em todo o mundo islâmico. Estranha guerra a do Afeganistão. Os bombardeios se sucediam, a Aliança do Norte se movimentava ao norte de Cabul, uma onda de refugiados quebrava diante da fronteira interditada, mas os talibãs permaneciam desafiantes.

13

"ESTAMOS ACOSTUMADOS COM BOMBARDEIOS"

*O autor em Chaman, no Baluchistão, no dia 28 de outubro de 2001.
Ao fundo, o Afeganistão.*

Há uma cerca de arame farpado no meio do nada. De um lado, homens e crianças maltrapilhos se amontoam numa espera sem fim. De outro, guardas com rifles de coronhas carcomidas conversam, riem, fumam. De repente, uma picape vermelha de duas portas irrompe em alta velocidade do lado em que se encontra a multidão. Na carroceria da caminhonete, dois homens de turbantes e barbas negras empunham fuzis Kalashnikov e riem. Há gritos e correria. Em poucos minutos, o carro volta a sumir na poeira do deserto. A cena, ocorrida por volta do meio-dia de 28 de outubro de 2001, é comum no vilarejo afegão de Spin Boldak, na fronteira entre o Paquistão e o Afeganistão. A cerca marca a divisão entre os dois países, e os homens a bordo da caminhonete são talibãs.

O único objetivo da aparição é apavorar os que pensam em cruzar a fronteira. Do lado paquistanês, na localidade de Chaman, um menino afegão refugiado comenta com os guardas:

— Os talibãs aparecem, e todos ficam com medo.

Encarregados de patrulhar a região, os paramilitares dos Corpos de Fronteira não se incomodam com a presença dos talibãs. Sabem, porém, que há familiares e vizinhos separados pela cerca e que qualquer movimento brusco pode criar tumulto. Além disso, funcionários do Alto Comissariado das Nações Unidas para Refugiados (Acnur) e do Programa Mundial de Alimentação e jornalistas estrangeiros visitam o local no momento do incidente.

A situação em Chaman é provavelmente a mais tensa da extensa fronteira de 2,5 mil quilômetros entre Afeganistão e Paquistão. No sábado, um dia antes de nossa chegada, uma equipe de TV italiana que desembarcou em Chaman sem permissão oficial foi apedrejada no campo de refugiados do lado paquistanês.

— Os jornalistas foram às tendas onde ficam as mulheres e começaram a filmar. Os afegãos não gostam disso — diz Anne Gagnepain, oficial sênior de segurança do Acnur.

Pouco depois do tumulto provocado pela caminhonete talibã, a multidão volta a se reunir diante da cerca. Muitos saíram da região de Kandahar, distante 105 quilômetros e duramente castigada pelos bombardeios aliados. Homens e crianças têm o olhar temperado por anos de guerra civil.

— Vivemos situações assim há 20 anos. Estamos acostumados com bombardeios. Se continuarem, não me importo — afirma Abdul Lahim, 27 anos, que deixou Kandahar há uma semana.

Abdul Lahim, de Kandahar: "Estamos acostumados com bombardeios. Se continuarem, não me importo".

Dois ou três homens se declaram prontos a lutar contra a "Amrica". Nenhum revela a intenção de emigrar para o Paquistão. Lahim lembra que seus negócios estão em Kandahar e não deseja sair do Afeganistão. Conformados com o fechamento da fronteira, os afegãos se aproximam da cerca de arame com um objetivo primordial: arranjar comida.

O campo de Chaman é mantido pelo Acnur, pelo Programa Mundial de Alimentação e pelas organizações Mercy Corps, Crescente Vermelho e Médicos sem Fronteiras. Cerca de 780 internos ocupam 122 tendas cedidas pelas Nações Unidas. Como se trata de um campo temporário, os refugiados têm completa liberdade de locomoção. Para sobreviver, cada família recebe 50 quilos de farinha de trigo e cinco quilos de lentilhas a cada quinzena. Nos sacos e nas latas em que os gêneros são entregues, a sigla EUA é o que mais se destaca. Para receber as cotas, os refugiados fazem fila em uma grande tenda que serve de despensa. A distribuição é feita mediante a entrega de um bilhete de identificação, e o recebimento é assinado com um carimbo do dedo polegar. Também têm direito a primeiros socorros num pequeno hospital de campanha.

A secretária de Negócios Públicos do Programa Mundial de Alimentação na Ásia, Heather Hill, reconhece que, como tudo no campo, a comida é insuficiente:

— Distribuímos semanalmente 50 quilos de pão, e não de carne, por família.

Heather afirma que a chegada de ajuda humanitária ao interior do Afeganistão é ainda mais problemática. Relatos obtidos pelas Nações Unidas indicam que mais de 70% das populações de grandes cidades como Kandahar, Herat e Mazar-e-Sharif buscaram refúgio no campo depois do início dos bombardeios americanos. Além disso, a chegada do inverno na metade de novembro tornará intransitáveis as passagens das montanhas do Norte por onde circulam os comboios.

A viagem para Chaman ocorreu num domingo, dia 28 de outubro. Entre os 30 estrangeiros autorizados a visitar o posto de fronteira, havia 14 profissionais de organizações humanitárias e 16 correspondentes de TVs e jornais — além da RBS, estavam presentes CNN, ABC, BBC, Reuters, The Times, Sygma Press, Kyoto News, APT, SPA, Voz da América. Para chegar ao destino, o comboio percorreu durante três horas 117 quilômetros de estradas que serpenteiam ao longo das montanhas Khojack, ao norte de Quetta.

Chaman era uma cidade afegã antes de ser cedida para o vice-reino da Índia, mantido pela Grã-Bretanha, em 1897. A importância estratégica do lugar pode ser medida pelas casamatas e abrigos ao largo da estrada na Passo de Khojack, construídas antes da Primeira Guerra Mundial. Para os britânicos, era possível controlar a partir de Chaman a fronteira de 146 quilômetros entre a Índia — hoje Paquistão — e o Irã.

A pressão dos refugiados em Chaman não é um fenômeno novo. Iniciou-se por volta de 1979, depois da invasão do Afeganistão pela União Soviética, e cresceu nos anos seguintes em virtude da guerra civil e dos choques entre facções tribais. Na cidade, além de obter refúgio, os afegãos podem se informar com facilidade da situação de amigos e parentes no país vizinho e, eventualmente, cruzar de volta a fronteira. O movimentado comércio da cidade é abastecido de produtos trazidos ao Paquistão por contrabandistas. Nas ruas de Chaman, é possível comprar pneus, acessórios para carros, doces e produtos eletrônicos vindos da Índia, do Japão ou de Taiwan pela fronteira com o Afeganistão. Da vila, os produtos seguem em carros e caminhões para Quetta, Dalbandin e Karachi. Até mesmo as frutas secas vendidas no comércio local são contrabandeadas do Afeganistão. A fiscalização dos Corpos de Fronteira, milícia paramilitar subordinada ao exército, não é suficiente para deter o fluxo de produtos ilegais. Os contrabandistas também garantem segurança para famílias de refugiados que se disponham a pagar para atravessar clandestinamente a fronteira.

Refugiado afegão recebe comida em Chaman, no Baluchistão.

Viajo para Karachi. À beira do Mar da Arábia, a metrópole parece ter sido desenhada por Moebius sobre uma iluminura persa: é úmida, suja e feroz como um pesadelo. Me hospedo num Holliday Inn no centro da cidade, de onde farei uma peregrinação por agências de viagem na tentativa de montar um roteiro que me leve até Dushanbe, no Tajiquistão, via Dubai, nos Emirados Árabes Unidos. Conto com a ajuda de dois iranianos do escritório da Aeroflot, contíguo ao hotel. Eles querem entender as razões da má fase de Ronaldo Fenômeno, me explicam que Dushanbe (pronuncia-se Dushanbê) em persa significa "domingo" (o que indica que, em tempos ancestrais, a capital do Tajiquistão foi uma feira dominical) e se dispõem a fazer arranjos para driblar o apagão aéreo entre o Paquistão e os vizinhos do norte desde o início da guerra. Não há mais voos de Dubai a Dushanbe, me dizem. Um deles monta um *timetable* improvável pelo qual teria de me deslocar a Moscou e retornar ao centro da Ásia, passando por Kufa, uma pequena cidade no interior da Rússia. Há um único voo semanal entre Kufa e Dushanbe, às quintas-feiras. Para que o plano de voo funcionasse, seria obrigado a passar 10 horas no aeroporto de Moscou. A viagem duraria quase três dias, e qualquer atraso no caminho para Kufa poderia retardar o deslocamento por até duas semanas. Desolado, Mushtaq Mohammad, supervisor de reservas da Aeroflot, me mostra um grande sofá no escritório.

— Está vendo esse sofá? — pergunta. — Estava sempre cheio de gente em busca de passagens. Hoje, o movimento caiu em mais de 50%.

Tento uma saída desesperada: um visto para o Irã. No consulado de Karachi, os funcionários são menos afáveis que os alegres iranianos da agência. Vistos para jornalistas são assunto delicado nessa república islâmica, especialmente em tempos de guerra.

No dia 28, homens não identificados disparam contra fiéis cristãos em uma igreja em Bahawalpur, na província de Punjab, a mais populosa do Paquistão. Dois dias depois, envio a seguinte reportagem a *Zero Hora*:

"Os cristãos do Paquistão temem ser transformados em bodes expiatórios pelos fundamentalistas islâmicos se o conflito no Afeganistão se prolongar.

Muitos emigram para escapar da onda de intolerância religiosa que cresce no país. Para a maioria, porém, a proteção de Deus e a capacidade das autoridades de controlar os extremistas são a única esperança.

Desde que três aviões sequestrados por terroristas atingiram as torres gêmeas do World Trade Center, em Nova York, e o Pentágono, em Washington (uma quarta aeronave caiu na Pensilvânia), no dia 11 de setembro, a comunidade cristã paquistanesa vive em sobressalto. No domingo, a tensão atingiu um ponto crítico: homens não-identificados abriram fogo contra fiéis na Igreja de Santo Domingo, em Bahawalpur, província de Punjab, provocando 16 mortes. Apesar de Santo Domingo ser uma igreja católica, no momento do ataque ocorria no local uma reunião de protestantes.

Embora não tenha sido reivindicado por nenhuma organização, o crime é associado à agitação anticristã e antissemita promovida por maulanas (líderes religiosos) em algumas mesquitas.

— Às sextas-feiras, é comum ouvir pregação contra cristãos e judeus pelos alto-falantes das mesquitas. Depois que rezam, eles criam confusão — disse uma paroquiana da Catedral de São Patrício, em Karachi, pedindo para não ser identificada.

Os cristãos são uma pequena minoria no Paquistão. Conforme dados de 1993, equivalem a 2% dos 152,3 milhões de habitantes do país — algo em torno de 3 milhões de pessoas. Os muçulmanos são 95%. Incidentes entre seguidores das duas religiões não são incomuns na história paquistanesa. Há aproximadamente cinco anos, a Igreja do Sagrado Coração, na zona portuária de Karachi, foi incendiada. Não existe, porém, registro de chacinas como a de Bahawalpur. Muitos temem que o incidente marque uma virada nas relações entre cristãos e muçulmanos.

— Os Estados Unidos são vistos como cristãos, e a possibilidade desse tipo de reação já era prevista por nós — afirmou o bispo auxiliar de Karachi, Evarist Pinto, paquistanês de ascendência portuguesa que só sabe falar "obrigado" na língua dos ancestrais.

Antes do atentado de Bahawalpur, Pinto havia recebido do governo da província de Sindh a garantia de que a segurança policial nas igrejas seria reforçada. Medidas semelhantes foram tomadas em todo o país, mas a proteção não impediu o ataque. Um dos 16 mortos em Bahawalpur era um policial da província de Punjab que montava guarda na igreja. Na segunda-feira, o Departamento *do Interior de Sindh determinou que o policiamento dos templos e das localidades com presença de minorias seja intensificada. Ontem, além da polícia de Sindh, havia soldados do exército e da marinha em frente às igrejas de Karachi, onde vivem cerca de 140 mil cristãos, conforme cálculo da diocese.*

— Somos irmãos. Nunca houve disputas entre muçulmanos e cristãos no Paquistão — disse o policial Nazar Hayat, muçulmano que fazia vigilância na tarde de ontem em frente à Catedral de São Patrício.

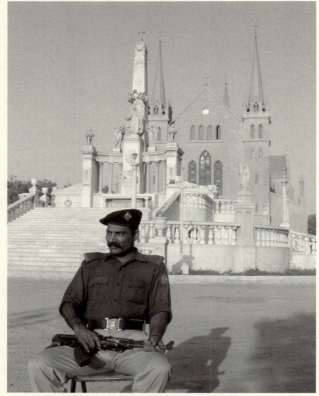

Policial monta guarda diante da Catedral de São Patrício, em Karachi.

Nas igrejas, o sentimento de insegurança é crescente. Alguns acreditam na capacidade do presidente do Paquistão, Pervez Musharraf, em conter os fundamentalistas. Outros preveem o pior e planejam emigrar se a situação piorar. Para a maioria, porém, não há outra opção a não ser tentar enfrentar o perigo.

— *Se as coisas ficarem difíceis, vou pegar minha família e orar a Deus. O que posso fazer? Somos fracos, não temos armas — diz o cristão Shakkil Khorar, 32 anos, pintor e pai de três filhos.*"[1]

Na paróquia de Santo Antônio de Pádua, encontro o padre Benny Travis, 35 anos, ordenado há 11. Na época, ele vinha sendo procurado por fiéis para dar conselhos sobre um assunto inusitado: emigração. Do púlpito, Travis orienta seu rebanho a ter fé em Deus e orar. Numa conversa na casa paroquial, a alguns metros da igreja, ele entra em detalhes sobre a situação da comunidade católica, que representa cerca de metade da população cristã do Paquistão. Suas palavras foram transcritas por *ZH*:

"Os assassinatos (em Bahawalpur) nos deixaram chocados. Tomamos precauções assim que o incidente aconteceu. Os casos de violência contra cristãos no passado recente são poucos no Paquistão. Nem todo muçulmano é contra a cristandade. Há um grupo muito pequeno de extremistas, mas que tem poder nas ruas. Nós, cristãos, somos uma pequena minoria e não podemos reagir.

— *Em sua opinião, qual foi a motivação do atentado?*

É claro que há uma motivação política. Indivíduos ligados à inteligência militar nos disseram que a chacina foi planejada fora do país. Depois do início dos bombardeios dos Estados Unidos ao Afeganistão, todos os cristãos são associados com os americanos. Passamos a ser vistos como estrangeiros, pessoas do Ocidente. O presidente Pervez Musharraf tem demonstrado preocupação com nossa situação. Mas há insegurança entre os próprios muçulmanos. Muitos xiitas estão sendo atacados.

— *Como os católicos vêem o futuro do Paquistão?*

— *Os que têm facilidade para emigrar vão para o Canadá ou para a Austrália. Para o resto de nós, é preciso ficar e viver com fé.*

— *O que o senhor pensa dos atentados terroristas nos Estados Unidos?*

— *Todos nós fomos tocados pelos ataques. Não há quem não tenha um amigo ou um parente nos Estados Unidos. É muito difícil deixar de condenar esses ataques, mas os bombardeios ao Afeganistão não têm justificativa. O diálogo é o único caminho. Foi assim que aconteceu na Irlanda do Norte.*

— *O que o senhor diria a um paroquiano que tenha sido vítima de violência?*

— Em primeiro lugar, se você for tratado injustamente, deve sempre protestar. Há cerca de cinco anos, tivemos de nos mobilizar contra a proposta de fazer constar a religião do indivíduo na carteira de identidade. Mas não temos como lutar com armas. Temos, isso sim, apoio de muitos grupos, como a Comissão de Justiça e Paz. Muitos muçulmanos nos dão apoio."[2]

Em termos numéricos, os 3 milhões de cristãos têm um peso ínfimo no país, mas podem adquirir grande importância política em momentos de crise. Musharraf foi educado em escolas cristãs e, após o golpe de 1999, tomou muitos ex-colegas como conselheiros. Sua benevolência não escapa aos cristãos comuns. Logo depois das mortes em Bahawalpur, ele condenou a chacina e se apressou em reforçar a segurança nas igrejas. Lembrou que o islamismo é uma religião pacífica e que garante os direitos das crenças minoritárias. Longe das câmeras, o medo nas paróquias é manobrado politicamente pelo poderoso ISI. Logo depois do atentado em Bahawalpur, seus chefes fizeram circular a versão de que o serviço secreto indiano estaria por trás do grupo atacante. É uma suspeita tão fantasiosa quanto a de que o Mossad estaria por trás do 11 de Setembro. O ISI tem agentes a postos nos portões da Igreja de Santo Antônio de Pádua. Benny, o guia, diz em voz baixa quando passamos por eles:

— Senhor, se lhe perguntarem, diga que é jornalista, não repórter. Eles não sabem o que é um jornalista, mas sabem o que é um repórter.

O governo também proibiu o uso dos alto-falantes instalados nos minaretes das mesquitas para incitar o ódio religioso. O uso político das mesquitas é formalmente vetado desde que Musharraf subiu ao poder, em 1999, mas vem sendo tolerado na prática desde o início da crise do Afeganistão. Apenas as orações muçulmanas poderão ser irradiadas pelos alto-falantes. As medidas do governo preparam o terreno para um maior envolvimento militar do Paquistão no Afeganistão. O ISI já fornece inteligência aos aliados — embora a CIA desconfie abertamente do serviço secreto paquistanês —, e os militares permitem a utilização do espaço aéreo e das bases militares de Pazni, Dalbandin e Jacobabad, perto da fronteira.

Ódio religioso tornou-se um combustível barato no Paquistão. Num restaurante de Islamabad, um *maître*, ao saber que eu vinha do Brasil, me mostrou uma plaqueta dourada na lapela de seu casaco onde se lia o nome "Yusuf".

— O senhor vê? É José. Sou cristão.

E, olhando para os lados, segredou, com uma careta:

— Os garçons aqui são todos muçulmanos.

Em janeiro de 2002, alguém espiaria o que estava escrito na lapela do jornalista americano Daniel Pearl na mesma Karachi onde vejo policiais montando guarda diante de igrejas. Ele foi enviado pelo diário americano *The Wall Street Journal* para investigar as conexões de Richard Reid, o paquistanês detido num voo da American Airlines de Paris a Miami quando tentava detonar explosivos escondidos no sapato. Acabou apanhado na encruzilhada do antissemitismo e do ódio contra jornalistas. Num vídeo gravado por seus assassinos, diz que ele, seus pais e familiares são judeus e lembra:

— Na cidade de Bnei Brak, em Israel, há uma rua chamada Chaim Pearl, que era o nome do meu bisavô.[3]

Comparada a Peshawar e Quetta, Karachi é uma cidade ocidental. Seus quase 10 milhões de habitantes vivem num compasso semelhante aos de São Paulo e Buenos Aires. A refinada elite da província de Sindh já produziu alguns dos mais altos mandatários do país, como o ex-presidente Zulfikar Ali Bhutto e sua filha, a ex-primeira-ministra Benazir Bhutto. A força dos maulanas também parece menor em Karachi. No dia 26 de outubro, anunciaram a realização de uma marcha de 1 milhão de pessoas na ex-capital. Compareceram apenas 15 mil, segundo a rede CNN. Embora existam madrassas na cidade, é difícil imaginar Karachi nas mãos de sucedâneos do Talibã, como observou um colega de Islamabad.

No dia 1º de novembro, a primeira mensagem atribuída a Bin Laden depois do início da guerra é mostrada pela Al Jazira. Trata--se de um bilhete escrito em árabe, obtido pela sucursal de Cabul da rede, no qual o chefe da Al Qaeda diz que "os muçulmanos são irmãos e devem apoiar uns aos outros" e que o mundo está dividido entre "os que seguem o Islã e os que seguem o presidente Bush" — um raciocínio correlato ao "conosco ou contra nós" da Casa Branca. Um dos objetivos estratégicos da Operação Liberdade Duradoura é impedir que a Al Qaeda utilize o Afeganistão como base terrorista, e essa tarefa é inseparável de prender ou matar Bin Laden. A missão está longe de ser cumprida. Bush disse uma lista dos 22 terroristas mais procurados do mundo — o saudita é o primeiro, com um prêmio hoje cotado em US$ 25 milhões por informação que leve a sua captura — e anunciou que queria o chefe da Al Qaeda "vivo ou morto". No início de novembro, Bin Laden está escondido nas cavernas de Tora Bora, que só se tornarão alvo da ofensiva americana no epílogo da campanha. No final de outubro, Rumsfeld chega a declarar que talvez Bin Laden nunca seja encontrado — em seguida, acrescenta que os Estados Unidos não descansarão se não o capturarem.

Afegãos junto à cerca que separa o país do Paquistão, em Chaman.

O foco em Bin Laden foi um dos pontos polêmicos da estratégia americana depois do 11 de setembro. Na primeira reunião do Conselho de Segurança Nacional depois dos ataques, quando a Al Qaeda já fora identificada como responsável pela tragédia, Rumsfeld e Wolfowitz argumentaram que o episódio poderia ser usado para derrubar Saddam Hussein no Iraque.[4]

— Por que não vamos contra o Iraque, não apenas contra a Al Qaeda? — perguntou o secretário da Defesa.

Powell se opôs, e Bush pediu que a CIA continuasse trabalhando no caso do Iraque. Meses de investigação não produziram nenhuma evidência de ligação entre Saddam e a Al Qaeda. A ênfase de

Rumsfeld e Wolfowitz na busca de pistas que incriminassem o ditador levou a uma crise entre a agência e o Pentágono, que chegou a entregar o caso para sua própria inteligência. Bush não levou muito tempo para fazer sua escolha. Em fevereiro de 2002, proferiu o famoso discurso do Estado da União no qual se referia ao "Eixo do Mal" — uma pista de que seus próximos alvos seriam o Iraque, o Irã e a Coreia do Norte. O próprio Powell teria de dizer algumas linhas nessa tragédia ao repetir, diante da Assembleia- -Geral da ONU, informações falsas de inteligência destinadas a incriminar o Iraque.

Nos primeiros dias de novembro de 2001, quando a perspectiva do inverno afegão lança dúvidas sobre o futuro das operações militares, há incerteza sobre o resultado da campanha. Depois de três semanas de guerra e mais de 3 mil ataques aéreos, o cenário parece não ter se modificado no solo. Foragido, Bin Laden divulga mensagens desafiadoras. Massud e Abdul Haq estão mortos. O Talibã fez 200 prisioneiros entre os primeiros atacantes de Mazar. O almirante John Stufflebeem se diz "um pouco surpreso" com o apego do Talibã ao poder e diz que a Liberdade Duradoura será "uma longa, longa campanha".[5]

Predomina a melancolia entre os jornalistas que cobriram o primeiro mês de guerra e se preparam para deixar a região. A maioria aguardava uma repetição da Guerra do Golfo. Em 1991, a intervenção dos Estados Unidos e de outros 27 países no Iraque foi o ápice de uma operação preparada política e militarmente durante cinco meses e meio com um objetivo determinado: libertar o Kuweit. Desta vez, a necessidade de resposta era mais urgente, e o objetivo, mais difuso. Com base na experiência de anos de guerra civil, alguns esperavam que uma intervenção fulminante dos Estados Unidos liberasse o acesso aos bastiões de Cabul e Kandahar, junto à fronteira com o Paquistão. Outros previam que um avanço irresistível da Aliança do Norte abriria caminho para Mazar-e-Sharif, no norte. Saddam rendeu-se no dia 27 de fevereiro de 1991, 41 dias depois do início dos bombardeios de Bagdá. O Talibã vai durar mais.

— Não tivemos um Dia D — comenta um colega espanhol.

É ao norte que um desfecho para o impasse afegão parece se desenhar. Os dólares da CIA que não foram embolsados pelos comandantes da Aliança do Norte garantiram armas, munição e suprimentos de qualidade nunca vista pelos combalidos soldados tajiques e uzbeques. Líderes como Fahim, Atta e Dostum temem, por sua vez, que um arranjo de última hora entre Estados Unidos, Paquistão e uma ala do Talibã os deixe de fora do desenho do poder em Cabul. Fahim redobra a pressão para que a linha de frente talibã, da qual os soldados da Aliança estão separados por 56 quilômetros nos arredores da base aérea de Bagram, seja bombardeada. Atta diz que a moral talibã está em queda e prevê uma onda de deserções.

Em Washington, a CIA faz chegar a Bush um relatório de Gary Schroen que reflete o ponto de vista dos comandantes da Aliança. "O Talibã nunca foi bombardeado com dureza", argumenta Schroen. Os generais do Pentágono descreem de qualquer alteração significativa no campo de batalha nos meses seguintes. Num memorando ultrassecreto, a DIA, agência de inteligência do Departamento de Defesa, chega a sugerir que Mazar e Cabul não sejam tomadas no inverno. "O Talibã se mostrou mais duro do que pensávamos", diz Condoleezza numa reunião em 29 de outubro.[6]

Os Estados Unidos intensificam o bombardeio de Mazar-e-Sharif. A tomada da cidade é vital para assegurar a campanha nos meses de inverno antes da chegada do frio, que pode atingir -7° C a partir de novembro, com camadas de neve de cinco centímetros. Mazar está situada a 64 quilômetros da fronteira com o Uzbequistão, onde já estão a 10ª Divisão de Montanha, com mil homens, e helicópteros das Forças Especiais americanas. Nas mãos da Aliança do Norte, a cidade pode se tornar um nó decisivo na linha de abastecimento a partir do Uzbequistão.

No dia 9, quatro equipes das Forças Especiais com sinalizadores de laser orientam o mais forte bombardeio da guerra. Incursões de B-52s castigam a linha de frente do Talibã a sudoeste e a leste da cidade. Duas bombas BLU-83, apelidadas de "Corta-margarida", cada uma pesando 6,8 toneladas, são lançadas contra posições do Talibã. As forças talibãs em Mazar entram em colapso, e os milicianos fogem em picapes, jipes e caminhões e a pé. No vácuo de devastação deixado pelo fogo aéreo, Dostum e Atta dão ordem de avançar. Não falta o toque afegão: 62 anos depois de a *blitzkrieg* de Hitler ter tornado obsoleto o uso de cavalos na campanha da Polônia, Dostum comanda uma carga de cavalaria contra posições de artilharia do Talibã nas montanhas a oeste de Mazar. Dos mil cavaleiros que participam da missão, 300 perecem, mas o pânico faz o inimigo abandonar as trincheiras e fugir. As primeiras picapes da Aliança do Norte chegam ao centro de Mazar à noite. Aos poucos, o povo deixa as casas e comemora nas ruas, sacrifica carneiros, dança. A cidade tomada pelo Talibã no dia 8 de agosto de 1998, 24 horas depois dos atentados às embaixadas americanas na África Oriental, mudou de lado outra vez.

Com a queda de Mazar, o cadeado do Norte é arrombado. No dia 11, uma série de 25 ataques aéreos sobre a base aérea de Bagram deixa 2,2 mil baixas entre os talibãs e abre as portas para Cabul. No dia 12, Ismail Khan retoma Herat, e no dia seguinte a capital cai nas mãos da Aliança do Norte, que menos de uma semana antes controlava apenas 15% do território afegão. Numa retirada desesperada, talibãs que escaparam da morte e do encarceramento em Mazar se refugiaram em Kunduz, seu último bastião no norte. A milícia que durante sete anos controlara a maior parte do país tinha sido confinada ao pedaço de terra que dominava em 1995, na região de Kandahar, ao Sul.

Por mais decisiva que tenha sido a cobertura aérea americana e britânica, não foi essa a única causa do súbito sucesso aliancista, mesmo porque Washington não planejava a tomada imediata da capital.

— Vamos encorajar nossos amigos a se dirigirem para o Sul, atravessando a planície de Shamali, mas não para a cidade de Cabul — dissera Bush em seu primeiro encontro com Musharraf, no dia 10 de novembro, em Nova York, depois da queda de Mazar.[7]

O desenlace foi facilitado pelo fato de o Talibã nunca ter conseguido se enraizar nas cidades do Norte. Homens rudes do planalto do sul do Afeganistão, oriundos das tribos patanes agropastoris, os talibãs eram um exército de ocupação em Cabul e Mazar-e-Sharif. O abismo entre os mulás e a população, que ia da religião ao idioma, jamais foi superado. A alta taxa de ocupação de mulheres nas províncias do norte, as mais industrializadas do país, fez que a segregação feminina tivesse de ser imposta à força. Costumes instituídos pela polícia religiosa que fazem parte do cotidiano patane, como o uso da burca, nunca foram totalmente assimilados nas grandes cidades. Em Mazar, as mulheres saem às ruas sem burcas pela primeira vez em três anos. A música e as pipas, consideradas anti-islâmicas pelo Talibã, voltam à paisagem de Cabul.

A decisão da Aliança do Norte de avançar sobre Cabul à revelia dos Estados Unidos, ao perceber que a capital havia sido abandonada pelo Talibã, mostrou que a guerra americana contra a Al Qaeda não era o único componente do conflito do Afeganistão. Quando decidiu atacar o país em resposta aos atentados de Nova York e Washington, Bush escolheu um alvo conflagrado. Como um filete de água que corre sobre uma superfície acidentada, a máquina de guerra americana teve de transitar por veios deixados pelos que a precederam. Em nenhum lugar essa lei da hidrodinâmica é mais evidente do que em Mazar. Rivais inconciliáveis, Dostum e Atta dividem a cidade em dois setores independentes, numa versão centro-asiática da Berlim da Guerra Fria. Surgem relatos de atrocidades contra prisioneiros talibãs. No dia 14, fala-se pela primeira vez da morte de dezenas de jovens recrutas numa escola nos arredores de Mazar.[8]

O temor de um massacre nas mãos da Aliança do Norte faz os 20 mil talibãs entrincheirados em Kunduz receberem com desconfiança as ofertas de rendição. Enquanto a cidade é bombardeada por B-52s, comandantes talibãs e aliancistas se encontram para negociar o cessar-fogo. O ponto mais crítico é o destino de cerca de 8 mil combatentes estrangeiros — árabes, uzbeques, uighurs e paquistaneses —, incluindo centenas de oficiais do ISI e dos Corpos de Fronteira do Paquistão. Comandantes da Aliança do Norte dizem que aviões paquistaneses pousam à noite na cidade para resgatar seus soldados. Segundo Ahmed Rashid, a operação é garantida graças a um apelo direto de Musharraf a Bush e Cheney, que teria se mantido no mais rigoroso sigilo.[9]

No dia 24, 3,3 mil combatentes talibãs se rendem em Kunduz, sob a supervisão de Dostum e Atta. Eles são levados para a fortaleza de Qala Jangi, uma praça forte do século 19 ocupada por Dostum em Mazar. O lugar se tornará palco de mais um massacre no dia seguinte, quando cerca de 300 prisioneiros — em sua maioria árabes, chechenos, paquistaneses, e entre eles um americano, John Walker Lindh — se rebelam contra seus captores, utilizando armas que conseguiram ocultar da Aliança do Norte. Sufocado depois de dois dias, o levante deixa cerca de 530 mortos — 500 talibãs, cerca de 30 soldados da Aliança do Norte e um agente da CIA, Johnny Micheal Spann, ex-*marine* de 32 anos. Quarenta e nove dias depois do início da guerra, Spann é o primeiro americano morto em combate no

Afeganistão. Antes dele, dois soldados de Forças Especiais haviam morrido num acidente de helicóptero no Paquistão.

Uma reedição do método macabro utilizado na batalha de Mazar cinco anos antes aguarda centenas de talibãs rendidos em Kunduz: a morte em contêineres. A pretexto de transportar prisioneiros para a prisão de Sheberghan, a oeste de Mazar, homens de Dostum arregimentam uma frota de pelo menos 30 caminhões. Cada um leva contêineres com cerca de 200 homens seminus comprimidos em seu interior, sem água nem ventilação, muitos com mãos e pés amarrados nos próprios turbantes. Muitos morrem por asfixia durante a jornada e são enterrados em valas comuns na localidade de Dasht-e Leili, a 15 minutos de viagem de Sheberghan. A Aliança do Norte admitiu entre cem e 120 mortes durante o traslado, afirmando que foram acidentais e não premeditadas. Os Estados Unidos, única potência estrangeira a dispor de um pequeno número de soldados de Forças Especiais e agentes da CIA em Mazar, se recusaram a comentar o episódio.[10]

Duas facções da Aliança do Norte, chefiadas por Mohammed Fahim e Abdul Rasul Sayyaf, controlam Cabul. Cada um tem oficiais americanos em seu núcleo de comando, mas os Estados Unidos não pretendem assumir a administração da capital. A possibilidade de transferência da autoridade na cidade para as Nações Unidas, uma ideia acalentada desde o início da guerra pela Casa Branca, tem a simpatia dos chefes da Aliança. Em inferioridade numérica com seus cerca de 500 patanes, Sayyaf considera até mesmo a hipótese de retirada para Jalalabad. De Islamabad, um cada vez mais incomodado Musharraf afirma que a presença da Aliança em Cabul foi prelúdio de massacres no passado.

Era preciso pôr em prática o plano do representante das Nações Unidas para o Afeganistão, Lakhdar Brahimi, de construir um governo amplo e multiétnico capaz de garantir a transição até que sejam realizadas eleições. As negociações envolvem quatro grupos: a Aliança do Norte, o chamado Grupo de Roma, encabeçado pelo ex-rei Zahir Shah, o Grupo de Peshawar, facção de exilados apoiada por Islamabad, e o Grupo de Chipre, apoiado por Teerã. Delegados dessas organizações se encontram no dia 27 de novembro num hotel de luxo em Bonn, na Alemanha, sob os auspícios das Nações Unidas, para esboçar as feições do Afeganistão depois do Talibã.

Os Estados Unidos designam o ex-secretário assistente de Estado James F. Dobbins como seu representante na montagem do governo. É preciso encontrar um presidente que simbolize a oposição ao Talibã e tenha a chancela do chamado Grupo Seis mais Dois (Paquistão, Irã, Uzbequistão, Tajiquistão, Turcomenistão e China, todos vizinhos do Afeganistão, mais Estados Unidos e Rússia). Esse homem é Hamid Karzai, da tribo patane Popalzai, da província de Helmand. Ex-simpatizante do Talibã — chegou a ser convidado pelo mulá Omar para ser embaixador nas Nações Unidas —, rompeu com a milícia e viveu os últimos anos como exilado em Quetta, onde seu pai, Abdul Ahad Karzai, foi morto por desconhecidos em 1999. No dia 9 de outubro, ele entrou no Afeganistão à frente de um grupo de patanes para fomentar a rebelião contra os mulás, mas, cercado na localidade de Tarin Kout, teve de ser resgatado em 3 de novembro pela CIA para escapar da mesma sorte de Abdul Haq. A agência, que tinha no início de novembro mais autoridade no terreno do que o Departamento de Estado e o Pentágono, apoiou sua indicação como chefe interino de governo.

No dia 14, após a queda de Cabul, Karzai voltou a penetrar no Afeganistão, desta vez em companhia de 29 americanos da CIA, das Forças Especiais e dos Comandos de Operações Especiais (JSOC, na sigla em inglês). A população do povoado de Tarin Kout tinha se sublevado contra os talibãs, e Karzai viu a chance de revidar a derrota anterior. Na noite de 16 de novembro, ele se encontra na casa de governo de Tarin Kout, festejado por chefes tribais com a primeira refeição do Ramadã, o mês de jejum muçulmano durante o dia. Nas primeiras horas da manhã do dia 17, o capitão Jason Amerine, comandante da equipe A 574 das Forças Especiais, que acompanha Karzai, é informado de que um comboio de oito a 10 picapes se desloca para Tarin Kout vindo de Kandahar. Ao amanhecer, os americanos no solo orientam o bombardeio aéreo do comboio, e o Talibã se retira com pesadas baixas. A batalha de Tarin Kout é decidida pelo ar, sem que os soldados americanos e os homens de Karzai tenham disparado um único tiro.[11] O episódio serve para habilitar Karzai ao papel de líder da resistência patane ao Talibã.

No dia 5 de dezembro, enquanto se dirige a Kandahar, o grupo de Karzai encontra resistência do Talibã em Shawali Kout.

Quando a cobertura aérea é novamente acionada, uma bomba de 600 quilos lançada por um B-52 explode perto do abrigo de Karzai. Três americanos das Forças Especiais e pelo menos 23 afegãos morrem. Karzai e toda a equipe A 574 são feridos. Pouco depois do pior episódio de fogo amigo da guerra, Karzai recebe uma ligação da repórter Lyse Doucet, da BBC, em seu telefone por satélite. De Bonn, ela comunica que ele acaba de ser eleito presidente interino do Afeganistão. Minutos depois, emissários do Talibã anunciam a rendição de Kandahar. O comando da milícia já abandonou a cidade. Mais tarde, o primeiro-ministro do Japão, Junichiro Koizumi, perguntaria a Musharraf sobre o paradeiro do mulá Omar. Com bom humor, o presidente do Paquistão responderia que o chefe do Talibã fugiu de Kandahar na carona de uma moto Honda e que a companhia japonesa poderia usar em anúncios publicitários a imagem do mulá, com seu traje negro esvoaçante.[12]

A maior e mais polêmica batalha da guerra se iniciou em dezembro, nas montanhas de Tora Bora. Os Estados Unidos sabiam que os jihadistas contavam desde os tempos da ocupação soviética com esconderijos construídos em cavernas nas montanhas pelo próprio Bin Laden. Durante quatro dias, cinco homens da CIA e das Forças Especiais orientaram o mais intenso bombardeio já visto na região. No final de novembro, três chefes tribais pagos pelos americanos haviam mobilizado cerca de 2,5 mil homens para atacar o complexo. Como ocorrera anteriormente, o compromisso dos afegãos com a missão era frouxo. Dois dos líderes — o pashai Hazarat Ali e o patane Haji Zaman — eram caudilhos corruptos, e o terceiro, o patane Haji Zahir, 27 anos, era filho de Haji Abdul Qadir, irmão mais velho de Abdul Haq, que fora durante muitos anos o comandante militar de Yunus Khalis, o ancião dominante de Jalalabad e amigo de Bin Laden. Em meio à batalha, os homens de Ali e Zaman dedicaram parte do tempo a trocar tiros entre si. O terreno montanhoso, o frio e a neve de dezembro faziam a batalha parecer mais uma prova de alpinismo do que uma operação militar. Os Estados Unidos se recusaram a enviar os *marines* para Tora Bora. Durante quatro anos, a CIA e o Pentágono travaram um duelo disfarçado de versões sobre a existência de relatos de inteligência a respeito da presença de Bin Laden em Tora Bora. Tenet escreveu: "Tínhamos inteligência sensível que sugeria fortemente que Bin Laden estava em Tora Bora". Franks rebateu: "Bin Laden nunca esteve ao nosso alcance". Por volta de 16 de dezembro, à noite, o chefe da Al Qaeda partiu do esconderijo nas montanhas, a cavalo, em companhia de guarda-costas, e seguiu em trilhas de contrabandistas em direção a Parachinar, na zona tribal de Kurram, no Paquistão. A escassa vigilância dos Corpos de Fronteira não impediu a travessia. Em 2005, a pedido da Associated Press, o Pentágono desclassificou pela primeira vez um documento que contradiz sua própria versão: o resumo do interrogatório de um combatente uighur da Al Qaeda que afirmava ter ajudado Bin Laden a fugir de Tora Bora.[13]

14

O PESADELO NÃO ACABOU

"*Mais difícil do que derrotar militarmente o Talibã*", escrevi no dia 3 de novembro, um dia antes de deixar o Paquistão rumo ao Brasil, "*será garantir a estabilidade da região depois do cessar-fogo. O Afeganistão é um país econômica e politicamente arrasado, que se especializou em produzir destruição.*"[1] A derrubada do regime dos mulás e o desmantelamento da estrutura da Al Qaeda no Afeganistão custou aos Estados Unidos dois meses e oito dias, nos quais foram empregados cerca de 110 agentes da CIA, 316 homens das Forças Especiais, algumas equipes de Comandos de Operações Especiais e o peso esmagador da mais poderosa força aérea do mundo.[2] No final de 2001, os Estados Unidos contabilizavam a ínfima cifra de 12 mortos na Operação Liberdade Duradoura.[3] Ansioso por passar ao próximo alvo, o Iraque, o governo Bush usou essa estatística como prova de que a tecnologia e a inteligência haviam dado início a um futuro de guerras praticamente incruentas. O lado avesso da lista americana indica uma realidade distinta: o número de vítimas fatais — a maioria civis — foi de cerca de 3,6 mil entre os afegãos de outubro de 2001 a julho de 2002.[4]

Todas as grandes cidades dominadas pelo Talibã caíram sem luta — os milicianos simplesmente fugiram ou mudaram de lado quando se iniciou a fase mais intensa do bombardeio aéreo, em alguns casos mediante generosas ofertas em dólares dos líderes da Aliança do Norte. Do orçamento de US$ 1 bilhão da CIA para a guerra, cerca de US$ 70 milhões foram usados para subornar comandantes antitalibã, na estimativa de Richard A. Clarke.[5]

O dinheiro não conseguiu comprar milhares de combatentes da Al Qaeda que escolheram lutar até a morte ou foram aprisionados em Kunduz e Tora Bora. Para os afegãos que haviam se juntado ao Talibã, mudar de lado — a peso de dólar ou da promessa de ter a vida poupada — era uma operação simples: bastava tirar o turbante negro, em alguns casos raspar a barba e se misturar a suas tribos nos vilarejos. Árabes, africanos, uzbeques e uighurs que lutavam nas fileiras da Al Qaeda não tinham essa opção. A guerra deixou ainda mais evidente sua identidade de estrangeiros. Mesmo com a autoridade de quem lutou ao lado dos afegãos por mais de 15 anos, Bin Laden teve de pavimentar a rota de fuga para o Paquistão por meio de pagamento de propina aos chefes tribais de Jalalabad.[6]

Surpreendida pela própria vitória relâmpago, a administração Bush era adversária declarada da noção de reconstrução nacional tão cara à política externa de Clinton. A Casa Branca acreditou que, uma vez desalojado o Talibã do poder central, bastaria delegar às Nações Unidas e à Organização do Tratado do Atlântico Norte (Otan) a dupla missão de negociar e garantir uma nova ordem. A delicada busca de equilíbrio entre as facções tribais foi deixada aos cuidados do ministro das Relações Exteriores da Alemanha, Joschka Fischer, e o acordo que permitiu a assunção do governo encabeçado pelo patane Hamid Karzai foi assinado em Bonn, com o beneplácito dos vizinhos. Em dezembro, o primeiro contingente da Força Internacional de Assistência à Segurança (Isaf), composto por 15 mil soldados britânicos e que seria reforçado por contingentes de 31 países, chegou à capital.

O novo *status quo* no Afeganistão parecia uma cópia da era pré-Talibã. Em nome da perseguição aos elementos remanescentes da milícia, os antigos senhores da guerra que haviam espalhado terror enquanto os mujaidim governaram Cabul, entre 1992 e 1996, voltaram a seus postos de mando. Aliado dos Guardas Revolucionários do Irã, Ismail Khan recuperou o posto de governador de Herat, a oeste. Em Mazar-e-Sharif, Rashid Dostum manteve o controle de uma porção estratégica do território junto à fronteira do Uzbequistão. Os hazaras do Hizb-e-Wahadat se reinstalaram em seu bastião central de Hazarajat. Na maioria das províncias da fronteira com o Paquistão, os senhores da guerra se apoiavam no contrabando e no narconegócio. Em 2007, apesar da forte presença das tropas dos Estados Unidos e da Otan, o cultivo de ópio era considerado crescente em 12 províncias, incluindo Cabul e Helmand — terra natal do presidente Karzai.[7]

O aliado mais valioso dos Estados Unidos na campanha do Afeganistão foi o Paquistão. Durante anos, o país fora um operador sênior no mercado global de armamentos, desenvolvera a primeira bomba atômica do mundo muçulmano e promovera seus próprios interesses no Afeganistão com a complacência dos americanos. Na era de Zia, graças à intervenção soviética, o alinhamento com Washington havia sido total. Entre 1992 e 2001, com o desinteresse dos Estados Unidos pela região, as tensões oscilaram até o grau máximo depois dos atentados de Nova York e Washington. Ao anunciar no dia 19 de setembro que esperava um governo amistoso em Cabul após a queda do Talibã, Musharraf não tinha escolha — o exército paquistanês não poderia correr o risco de ser considerado um Estado patrocinador do terrorismo enquanto Índia, Rússia e até mesmo Irã declaravam apoio à derrubada do governo dos mulás. De todos os países envolvidos na guerra ao terror, nenhum recebeu mais ajuda dos Estados Unidos do que o Paquistão. Foram US$ 10 bilhões do 11 de setembro a agosto de 2008 — cerca de 80% desse valor destinados a gastos militares.[8] Em 50 anos de história, jamais o país recebera uma soma tão grande em um intervalo tão curto. Em vez de aproveitar essa oportunidade inédita para reorientar o país rumo ao desenvolvimento e à democracia, Musharraf e os militares utilizaram a condição de aliados preferenciais dos Estados Unidos para persistir nos erros que haviam conduzido à catástrofe de 2001.

Depois da derrocada do Talibã, Musharraf continuou fazendo jogo duplo com os fundamentalistas. Em janeiro de 2002, em resposta a um ataque de mujaidim ao parlamento indiano, em Délhi, no mês anterior, anunciou o banimento de cinco organizações fundamentalistas, como o Lashkar-e-Tayyba (LeT) e o Jaish-e-Muhammad (JeM). Mesmo gestos como esse, porém, continham o germe da ambiguidade: a lista incluía um grupo xiita, o Tehrik-e-Jafria Pakistan (TJP), a fim de equilibrar o jogo da disputa sectária. Apesar de uma onda inicial de prisões — a imprensa contabilizou de 1,4 mil a 2,5 mil militantes postos na cadeia —, a maioria dos grupos continuou operando por meio de organizações de caridade, madrassas e mesquitas. Quando múltiplos ataques terroristas em Mumbai deixaram 195 mortos, em 26 de novembro de 2008, o próprio governo paquistanês reconheceu a existência de campos de treinamento operados pelo LeT e pelo JeM no país.

Enquanto o governo Bush se preparava para a invasão do Iraque, Musharraf tratou em agosto de 2002 de reforçar o próprio poder por meio de um decreto que lhe garantia mais cinco anos no cargo e reforçava as prerrogativas dos militares. Embora tenha convocado eleições que permitiriam a reabertura do parlamento — três anos depois da derrubada do primeiro-ministro Nawaz Sharif por um golpe — e garantido relativa liberdade de imprensa, o regime soube tirar partido da relativa popularidade obtida pelo apoio dos Estados Unidos e seus aliados para barrar qualquer tentativa de reforma. Dois ex-primeiros-ministros — Sharif e Benazir Bhutto — continuaram impedidos de concorrer. Apenas detentores de título universitário poderiam ser candidatos, mas certificados emitidos por madrassas foram equiparados a diploma de nível superior para que maulanas pudessem se apresentar. Nenhuma dessas medidas recebeu qualquer crítica consistente dos Estados Unidos.

No pleito, os partidos fundamentalistas no Paquistão conquistaram a mais expressiva vitória eleitoral de sua história. Unidos numa coligação batizada de Muttahida Majlis-e-Amal (MMA) ou Frente de Ação Unida, seis siglas obtiveram 11,5% dos votos e conquistaram 47 cadeiras no parlamento, onde se tornaram a terceira força, depois da Liga Muçulmana (Q), com 77, pró-Mussharraf, e do PPP de Benazir Bhutto, de oposição, com 63. O principal partido da MMA era o JUI de Fazlur Rehman, o maulana aliado do Talibã que Musharraf havia colocado em prisão domiciliar no ano anterior. A frente fundamentalista aprendera com os militares a usar uma face em cada ocasião: apoiava o governo que lhe possibilitara concorrer em vantagem nas eleições — foi o único partido a ter permissão para fazer comícios —, mas atacava violentamente a aliança com os Estados Unidos. Um dos deputados eleitos pediu para fazer o juramento parlamentar em árabe — as línguas oficiais do Paquistão são o urdu e o inglês —, sob o argumento de que era "a língua de Deus".

Mais do que um peso inédito no parlamento, a MMA colheu um resultado impressionante em duas das quatro províncias, justamente as que fazem fronteira com o Afeganistão: a Província da Fronteira Noroeste e o Baluchistão. Na primeira, a coligação elegeu metade dos deputados da assembleia provincial e conquistou o governo. Na segunda, conseguiu maioria em aliança com outros partidos e também formou uma administração. Uma das medidas do governo da MMA na Província da Fronteira Noroeste foi adotar uma lei moldada na Sharia, impondo restrições de vestuário a alunos de escolas e outras regras inspiradas no Talibã. Ainda mais surpreendente, a MMA venceu em um dos distritos eleitorais de Islamabad, dois dos 13 distritos de Lahore e seis dos 19 de Karachi.[9] Talibanização — uma palavra que mesmo nos momentos mais violentos de 2001 parecia não combinar com o Paquistão — passou a figurar com frequência cada vez maior no noticiário e nas análises sobre o país.

Cedo o ISI percebeu que poderia contrabalançar a desconfiança da CIA por meio de um gesto de baixo custo político interno: a captura de militantes da Al Qaeda sem maiores laços com o Paquistão. Em março de 2002, o saudita de origem palestina Abu Zubaida foi preso em Faisalabad, e em março de 2003 Khaled Sheikh Mohammed foi apanhado em Rawalpindi.[10] Ao mesmo tempo que entregavam suspeitos para tortura nos *"black sites"* da CIA e confinamento em Guantánamo, os militares deixavam remanescentes do Talibã intensificar sua atividade nas zonas tribais do Paquistão. À medida que as prisões se multiplicavam, a Al Qaeda passou a atacar diretamente Musharraf. Mensagens de Bin Laden e Zawahiri pregaram seu assassinato, e ele escapou de dois atentados em 2003. Tudo isso fez com que os laços entre Washington e Islamabad se tornassem mais estreitos e a pressão sobre Musharraf se reduzisse a zero.

A reação do Paquistão ao atentado perpetrado por fundamentalistas muçulmanos ao parlamento indiano em 2002 não foi suficiente para reduzir a tensão entre os dois países. Em maio, Musharraf anunciou o deslocamento de soldados das Áreas Tribais sob Administração Federal (Fata), na fronteira com o Afeganistão, para a Cachemira. Esse recuo facilitou a atividade e o trânsito de talibãs nessa região, especialmente nos dois Waziristões, o do Sul e o do Norte. A presença de organizações fundamentalistas como o JUI nos governos do Baluchistão e da Província da Fronteira Noroeste foi outro ponto de apoio para o Talibã. O ministro da Agricultura do Baluchistão, mulá Faizullah, do JUI, tinha cerrado fileiras com o mulá Omar em Kandahar até o último minuto. O próprio Omar buscou refúgio em Quetta na metade de 2002. Nos anos seguintes, o Talibã usaria o porto seguro de Quetta e das áreas tribais para se reorganizar e reassumir uma desafiante presença política e militar no sul do Afeganistão. Embora o secretário de Defesa, Donald Rumsfeld, tenha dito em maio de 2003 que as tropas americanas estavam deixando de combater para se dedicar a projetos de reconstrução do país, o Talibã seguiu atacando e emboscando militares e civis estrangeiros. Na província de Zabul, em setembro, choques de uma semana entre talibãs e soldados americanos deixaram cem milicianos mortos.

Eleito em outubro de 2002, o primeiro parlamento sob o governo de Musharraf reuniu-se somente em novembro de 2003. O governo deixou claro desde o início que pretendia legitimar por meio do voto dos deputados o decreto do ano anterior que estendia o mandato do presidente até 2007. Essa possibilidade estava embutida num projeto do que ficou conhecido como Ordem Diretiva Legal, que brindava Musharraf com poderes de exceção, como o de demitir o primeiro-ministro, dissolver o parlamento e acumular os cargos de chefe de Estado e comandante das forças armadas. O PPP e outros partidos de oposição se insurgiram contra a proposta e obtiveram a adesão da MMA. Ainda que Musharraf tenha conseguido um acordo com a MMA para aprovar o projeto em troca da promessa de deixar o comando das forças armadas em janeiro de 2005 e limitar os próprios poderes, o debate provocou a paralisia do parlamento por mais um ano.

A faísca que selaria o destino de Musharraf surgiu de onde o general menos esperava: da dócil Suprema Corte. Nomeado pelo presidente em 2005, o presidente do tribunal, Iftikhar Chaudry, alinhou-se com os oposicionistas ao imprimir à corte uma orientação que rejeitava as manobras do regime para elidir a lei. Em março de 2006, Musharraf demitiu Chaudry e o colocou em prisão domiciliar. O episódio deflagrou uma mobilização nacional de advogados, eletrizou a classe média e levou o regime às cordas. Tentativas de silenciar a imprensa também resultaram em protestos de rua, feroz repressão policial e prisões.

Enquanto miravam em juízes, advogados e jornalistas, os militares não percebiam a sombra representada pela presença ostensiva de militantes fundamentalistas na Mesquita Vermelha (Lal Masjid), em Islamabad, a três quilômetros da residência presidencial. O complexo da mesquita abrigava milhares de estudantes de ambos os sexos, órfãos e viúvas. Encorajados pela complacência do ISI, rapazes e moças da mesquita criaram uma brigada que passou a atuar como polícia religiosa na capital, sequestrando chineses que haviam aberto uma casa de massagens, policiais e uma mulher acusada de prostituição. Em abril de 2007, os irmãos Abdul Rashid Ghazi e Abdul Aziz Ghazi, maulanas que controlavam a mesquita, se entrincheiraram no local e exigiram que o governo decretasse a Sharia. Depois de um cerco de 10 dias, o exército esmagou a rebelião e tomou a mesquita. O saldo foi de mais de 112 mortos — 102 estudantes e 10 soldados —, entre eles o maulana Rashid (seu irmão Aziz aguarda julgamento em liberdade depois de dois anos na prisão).

O massacre da Mesquita Vermelha teve sobre os fundamentalistas no Paquistão e no Afeganistão um efeito similar ao do levante da Grande Mesquita de Meca, em 1979, sobre os setores religiosos da Arábia Saudita. O Talibã, seus aliados no Paquistão e a Al Qaeda passaram à ofensiva, desencadeando uma série de atentados na Província da Fronteira Noroeste, no Baluchistão e nas áreas tribais. Um frenético trânsito de militantes passou a ter lugar na fronteira, enquanto o Talibã intensificava seu controle de áreas ao sul e ao leste do Afeganistão, apesar da presença de tropas da Otan. A milícia controla vilarejos e estradas a sul e a leste e foi capaz de colocar no ar uma rádio em Helmand. O Talibã amplia o número de sequestros com execuções e de atentados suicidas. Omar e Bin Laden se mantêm ligados aos combatentes afegãos por meio de mensagens pessoais, entrevistas por *e-mail* e — no caso do segundo — fitas de áudio e vídeo.

Prestigiado pela derrubada do Talibã, Karzai está, depois de quase oito anos no poder, em uma posição precária mesmo em Cabul. Não podia circular livremente pelo país, foi alvo de dois atentados somente em 2002 e se mostrou embaraçado com o aumento do número de vítimas civis em ataques perpetrados pelos Estados Unidos contra os mulás. Em 2004, na primeira eleição nacional após a queda do Talibã, teve 55% dos votos.

Não conseguiu, porém, manter unida a coalizão que o levou ao poder.

Pressionado pelos Estados Unidos, o presidente Pervez Musharraf concordou em selar um acordo com a ex-primeira-ministra exilada Benazir Bhutto. Pelo acerto, os militares aceitariam a formação de um governo de coalizão após a eleição presidencial, com a presença do PPP de Benazir e a bênção do general, que seria candidato a permanecer no cargo. Apesar da forte oposição interna no PPP, Benazir conseguiu o aval do partido para a reeleição de Musharraf. O direito do general de concorrer ao mesmo tempo que se mantinha nos cargos de presidente e chefe das forças armadas provocou uma consulta à Suprema Corte, que permitiu a realização das eleições em caráter liminar mas impediu a proclamação de um vencedor antes do julgamento de mérito. Em protesto contra Musharraf, todos os partidos, com exceção do PPP, renunciaram a suas cadeiras na Assembleia Nacional. Com isso, Musharraf foi eleito com 98% dos votos no dia 6 de outubro.

O apoio da ex-primeira-ministra ao esmagamento da rebelião da Mesquita Vermelha e ao combate a insurgentes nas zonas tribais do noroeste do país ajudaram a empurrar Musharraf para o compromisso. Um bom augúrio para a democracia, o retorno de Benazir, a única autêntica líder política num país sem partidos nacionais, provou-se desde o início não palatável para setores ligados ao governo e aos partidos religiosos. No dia 18 de outubro de 2007, enquanto ela desfilava em um caminhão blindado em Karachi, a explosão de dois homens-bomba perto do cortejo deixou 136 mortos e mais de 500 feridos.

No dia 2 de novembro, Musharraf decretou estado de emergência e suspendeu a Constituição. Num discurso destinado mais à comunidade internacional do que aos paquistaneses, afirmou que a Suprema Corte estava impedindo o combate ao terrorismo e citou a suspensão do *habeas corpus* pelo presidente americano Abraham Lincoln durante a Guerra de Secessão como um precedente para seu gesto. Dos 18 ministros da Suprema Corte, 13 se recusaram a jurar obediência às medidas de exceção — três deles foram exonerados sem direito à aposentadoria, incluindo Chaudry, que conclamou os paquistaneses a resistir ao estado de emergência. Cerca de 2 mil pessoas foram presas, de acordo com entidades de defesa de direitos humanos — um quarto delas advogados; muitos pertenciam a partidos de oposição, incluindo o PPP. Cinquenta e oito canais privados de TV foram postos fora do ar. Um código de conduta para os meios de comunicação previu três anos de prisão para jornalistas que "ridicularizarem" o presidente ou outros integrantes do governo em suas coberturas. Até mesmo Asma Jehangir, presidente da Comissão de Direitos Humanos do Paquistão e uma das primeiras advogadas do país, foi posta em prisão domiciliar "porque estava agitando e tentando conturbar a paz", segundo o próprio presidente, ao participar de um ato de protesto na sede da entidade.

A suspensão da Constituição anulou o acordo entre Benazir e Musharraf. Depois de apelar pessoalmente ao presidente pela revogação das medidas, a filha de Zulfikar Ali Bhutto manifestou apoio no dia 6 aos protestos de rua que se multiplicavam pelo país. No dia 12, recebeu ordem de prisão domiciliar por oito dias (só cumpriu quatro). O estado de emergência provocou uma onda mundial de protestos e abalou o que restava da imagem democrática do general. Nos Estados Unidos, os pré-candidatos democratas Barack Obama e Hillary Clinton acusaram Bush de apoiar um ditador no Paquistão. Outro democrata, Joe Biden, telefonou para Musharraf para se opor ao estado de emergência. A secretária de Estado, Condoleezza Rice, despachou seu substituto, John Negroponte, para Islamabad a fim de pressionar Musharraf a suspender as medidas e Benazir a manter o antigo acordo. Em 28 de novembro, atendendo a uma exigência da oposição, Musharraf renunciou à chefia das forças armadas e tomou posse no dia seguinte como presidente civil. O estado de emergência foi suspenso 17 dias depois.

No dia 27 de dezembro, a menos de duas semanas das eleições, a ex-primeira-ministra foi morta a tiros no centro de Rawalpindi. O crime permanece não esclarecido. Os suspeitos mais óbvios — os fundamentalistas religiosos — tinham motivos conhecidos para odiá-la. Benazir era formada em Oxford, sugeria que não havia diferença entre um casamento arranjado em moldes islâmicos como o seu e um encontro marcado pela internet e apoiava a guerra global ao terror. Não hesitara em culpar radicais pró-Al Qaeda pelo atentado contra sua caravana em Karachi. Mas Benazir também levantava suspeitas sobre setores militares e do governo. Em carta a Musharraf, ela listou três indivíduos que estariam interessados em sua morte — um deles, segundo um de seus interlocutores, seria

Ijaz Shah, diretor-geral do Birô de Inteligência. Musharraf sempre repudiou as suspeitas, mas foi incapaz de investigar seriamente o atentado de Karachi e as ameaças à vida de Benazir.

A eleição de fevereiro de 2008 deu uma importante vitória ao PPP de Benazir, agora dirigido por seu viúvo, Asif Ali Zardari: 120 das 272 cadeiras da Assembleia Nacional. A Liga Muçulmana do Paquistão (Nawaz), de Sharif, ficou com 90, e a Liga Muçulmana do Paquistão (Quaid), pró-Mussharraf, com apenas 51. O maior retrocesso foi o da MMA, que caiu das 47 cadeiras de 2002 para apenas seis. Na Província da Fronteira Noroeste, o Partido Nacional Awami, organização nacionalista patane de orientação secular, conquistou a maioria das cadeiras. Em agosto, Musharraf renunciou à presidência, e no mês seguinte Zardari foi eleito presidente pela Assembleia Nacional e pelas quatro assembleias provinciais, depois do malogro de uma tentativa de acordo com Sharif.

No dia em que Benazir desembarcou em Karachi, vinda de Dubai, escrevi: *"Militares paquistaneses especulam que o terrorista Osama bin Laden pode ter escolhido como refúgio não uma remota região tribal do país, mas uma metrópole — e nenhuma cidade do Paquistão é mais merecedora dessa qualificação do que Karachi. Se estiverem certos, o maior inimigo do Ocidente terá sido testemunha do dia em que a mais cosmopolita das cidades paquistanesas parou para receber a personalidade política mais pró-ocidental do país. Qual terá sido a reação de Bin Laden diante da multidão que saudou Benazir nas ruas?*

Não é preciso esperar o próximo vídeo do homem de barba pintada para arriscar uma resposta. Bin Laden e Benazir representam dois caminhos excludentes — ele, o da teocracia islâmica, ela, o da redemocratização à ocidental.

Em 2001, um guia me mostrou uma mansão em estilo colonial inglês num bairro elegante de Karachi. 'É a casa da família Bhutto', disse. Exilada e suspeita de corrupção, Benazir ainda infundia respeito. Ela é filha do ex-presidente Zulfikar Ali Bhutto, derrubado em 1977, preso e enforcado. Seu Partido do Povo do Paquistão (PPP) é o que mais se assemelha no país a um partido político. A volta de Benazir deixa o Paquistão mais perto da democracia. Muitos não irão perdoá-la por isso."[11]

O texto publicado em *Zero Hora* no dia 19 de outubro tinha sido finalizado antes da chegada da notícia do atentado ao cortejo de Benazir em Karachi. Não achei necessário modificá-lo. A ex-primeira-ministra simbolizava um caminho diferente para o Paquistão, baseado em aspirações democráticas. Seu partido representa uma ideia de país com governo e instituições regidas pela lei, separação entre religião e Estado, direitos sociais e inclusão para todos — valores em larga medida compartilhados pelos homens e mulheres que fundaram o Paquistão em 1947. O destino desses postulados na história paquistanesa pode ser contado pela sorte da família Bhutto. No mausoléu da família, em Larkana, sul do Paquistão, repousa Zulfi Bhutto. A seu lado estão os filhos Shah Nawaz, assassinado na França em 1985, quando conspirava contra a ditadura que liquidara o pai, e Murtaza, morto em atentado em 1996. Junto a eles, foi enterrada Benazir.

No Paquistão, mais do que a união livre de dois indivíduos, o casamento representa o congraçamento de duas famílias. Asif Ali Zardari é um homem de modestas credenciais políticas. Rico boêmio na juventude, abraçou a sorte de sua mulher ao se casar com ela, numa boda arranjada, quando ela retornou de seu primeiro exílio, aos 36 anos. Durante o segundo governo de Benazir, ficou conhecido como Sr. Dez por Cento, em razão da suposta propina que pedia para intermediar negócios. Preso por acusação de corrupção, foi torturado nos oito anos passados na cadeia até a libertação, por decisão de Musharraf, em 2003. Compartilhou o segundo exílio de Benazir e, após sua morte, tornou-se o comandante do PPP, um partido suficientemente maduro para aceitar sua liderança sem lhe poupar da desconfiança reservada aos adventícios. O assassinato da mulher transforma Zardari em herdeiro político dos Bhutto. O caminho de volta à democracia torna-o depositário de esperanças que antecessores mais temperados não foram capazes de tornar realidade. Seu governo já inovou ao se inclinar pelo diálogo com a Índia, pelo apoio à estabilização do Afeganistão e pelo enfrentamento do Talibã paquistanês. Muitos não irão perdoá-lo por isso, e não poderia ser diferente com o continuador de Benazir. Mas talvez o Paquistão não tenha outra chance.

Lembro a pergunta que ouvi em 2001 de um jornalista paquistanês em Islamabad:

— Você imagina o Talibã governando Karachi?

Jornalistas aprendem a conviver com o inimaginável, e gostaria de poder devolver hoje a pergunta ao colega. A Mesquita Vermelha de Islamabad, de onde saía a brigada religiosa de rapazes e moças para sequestrar suspeitos de apostasia, fica a menos de três quilômetros do hotel onde me hospedei em Rawalpindi. Tomei café no bar do hotel Pearl Continental, um ponto de encontro de repórteres, maulanas, trabalhadores de agências humanitárias e espiões em Peshawar — e quase não reconheci o lugar transformado em ruína por uma bomba. Enquanto circulava pelo país, pensava como seria fantasioso entre os paquistaneses um governo baseado na Sharia — e a Sharia foi imposta no Vale do Swat, em uma área que chegou ao distrito de Buner, distante cerca de 60 quilômetros de Islamabad. Liderado pelo maulana Qazi Fazlullah, o Talibã paquistanês instala seus próprios tribunais islâmicos na região — responsáveis por uma lista de dezenas de políticos adversários "procurados" — e mantém as forças armadas ocupadas numa guerra civil que se arrasta por quase dois anos.

Num contragolpe previsível para um país que durante anos patrocinou a lei do Kalashnikov na vizinhança, o Paquistão se tornou um dos Estados mais sacudidos por atentados terroristas no mundo. De acordo com o Centro Nacional de Contraterrorismo (NCTC) dos Estados Unidos, o Paquistão respondeu em 2008 por 14,54% dos mortos em ataques terroristas no mundo inteiro. As 2.293 vítimas fatais de atentados em solo paquistanês equivalem a 45% dos mortos no Iraque no mesmo ano. Ainda segundo o NCTC, o Paquistão foi o líder isolado em sequestros terroristas em 2008: 1.264 pessoas foram tomadas como reféns em ações terroristas no país, mais de três vezes o número registrado no Iraque. Os alvos foram desde postos policiais e veículos militares até uma festa de casamento e um funeral.[12] Essas cifras indicam que o Paquistão se tornou na primeira década deste século o que o Afeganistão e a Somália foram no final dos anos 1990: um Estado incubador de terrorismo. A diferença é que os dois últimos chegaram a essa condição sob o rótulo de "Estados párias", submetidos a sanções dos Estados Unidos e das Nações Unidas, enquanto o Paquistão embolsou bilhões de dólares em ajuda americana e passou a ser um parceiro de fato da Otan, que abriu suas escolas para treinamento de oficiais paquistaneses em janeiro de 2009.

Aprendi com meu avô a gostar de mapas. Lembro-me de quando ele tirou pela primeira vez um globo do topo de uma escrivaninha e o girou, indicando com o dedo continentes, países e cidades, sem esquecer a grande mancha azul que compreendia a maior parte da superfície. No meu primeiro dia em Islamabad, comprei dois mapas na livraria Mr. Books, do Supermarket. Um deles, de 1m x 80cm, impresso por Irmãos Haqqi, de Karachi, mostra o Paquistão — as quatro províncias em roxo, amarelo, rosa e verde e, num verde tracejado de azul, o "território em disputa" da Cachemira. Outro, do alemão Nelles Maps, de 80cm x 50cm em frente e verso, retrata o Afeganistão. Foi com esses mapas abertos sobre camas de hotel que escrevi reportagens e transmiti boletins durante a cobertura da guerra de 2001. Islamabad, Peshawar, Karachi, Lahore, Cabul, Kandahar — e também Tashkent, Srinagar, Dushanbe e Zabol — deixaram assim de ser para mim nomes exóticos e passaram a compor um único mapa particular, de sofrimento e angústia, dor e morte.

Cabem no perímetro traçado pelos mapas do Afeganistão e do Paquistão alguns dos lugares mais belos do mundo. Nele está o K2, a segunda mais alta montanha do mundo, com seus 8.611 metros (o mapa dos Irmãos Haqqi lhe dá dois metros a mais) — cuja imagem me acompanhou por toda a viagem em pôsteres, revistas e selos. Também está o Hindu Kush, com seus picos nevados e seus contrafortes cor de terra. Em seus limites já viveram Alexandre, o Grande, Gengis Khan, o imperador Babur, Gandhi, Jinnah, Iqbal e Kipling. Em todos os pontos desse mapa que conheci, perdi a conta das vezes em que ouvi: "Você é bem-vindo". Em contraste com a beleza da terra e a alma altiva dos habitantes, poucos lugares no planeta testemunharam tanto sacrifício de inocentes.

Quando deixei o Paquistão, imaginei que no futuro só usaria meus dois mapas com propósitos turísticos. Eles estão ao lado do teclado em que escrevi este livro — o dos Irmãos Haqqi ostentando uma borda levemente roída de traça. Nesses oito anos, o Afeganistão não encontrou o caminho de volta à normalidade e o Paquistão se tornou uma "panela de pressão", na expressão suave de Benazir Bhutto. Em três ou quatro ocasiões, ao longo desse período, me vi buscando por *e-mail* informações sobre os amigos que permanecem no país — alguns trocaram a insegurança das cidades paquistanesas e afegãs pelo destino de imigrantes na Europa ou nos Estados Unidos. Até o momento em que escrevo, todos estão a salvo. Não se pode dizer o mesmo de milhares de outros, apanhados pelo torvelinho da violência sectária, política e religiosa ou ainda vítimas das epidemias, da carência de serviços públicos e até de desastres como o terremoto de outubro de 2005. Que não se passem mais oito anos — a urgência não permitiria esperar nem mais um dia — até que haja esperança verdadeira para milhões de homens, mulheres e crianças presos no drama da região mais perigosa do mundo.

15

DA CURA DA ÁGUA AO WATERBOARDING

Khaled Sheikh Mohammed forneceu uma descrição detalhada de uma das técnicas utilizadas durante os interrogatórios pelos quais passou nas mãos da CIA a partir do 11º dia de sua prisão, ocorrida em 1º de março de 2003, em Rawalpindi. Fala o cérebro dos atentados de 11 de setembro: "Eu era amarrado a uma cama especial, que podia ser girada para uma posição vertical. Um pano era colocado sobre meu rosto. Água era então despejada sobre o pano por um dos guardas para que eu não pudesse respirar. Isso obviamente poderia ser feito por um ou dois minutos de cada vez. O pano era então removido (...). O processo inteiro era então repetido durante cerca de uma hora".[1] Os técnicos do Comitê Internacional da Cruz Vermelha que recolheram o depoimento de Sheikh Mohammed não encontraram uma palavra para designar a prática relatada pelo prisioneiro. Para entendê-la, era preciso vasculhar a história militar.

A primeira referência a esse método em inglês está associada à guerra das Filipinas (1899-1902). Em maio de 1900, o jornal americano *World-Herald*, de Omaha, publicou a carta de um soldado do 32º Regimento Voluntário de Infantaria, na qual o autor descrevia o recurso usado para extrair informações de um prisioneiro filipino. "Então, esta é a forma como lhes demos a cura da água (*water cure*). Deitamo-los de costas, um homem segurando cada mão e cada pé, colocamos um pedaço de pau na boca e despejamos um pouco de água na boca e no nariz, e se eles não falam despejamos mais. (...) Lhe digo que é uma tortura terrível", escreveu A.F. Miller. Em maio de 1902, dois oficiais americanos — o major Edwin Glenn e o tenente Edwin Hickman — foram levados à corte marcial em Catlalogan, Samar, por "conduta em prejuízo da boa ordem e da disciplina militar". O primeiro foi condenado, e o segundo, absolvido. Dias depois, nas páginas da revista *North American Review*, o escritor Mark Twain atacou "a tortura de filipinos com a terrível cura da água (...) para fazê-los confessar". Contrário ao método, o presidente Theodore Roosevelt afastou no mesmo ano o general que comandava os envolvidos. A um amigo, Roosevelt reconheceu que "não poucos" soldados americanos passaram a usar "o velho método filipino de tortura suave, a cura da água". A expressão ganhou cidadania na língua inglesa. O *Webster's Encyclopedic Unabridged Dictionary of the English Language*, de 1989, define "cura da água" como "1. hidropatia; hidroterapia. 2. uma forma de tortura na qual a vítima é forçada a beber grandes quantidades de água".[2]

A favor da tese de Teddy Roosevelt de que os americanos copiaram a "cura da água" dos filipinos está o fato de que a história da tortura é pobre em inovação. Ao longo dos séculos, os que nela se envolveram pouco fizeram além de criar nomes novos — muitas vezes irônicos — para práticas de origem remota. As ditaduras militares sul-americanas, uma das maiores joint *ventures* de tortura de todos os tempos, copiaram técnicas americanas, alemãs, francesas e outras, acrescentando um toque local. A do Paraguai adotou o chicote "rabo de lagarto", de couro cru trançado e bolas nas pontas — um açoite herdado dos índios guaranis. Os militares argentinos salgavam e molhavam as vítimas com querosene para ampliar a dor dos choques elétricos. A contribuição brasileira é o pau de arara (o supliciado tem os punhos amarrados aos tornozelos e é suspenso no ar por um pedaço de madeira ou ferro, ficando exposto a espancamento, queimaduras e descargas elétricas) e a cadeira do dragão (o prisioneiro é amarrado a uma cadeira, com eletrodos conectados à cabeça pelos quais recebe choques). Ambas são modalidades medievais — no caso da cadeira do dragão, a eletricidade substituiu o ferro em brasa.[3] A tortura da água também tem uma história milenar. A expressão popular "tortura chinesa da água" ou apenas "tortura chinesa" remete a um sofrimento permanente e difícil de suportar. É associada a uma forma de suplício na qual pingos de água caem de forma intermitente sobre a cabeça de um prisioneiro imobilizado. Não há prova de que tenha sido criada na China. A Inquisição espanhola utilizava um recurso semelhante, acrescido do uso de um capuz pelo torturado, que aumentava a dificuldade de respirar. Era chamada *tormenta de toca* (tormenta de touca). Não se sabe se a prática filipina é um legado ibérico.

O afogamento é produzido por asfixia causada pela entrada de água nas vias respiratórias e pode ocorrer sem que a vítima esteja imersa em líquido. Nessas circunstâncias, a tendência é de que o indivíduo cuspa, tussa, resista e se debata, na tentativa de desobstruir o nariz e a garganta. A perversidade da tormenta de touca está no fato de que o capuz retém a água e dificulta a passagem de ar, enquanto a imobilização tolhe os movimentos. A diferença entre a cura da água ou tormenta de touca, de um lado, e o afogamento, de outro, é que nem todos os afogados inalam e engolem água através de um capuz que não podem remover nem são assistidos por alguém que pode tomar a decisão soberana de interromper o infortúnio.

Durante a Segunda Guerra Mundial, foi a vez de os americanos sofrerem a cura da água nas mãos de soldados japoneses. Depois da rendição do Japão, crimes de guerra cometidos contra prisioneiros de guerra americanos foram julgados pelo Tribunal Militar Internacional para o Extremo Oriente — o Tribunal de Nuremberg do Pacífico. Entre os dias 1º e 28 de maio de 1947, numa base militar americana em Yokohama, no Japão, os Estados Unidos julgaram o japonês Yukio Asano por violação da lei e dos costumes de guerra. Civil empregado como intérprete do exército japonês num campo de prisioneiros em Kyushu, Japão, Asano foi condenado a 15 anos de trabalhos forçados por, entre outros tormentos, "despejar água nas narinas", "injetar água nas bocas e narizes" e "injetar água no nariz" de cinco prisioneiros de guerra americanos. Fala o tenente da Força Aérea Chase J. Nielsen, capturado durante o primeiro ataque aéreo americano ao Japão, em 1942: "Sofri muitos tipos de tortura... Sofri o que eles chamam de cura da água". Conta um dos supliciados: "Eles me estendiam numa maca e então me colocavam contra uma mesa com minha cabeça para baixo. Colocavam então cerca de oito litros de água de um galão no meu nariz e boca até que eu perdesse a consciência".[4]

Vinte e um anos depois, no dia 21 de janeiro de 1968, o jornal *The Washington Post* publicou uma foto da United Press International (UPI) obtida quatro dias antes perto de Da Nang, na costa central do Vietnã. Mostra um prisioneiro vietcongue no chão, com as mãos amarradas sobre o abdome, imobilizado por três soldados e com a face envolvida por um pano. Um deles despeja água de um cantil sobre o rosto do homem, enquanto os outros dois o subjugam — um mantendo o pano sobre sua cabeça, outro segurando os braços e colocando o joelho direito sobre o quadril do preso. O soldado que despeja a água e o que segura a cabeça são vietnamitas. O terceiro é americano. Sem lembrar o Caso Asano nem usar a expressão "cura da água", o jornal diz que a técnica produz "uma crescente sensação de sufocamento e afogamento". O soldado americano, da 1ª Divisão de Cavalaria, foi levado à corte marcial em 28 de fevereiro de 1968 e condenado. Casos semelhantes levados a tribunais civis nos Estados Unidos redundaram em condenação dos responsáveis por crime de tortura.[5]

Os Estados Unidos condenaram um oficial japonês e um de seus próprios cidadãos por fazerem com prisioneiros de guerra o que a CIA fez com Sheikh Mohammed. Havia, no entanto, uma diferença entre as vítimas dos dois primeiros e o último. Asano foi julgado por violar "as leis e os costumes da guerra". A Convenção de Haia de 1927 — da qual Estados Unidos e Japão eram participantes — estabelecia que "prisioneiros de guerra (...) devem ser humanamente tratados". No momento em que a fotografia da UPI foi obtida, os Estados Unidos eram signatários e estavam submetidos à 3ª Convenção de Genebra, de 1950, que diz: "Nenhuma tortura física ou mental, nem qualquer outra forma de coerção, deve ser infligida a prisioneiros de guerra para deles obter informação de qualquer tipo". A Convenção prevê que, em caso de dúvida sobre o status de um prisioneiro mantido por um país beligerante, um "tribunal competente" será constituído para definir sua situação. Violações desse dispositivo são puníveis como crimes de guerra.[6] A legislação americana incorporou as proibições contra tortura e maus tratos contidas na Convenção de Genebra.

Quando foi acomodado em sua "cama especial", porém, Sheikh Mohammed não era reconhecido pelos Estados Unidos como prisioneiro de guerra. Depois de um debate sobre como manter e julgar os integrantes do Talibã e da Al Qaeda capturados por forças americanos, o governo George W. Bush decidiu no dia 7 de fevereiro de 2002 que nenhum dispositivo da Convenção de Genebra se aplicava ao conflito no Afeganistão. Assim, os suspeitos de combater sob as bandeiras de Bin Laden e do mulá Omar presos pelos Estados Unidos não poderiam contar com o manto protetor da Convenção ou das leis americanas que a incorporavam. Passaram a ser considerados "combatentes inimigos ilegais".

Essa não foi uma atitude irrefletida, motivada pela comoção pós-11 de setembro, ou um abuso de prerrogativas de uma parcela da administração. Nasceu de um sofisticado debate técnico e jurídico no qual os mais altos funcionários do país pesaram cada linha das leis existentes sobre o assunto desde as vésperas da Primeira Guerra Mundial. Em dezembro de 2001, antes de Bush dar a palavra final sobre o assunto, o Departamento de Defesa pediu aconselhamento à Agência Geral de Recuperação de Pessoal das Forças Armadas, responsável pelo treinamento de militares no conjunto de técnicas de interrogatório conhecidas pela sigla Sere (Sobrevivência, Evasão, Resistência e Escape). O objetivo desse método é preparar soldados para enfrentar interrogatórios nas mãos de captores que não respeitam a Convenção de Genebra. No caso da Marinha, o Sere incluía até recentemente a aplicação de cura da água aos estudantes. O coronel Daniel Baumgartner, chefe da Agência Geral de Recuperação de Pessoal, admitiu que, entre o final de 2001 e o início de 2002, forneceu à Agência de Inteligência da Defesa (DIA) informações sobre "resistência de detentos, técnicas e informações sobre exploração de detentos". Em depoimento ao comitê do Senado que investigou o tratamento de prisioneiros, Baumgartner disse que pensava que o Comando das Forças Armadas dera aprovação para a troca de informações.[7]

Coube ao professor de direito da Universidade da Califórnia John C. Yoo, assessor da Procuradoria, transformar a guerra ao terror num conflito sem lei ao negar ao Talibã e à Al Qaeda direitos previstos em acordos internacionais: "Concluímos que esses tratados (*a legislação humanitária internacional*) não protegem membros da organização Al Qaeda, que é um ator não estatal e não pode ser parte de acordos internacionais que regem a guerra. Posteriormente concluímos que esses tratados não se aplicam à milícia Talibã". O assessor jurídico da Casa Branca, Alberto Gonzales, futuro procurador-geral, mirou no tratamento de prisioneiros: "(...) Esse novo paradigma *(da guerra ao terror)* torna obsoletas as limitações estritas de Genebra no questionamento de prisioneiros inimigos (...)". A estrela de xerife na defesa de Genebra ficou nas mãos do secretário de Estado, Colin Powell. Estranho no ninho da administração Bush, o veterano ex-comandante das forças americanas contra Saddam Hussein na Operação Tempestade no Deserto optou por se entrincheirar no balanço de perdas e ganhos da decisão: *"(A tese de que a Convenção de Genebra não se aplica ao conflito no Afeganistão)* vai reverter um século de política e prática dos Estados Unidos em apoio à Convenção de Genebra e minar a proteção das leis de guerra para nossos soldados". No dia 7 de fevereiro, Bush liquidou a questão por meio de uma declaração de duas páginas, seis tópicos e não mais de 800 palavras, na qual se lê: "Eu aceito a conclusão legal do Departamento de Justiça e determino que nenhuma das disposições de Genebra se aplica ao nosso conflito com a Al Qaeda no Afeganistão ou em nenhum outro lugar porque, entre outras razões, a Al Qaeda não é uma participante de Genebra".

Não bastava, porém, subtrair a condição e os direitos de prisioneiros a detentos da Al Qaeda e do Talibã. Era preciso providenciar cobertura jurídica para os homens que os interrogavam. Em março de 2002, Abu Zubaida, um dos principais chefes da Al Qaeda, foi capturado pelas Forças Especiais americanas no Paquistão depois de uma intensa troca de tiros. Gravemente ferido — não podia comer, beber ou ficar sentado e perdera a continência do intestino —, Zubaida foi levado para uma instalação da CIA na Tailândia. Na metade de maio, a agência buscou aprovação do procurador-geral, John Ashcroft, da conselheira de Segurança Nacional, Condoleezza Rice, de seu adjunto, Stephen Hadley, e do assessor jurídico Alberto Gonzales, para "métodos particulares alternativos de interrogatório, incluindo *waterboarding*" — aparentemente, a primeira vez em que a palavra é usada num documento da administração Bush, antes de ganhar as páginas dos jornais. Condoleezza disse ao Senado que na primavera de 2002 o Conselho de Segurança Nacional recebeu da CIA um pedido de aprovação para um programa de interrogatório de prisioneiros da Al Qaeda. O conselheiro jurídico do Conselho de Segurança Nacional, John Bellinger, admitiu ter participado de reuniões nas quais o Sere foi discutido.[8]

O Departamento de Justiça é o órgão da administração americana encarregado de defender a União nos tribunais e aconselhar o presidente em matéria legal. No topo do departamento, estão o procurador-geral (que o encabeça), o advogado-geral e o Escritório de Aconselhamento Legal, que desempenha o papel de superassessoria jurídica do procurador e de todo o governo. Segundo um documento do Comitê Especial de Inteligência do Senado, no dia 24 de julho, o chefe do Escritório de Aconselhamento Legal comunicou oralmente à CIA que o procurador-geral concluíra pela legalidade do programa e, no dia 26, pela legalidade da cura da água. Partiu do mesmo Bybee, no dia 1º de agosto de 2002, o primeiro memorando desclassificado a tratar de limites legais em interrogatório de suspeitos, em resposta a uma consulta do Conselho de Segurança Nacional. Além da Convenção de Genebra, os Estados Unidos assinaram e ratificaram a Convenção contra a Tortura das Nações Unidas, de 1950, e a incorporaram a seu Código. Na primeira, tortura é definida como "qualquer ato pelo qual severa dor ou sofrimento, sejam físicos ou mentais, são intencionalmente infligidos a uma pessoa com os propósitos de obter dela ou de uma terceira pessoa informação ou uma confissão, puni-la por um ato que ela ou uma terceira pessoa cometeu ou é suspeita de ter cometido ou intimidá-la ou coagi-la ou a uma terceira pessoa, ou por qualquer razão baseada em discriminação de qualquer tipo, quando essa dor ou sofrimento é infligida por ou instigada por ou com o consentimento ou a aquiescência de um funcionário público ou de outra pessoa exercendo a função de funcionário público". A lei americana é mais concisa na abordagem geral e mais abundante nos detalhes: "Tortura significa um ato cometido por uma pessoa atuando em nome da lei especificamente destinada a infligir severa dor ou sofrimento físico ou mental (diferentemente de dor ou sofrimento decorrentes de sanções legais) contra qualquer pessoa sob sua custódia ou controle físico". E sobre "severa dor ou sofrimento mental": "prolongado dano mental causado por ou resultante de a) a inflição ou ameaça de inflição de severa dor ou sofrimento físico; b) a administração ou aplicação de substâncias entorpecentes ou outros procedimentos calculados para interromper profundamente os sentidos ou a personalidade; c) a ameaça de morte iminente; ou d) a ameaça de que outra pessoa será iminentemente submetida à morte, severa dor ou sofrimento físico ou à administração ou aplicação de substâncias entorpecentes ou outros procedimentos calculados para interromper profundamente os sentidos ou a personalidade". Depois de discorrer sobre o significado de expressões como "especificamente destinada" e "severa dor ou sofrimento físico ou mental", Bybee conclui que "tortura (...) inclui apenas atos extremos", "dor severa é do tipo difícil de suportar pela vítima" e, no caso da dor física, "de uma intensidade similar à que acompanha grave ferimento físico como a morte ou a falência de órgãos". "Porque os atos que infligem tortura são extremos, há uma significativa gama de atos que, se constituem tratamento ou punição cruel, desumano ou degradante, não alcançam o nível da tortura", conclui. Sheikh Mohammed não era um prisioneiro de guerra, e sim "um combatente inimigo ilegal". Suplícios infligidos a ele e outros prisioneiros não "alcançam o nível da tortura" — eram "técnicas intensas de interrogatório". O parafuso orwelliano do governo Bush dera mais uma volta.[9]

No mesmo dia, Bybee enviou memorando a John Rizzo, do Conselho Geral da CIA, no qual discorreu sobre a imputabilidade de agentes que aplicassem 10 técnicas de interrogatório a Zubaida. Bybee é minucioso na descrição do que chama de *waterboard* (de *water*, água, e *board*, tábua): "Por último, vocês querem usar uma técnica chamada *waterboard*. Nesse procedimento, o indivíduo é amarrado com firmeza a um plano inclinado, que tem aproximadamente 2,1 metros de altura por 1,2 metros de largura. Os pés do indivíduo são geralmente elevados. Um pano é colocado sobre o rosto e os olhos. Água é então aplicada à roupa de forma controlada (...) Isso causa um incremento no nível de dióxido de carbono no sangue do indivíduo. Esse incremento no nível de dióxido de carbono estimula um crescente esforço para respirar. Esse esforço e o pano produzem a percepção de 'sufocamento e incipiente pânico', i.e., a percepção de afogamento". E prossegue: "Vocês nos informaram que esse procedimento não inflige dano físico real. Assim, embora o sujeito deva experimentar o medo ou pânico associado à sensação de afogamento, o *waterboard* não inflige dor física". O assessor da Procuradoria conclui: "Concluímos que os procedimentos de interrogatório que vocês propuseram não violariam a Seção 2340A *(do Código dos Estados Unidos, que proíbe a tortura fora do país)*".[10]

Com aprovação do Departamento de Justiça e de Condoleezza — segundo os registros da CIA —, Zubaida foi submetido ao que Bybee chama de *waterboard* por 80 vezes. Ao ser preso, seis meses depois, enquanto os Estados Unidos faziam os últimos preparativos e deflagravam a invasão do Iraque, Mohammed passou pela experiência por 183 vezes. Um terceiro detento, Abd al Rahim al Nashiri, passou pelo *waterboard*. Não há registro de que a CIA tenha usado a técnica em outros detentos nem depois de 2003. Em julho, de acordo com registros da CIA, o diretor da agência, George Tenet, descreveu detalhadamente as técnicas utilizadas nos interrogatórios em reunião da qual participaram o vice-presidente Dick Cheney, Condoleezza, Ashcroft e Gonzales, entre outros. Em 16 de setembro, foi a vez de Powell e do secretário de Defesa, Donald Rumsfeld, ouvirem a explanação. Em outubro, numa visita a Guantánamo, o assessor-chefe jurídico do Centro de Contraterrorismo da CIA, deu uma definição sintética do que podia e não podia ser feito à equipe da prisão: "É basicamente uma questão de percepção. Se o detento morrer vocês estão fazendo errado". Em 27 de novembro, William J. Haynes II, assessor do Pentágono, pediu a Rumsfeld para aprovar 15 de 18 "técnicas de contrarresistência" em interrogatórios de prisioneiros de Guantánamo — entre elas, "uso de uma toalha molhada e derramamento de água para induzir à percepção falsa de sufocamento". Rumsfeld atendeu ao pedido em 2 de dezembro, com a única objeção de que o tempo máximo usado para posições estressantes deveria ser de oito a 10 horas. "Por que limitar a quatro horas?", rabiscou o secretário de Defesa no memorando de Haynes.[11]

O Comitê Internacional da Cruz Vermelha, guardião legal da Convenção de Genebra, bateu à porta do governo Bush pela primeira vez pouco depois do 11 de setembro para apelar pelo tratamento humano aos prisioneiros feitos no "conflito internacional armado" que se avizinhava. Em dezembro de 2001, em visita a um centro de detenção em Kandahar, representantes da organização foram informados de que os presos estavam sendo tratados de acordo com as leis humanitárias internacionais. Dois meses depois, em janeiro de 2002, na primeira visita ao campo X-Ray, na base de Guantánamo, uma comitiva da Cruz Vermelha encontrou prisioneiros sedados e acorrentados. Avessa a tornar públicas críticas ao tratamento de prisioneiros, a entidade lançou o primeiro sinal de preocupação com as condições de Guantánamo em outubro de 2003.[12] Ao mesmo tempo, funcionários da CIA e do FBI envolvidos nos interrogatórios em Guantánamo, descontentes com o que lhes pareciam ser procedimentos desumanos e contraproducentes, empurraram suas críticas hierarquia acima. Um deles foi o advogado-geral da Marinha, Alberto Mora, que procurou Haynes em 15 de janeiro de 2003 e ameaçou fazer circular um memorando com restrições às técnicas empregadas em Guantánamo. Rumsfeld revogou a permissão para uso dos métodos de interrogatório no mesmo dia.

Suspeitas de abusos de prisioneiros não eram exclusivas de Guantánamo. As primeiras surgiram no centro de detenção de Kandahar, instalado no aeroporto da cidade, perto do antigo quartel-general de Bin Laden. Até março de 2003, três adolescentes entre 13 e 16 anos passaram por essa prisão antes de ser enviados a Guantánamo. Desde 2002 pelo menos oito prisioneiros afegãos morreram sob custódia dos Estados Unidos no Afeganistão — a história de um deles, Dilawar, motorista de táxi de Cabul morto na prisão da base aérea de Bagram, inspirou o documentário *Um Táxi para o Lado Escuro*.[13]

O que o general da reserva dos Estados Unidos Antonio Taguba definiu como "sistemático regime de tortura" começou a ruir em abril de 2004, quando o programa *60 Minutes II*, da rede CBS, mostrou pela primeira vez fotografias de presos em posições humilhantes no presídio de Abu Ghraib, na Bagdá ocupada. A primeira reportagem de fôlego sobre o assunto, do veterano repórter Seymour Hersh, surgiu um mês depois, na revista *New Yorker*. O primeiro memorando de Bybee foi revelado ao público em junho pelos repórteres Dana Priest e R. Jeffrey Smith, de *The Washington Post*. Mas foi numa reportagem sobre o interrogatório de Sheikh Mohammed publicada no *site* de *The New York Times* em 12 de maio de 2004 — quando a prisão dele completava 431 dias — que a expressão "*water boarding*" foi usada pela primeira vez. Dias depois, o professor de direito Alan Dershowitz uniu os dois termos, num eco do termo inglês para surfe — *surfboarding* —, e criou uma nova palavra em um artigo crítico ao uso do método pelos Estados Unidos publicado no jornal *The Boston Globe*.

"*Waterboarding* é um neologismo. A antiga expressão americana é cura da água", diz o professor Darius Rejali, professor de ciência política do Reed College, de Portland, Oregon, e autor de um livro seminal sobre o assunto.[14]

Em junho, o chefe do Escritório de Assessoramento Legal, Jack Goldsmith, retira um dos memorandos de Bybee — o que afirmava que "tortura (...) inclui apenas atos extremos" — depois de uma disputa de alta voltagem com assessores da Casa Branca — especialmente David Addington, assessor jurídico do vice-presidente Dick Cheney — e renuncia ao posto. Advogado e professor de Direito do Tennessee que se inclinara instintivamente para o conservadorismo desde a faculdade, Goldsmith conclui que muitas das políticas antiterror do governo Bush estão baseadas em "fundações legais severamente danificadas".[15]

Dias depois, a Suprema Corte decide por seis votos a três que americanos e estrangeiros detidos por forças americanas sob suspeita de terrorismo em Guantánamo têm o direito a impetrar *habeas corpus* em cortes dos Estados Unidos. A sentença é a culminância do processo de Yaser Esam Hamdi, nascido na Louisianna e detido em Guantánamo. Em seus votos, oito dos nove ministros expõem desacordos de maior ou menor grau com a Casa Branca — o conservador Clarence Thomas é o único a se alinhar totalmente com Bush. Dois dos nove ministros vão mais longe e consideram imprópria a prisão de Hamdi em Guantánamo. A decisão fere de morte o conceito de "combatente inimigo ilegal" e reincorpora Guantánamo ao domínio da lei americana.

A era da interpretação inaugurada pelo decreto de Bush ainda sobreviveria. No dia 10 de maio de 2005, um ano depois de as primeiras reportagens sobre os chamados Memorandos da Tortura aparecerem na imprensa americana, o então procurador do Escritório de Aconselhamento Legal, Steven Bradbury, remeteu à CIA um novo texto sobre o assunto. Nesse memorando, o motivo de preocupação não é mais a Convenção de Genebra, e sim a Convenção contra a Tortura de 1951. "Concluímos que o uso dessas técnicas, sujeitas aos cuidadosos critérios de acompanhamento e limitações da CIA e suas salvaguardas médicas, são consistentes com as obrigações dos Estados Unidos sob o Artigo 16", afirma Bradbury. O assessor da Procuradoria deu parecer favorável ao uso combinado de duas ou mais dessas técnicas de interrogatório:

"Não acreditamos que, sob limitações cuidadosas e monitoramento *in loco*, o uso combinado (...) violaria o estatuto".

A história das ditaduras latino-americanas indica que, independentemente da extensão com que tenha sido empregada pelo Estado, a prática da tortura fere profundamente não apenas os que a sofrem, mas também os que a perpetram. Nenhum país serviu mais do que os Estados Unidos de inspiração para os que buscam justiça, democracia e respeito à lei. A Declaração de Independência americana cita, entre as causas da secessão com a Grã-Bretanha, o fato de o rei Jorge III ter "nos privado em muitos casos dos benefícios do julgamento por um tribunal". A Constituição americana diz que "o julgamento de todos os crimes, exceto em caso de *impeachment*, será pelo júri". A Sexta Emenda estabelece que "em todos os processos criminais, o acusado deve gozar do direito a um julgamento público e rápido". Em agosto de 1945, os Estados Unidos estabeleceram um Tribunal Militar Internacional em Nuremberg, Alemanha, para julgar acusados de "crimes contra a paz, crimes de guerra e crimes contra a humanidade" durante a Segunda Guerra Mundial. Entre os réus estavam Hermann Goering, Hans Frank, Rudolph Hess, Alfred Jodl, Martin Bormann (à revelia) e outros. Goering se disse "100% responsável" por ações como o extermínio de 6 milhões de judeus. Outros, como Frank, se mostraram arrependidos. Goering, Frank, Jodl, Bormann e outros foram condenados à morte na forca, e Hess e outros, à prisão perpétua. Alguns foram absolvidos. Esse foi o tratamento reservado pelo governo e pelas leis americanas aos acusados do que o presidente Franklin D. Roosevelt chamou de "um dos mais negros crimes da história".

Essas credenciais habilitaram o presidente George W. Bush a citar, no discurso de posse em seu segundo mandato, uma testemunha da primeira leitura da Declaração de Independência a respeito do badalar do Sino da Liberdade: "Ele soou como se quisesse dizer alguma coisa". "Em nossa época ele quer dizer alguma coisa, de fato. A América, neste jovem século, proclama a liberdade por todo o mundo e para todos os seus habitantes", completou. No mundo muçulmano, o Sino da Liberdade é visto por muitos como o antídoto para a opressão perpetrada por ditaduras militares, monarquias corruptas e teocracias medievais. Onze meses depois do discurso de Bush, a repórter Dana Priest, de *The Washington Post*, revelou pela primeira vez a existência de prisões secretas mantidas pela CIA em oito países, os chamados *black sites*.[16] Na mesma reportagem, ela informa que cerca de 70 prisioneiros de baixo escalão detidos nos *black sites* foram entregues aos serviços secretos do Egito, do Marrocos e da Jordânia — que o próprio Departamento de Estado acusou muitas vezes de torturar prisioneiros.

Centenas de militares, advogados, servidores públicos, jornalistas, ativistas de direitos humanos, militantes de organizações de direitos humanos, artistas e intelectuais se manifestaram contra a política de tratamento de prisioneiros da administração Bush. Entre os que se opuseram aos abusos, estiveram eminentes concidadãos de Bush — homens e mulheres suficientemente embebidos nos valores de seu país para saber discernir quando a própria Casa Branca se afasta deles. Em dezembro de 2005, sem conhecer os memorandos da Procuradoria-Geral que atestavam a legalidade do *waterboarding* e de outras "técnicas intensas de interrogatório", o Congresso aprovou o Ato de Tratamento de Prisioneiros, que proibiu "tratamento cruel, desumano e degradante" a detentos por servidores americanos em qualquer lugar do mundo.

O senador Edward Kennedy, democrata de Massachussets, irmão de dois veteranos da guerra contra o Eixo, lembrou em 2006 a propósito do *waterboarding*: "Nós punimos pessoas com 15 anos de trabalhos forçados quando o *waterboarding* foi usado contra americanos na Segunda Guerra Mundial".[17] O senador John McCain, republicano do Arizona e ex-prisioneiro de guerra do Vietcongue em 1968, disse em resposta ao ex-prefeito de Nova York Rudolph Giuliani e outros que afirmavam não ter certeza sobre se *waterboarding* era tortura: "Eles deveriam saber o que é isso. Não é um procedimento complicado. É tortura".

Em junho de 2007, a Suprema Corte determinou que os Estados Unidos se ativessem à letra da Convenção de Genebra no tratamento dos detidos em Guantánamo.

POSFÁCIO

No dia 20 de janeiro de 2009, o sucessor do presidente George W. Bush fez o juramento de posse em Washington. Ao pronunciar o próprio nome com a mão direita pousada sobre a Bíblia, Barack Obama fez questão de incluir o nome do meio, Hussein. Assim se chamava o neto do Profeta, morto em Kerbala no século 7 e lembrado no feriado religioso de Ashura por muçulmanos no mundo inteiro. Filho de um queniano de origem muçulmana e de uma americana, o ex-senador democrata por Illinois herdou do pai o nome de família de um descendente de Maomé. Como fizera na campanha eleitoral, Obama não lembrou no discurso de posse sua condição de afrodescendente nem as raízes muçulmanas de sua família — seria uma redundância naquela tarde fria. Mas disse: "Nós começaremos a deixar responsavelmente o Iraque para seu povo e a forjar uma paz duramente conquistada no Afeganistão".

Num sinal de que não pretende parecer surpreendido por ataques terroristas como seus antecessores, Obama disse em março que a Al Qaeda está planejando, desde seu "refúgio seguro" no Paquistão, atingir os Estados Unidos. As áreas tribais do Paquistão, afirmou Obama, são abrigo de terroristas. Nos tribunais, familiares de vítimas do World Trade Center lutam pela desclassificação de documentos que possam elucidar o papel saudita na trama dos atentados de 2001.

No dia 4 de junho, em pronunciamento na Universidade de Al Azhar, no Cairo, onde estudaram Sayyd Qutb, Abdullah Azzam e Ayman al Zawahiri, Obama não só lembrou a fé de seus ancestrais como o fato de o Marrocos ter sido o primeiro país a reconhecer a independência dos Estados Unidos e de Thomas Jefferson ter um exemplar do Corão em sua biblioteca. Mais importantes do que os discursos de Obama foram suas decisões de banir o uso das "técnicas intensivas de interrogatório" e de fechar as prisões secretas da CIA, além da promessa de desativar o cativeiro de Guantánamo.

A decisão de aumentar o contingente americano no Afeganistão para 68 mil homens e a pressão para que o exército paquistanês deflagre guerra total contra o Talibã em seu próprio território indica que os Estados Unidos caminham para um engajamento em grande escala na região — algo que o Pentágono sempre evitou.[1] Obama define o Afeganistão como "a boa guerra" ou "a guerra da necessidade", em oposição ao Iraque, que teria sido a guerra errada ou "da escolha". A secretária de Estado, Hillary Clinton, chamou o Afeganistão de "narco-Estado" em seu discurso de posse e não disfarça a impaciência com o governo de Hamid Karzai. A equipe do Departamento de Estado, que Obama praticamente herdou do governo Clinton — seu enviado à região, Richard Holbrooke, foi o enviado americano nas negociações de paz na ex-Iugoslávia —, não pode virar as costas para o país pela segunda vez na história.

O apoio à guerra nas ruas segue tendência inversa. Uma pesquisa encomendada pela rede de TV CNN e divulgada nove dias antes do oitavo aniversário do 11 de setembro indicou que 57% dos americanos são contrários à presença militar do país no Afeganistão. Na imprensa, multiplicam-se artigos questionando o envolvimento americano na região e traçando paralelos entre o Afeganistão e o Vietnã.

Um dos aspectos decisivos para o futuro da estratégia americana no Afeganistão é o resultado da eleição presidencial do dia 20 de agosto. Considerado favorito, Karzai defrontou-se com cerca de 40 candidatos. Seu principal oponente, o médico Abdullah Abdullah, ex-ministro das Relações Exteriores e discípulo de Massud, representa grupos tajiques e patanes dissidentes. A principal ameaça a Karzai, porém, era a intimidação dos eleitores pelos talibãs. Mais de 200 foguetes foram disparados pelos insurgentes no dia da votação. O comparecimento às urnas foi baixo — algumas estimativas indicavam que apenas 5% a 10% dos eleitores habilitados chegaram às urnas.

Nos dias seguintes à eleição, multiplicaram-se as suspeitas de fraude contra Karzai. Duas semanas depois, a corte eleitoral de apelações havia recebido 2.615 denúncias de fraude ou de constrangimento de eleitores — a maioria contra simpatizantes do presidente. Num distrito próximo de Kandahar, Shobarak, aliados do presidente e do irmão dele, Ahmed Wali, abertamente apontado como traficante de drogas, teriam roubado urnas e forjado 23,9 mil votos em favor do presidente, segundo líderes locais.[2] A disseminação das suspeitas de fraude e a comprovação de pelo menos alguns casos pode transformar a vitória eleitoral de Karzai numa derrota política e num embaraço para os Estados Unidos. O exemplo recente da eleição iraniana, eivada de denúncias de violação de urnas e seguida de protestos de rua da oposição, pode ser premonitório. A oeste, o Afeganistão faz fronteira com o Irã e, como mostrado no Capítulo 3 deste livro, a história dos dois países muitas vezes exibiu uma rara tendência ao contágio. Um dos bastiões da candidatura de Abdullah era Herat, a cidade de maioria xiita e língua dari (um dialeto do persa) no oeste afegão.

Na eleição anterior, em 2004, Karzai havia vencido com 55% dos votos, e o comparecimento havia sido mais expressivo. A insurreição ainda não havia experimentado a escalada dos anos seguintes. O governo central permanecia relativamente unido.

As dificuldades americanas no Afeganistão são de várias ordens. A primeira é que, depois de oito anos, os Estados Unidos ainda não sabem por que estão no país. Após a vitória eletrizante de 2001, o Afeganistão foi deixado de lado em favor da campanha do Iraque e só voltou a atrair atenção de Washington em 2008, quando o conflito mesopotâmico chegou a um beco sem saída, a ponto de o presidente George W. Bush ter de se desviar de sapatos voadores em plena Bagdá. Mesmo o governo Obama não se decidiu entre uma estratégia de contrainsurgência e a política de reconstrução nacional pregada por alguns de seus colaboradores, com ressonância considerável no Congresso e entre os aliados europeus.

A segunda é que, seja qual for a estratégia, o presidente Hamid Karzai tornou-se um fardo pesado para Obama. Quando foi escolhido presidente interino, em novembro de 2001, Karzai era um chefe patane dissidente capaz de atuar como contrapeso aos corruptos e pouco confiáveis líderes da Aliança do Norte. As circunstâncias da guerra e a pressão internacional tornaram-no aceitável aos vários ramos da oposição ao Talibã. Hoje, sua imagem mudou — o governo de Cabul está associado a brutalidade e corrupção. Começam a ser ouvidas com mais frequência em Washington vozes que pregam um entendimento com o Talibã, uma perspectiva pouco alentadora para os afgãos.

A terceira é que as relações americanas com os vizinhos do Afeganistão — especialmente Irã e Paquistão — atravessam uma fase delicada, na qual dificilmente será possível obter um compromisso. Tudo isso faz que o conflito no Afeganistão se torne cada vez mais sangrento e que, paradoxalmente, Washington não tenha outra alternativa a não ser se envolver ainda mais nele.

Seria muito positivo se a situação atual levasse a uma reavaliação crítica e profunda do papel desempenhado pelos próprios Estados Unidos na Ásia Central nos últimos 15 anos — o período compreendido pelos dois mandatos de Clinton e de Bush. Essa seria uma forma honrosa de render homenagem aos 1.045 homens da coalizão — 630 deles americanos — que perderam a vida no Afeganistão nos primeiros sete anos da Operação Liberdade Duradoura.

APÊNDICE I[1]

O cinegrafista que gravou as primeiras imagens do bombardeio de Bagdá transmitidas pela TV é um admirador do Brasil, para onde veio há alguns anos a fim de conhecer o Carnaval. Quando se trata de empunhar a câmera, o português Nuno Patrício prefere paragens menos atraentes. Como enviado da Radiotelevisão Portuguesa (RTP), a mesma que o mantinha no Iraque até o fechamento desta edição, cobriu o conflito nos Bálcãs e foi um dos últimos correspondentes a deixar o Timor Leste no auge da guerra civil.

É curioso, agitado e irreverente por temperamento, como pude constatar ao encontrá-lo no Paquistão, em 2001. É capaz de assumir o comando de uma caminhonete numa caótica estrada paquistanesa apenas para experimentar a sensação de guiar à inglesa, com o volante à direita. Ou de discutir longamente com um soldado o preço de seu rifle chinês no mercado negro, como se quisesse comprá-lo.

Patrício compõe com o repórter Carlos Fino a equipe da RTP no Iraque. Desconcertado ao receber uma ligação do Brasil em seu telefone por satélite na manhã de sexta-feira (tarde de sexta-feira no Iraque), ele ainda julgou necessário esclarecer:

— Olha, agora estou por aqui, por Bagdá, em outro conflito.

A seguir, um resumo da entrevista concedida pelo cinegrafista português a *Zero Hora*:

— Quando vocês chegaram a Bagdá?

— Chegamos no dia 26 de janeiro. Tivemos acidentes de percurso em termos de visto e de credenciamento. Os guias e tradutores também não têm total liberdade para levantar as informações de que nós, correspondentes, necessitamos. Hoje, nosso guia disse que não tem mais autorização para continuar conosco. Depois, isso foi resolvido graças a uma ligeira abertura por parte do Ministério da Informação no Iraque. Esse, porém, é um dado momentâneo. A situação se altera de minuto a minuto.

— Em que hotel vocês se encontram?

— Estamos no Hotel Palestine, considerado o quartel-general dos jornalistas. O hotel se encontra na margem sul do Rio Tigre, longe dos alvos potenciais das forças americanas e britânicas. Houve uma tentativa do governo do Iraque de deslocar os correspondentes para os hotéis Al Rashid e Mansur para que servissem de escudo humano a edifícios públicos que rodeiam esses estabelecimentos, como o Ministério da Informação e a estação de TV. Tomamos a atitude mais sensata e nos deslocamos para o Hotel Palestine, que achamos mais seguro.

— Quantos correspondentes estrangeiros estão em Bagdá neste momento?

— Não sei precisar o número exato. Nos dias anteriores ao ataque, muitos correspondentes foram embora em razão da pressão imposta pelo Ministério da Informação e da falta de segurança.

— Vocês têm liberdade de locomoção?

— Temos uma liberdade relativa. Desde que começou o ataque, as coisas ficaram muito mais complicadas. Temos um carro próprio com o qual nos deslocamos para o Ministério da Informação, onde obtemos alguns dados para cobrir o que se passa em Bagdá. Desde ontem, o ministério põe à disposição da imprensa dois ou três ônibus para fazer os percursos que os jornalistas são autorizados a cobrir. Até agora, só tivemos acesso a hospitais e pudemos fazer uma viagem, digamos, turística por Bagdá. O ministério não deu autorização para que vejamos os edifícios bombardeados. Não temos permissão para circular pela cidade, e se o fazemos, é por nossa conta e risco.

— Qual é o estado de ânimo dos representantes do governo com os quais vocês têm contato?

– Os membros do governo mais próximos de Saddam Hussein continuam a mostrar uma grande força. Por outro lado, esses mesmos elementos mostram sua fragilidade ao não permitir o acesso da imprensa aos edifícios bombardeados na cidade.

— E como reage o povo iraquiano?

— Por parte dos cidadãos comuns, existe uma calma surpreendente diante dos bombardeios. É evidente que as pessoas compraram gêneros e planejaram formas de sobreviver em meio a esta guerra. Os alvos têm sido cirúrgicos, e a cidade começa a retomar — com alguma dificuldade, é certo — uma normalidade. As lojas começam a reabrir. Enfim, a vida continua.

— Como é o cotidiano dos correspondentes em Bagdá?

— O dia de trabalho tem 24 horas. Nunca se sabe quando haverá um ataque por parte das forças americanas e inglesas. De manhã, vamos ao Ministério da Informação para saber o que está ocorrendo. Em seguida, o ministério acomoda os jornalistas em dois ou três ônibus e permite que se colham as informações e as imagens que o governo julga benéficas. Depois, ocorre uma pequena entrevista coletiva. Há restrição de informação. Imagens e notícias estão censuradas. Homens do governo controlam as transmissões de TV. Alguns telefones por satélite dos correspondentes já foram apreendidos no hotel em que estou. Oficiais da segurança iraquiana invadiram quartos e confiscaram equipamentos. O dia a dia dos jornalistas continua a correr com normalidade. Se houver pânico entre nós, as coisas podem se complicar.

— Quais são as informações sobre o paradeiro de Saddam?

— A informação que chega ao Brasil é a mesma que corre aqui. Os jornalistas não têm certeza da veracidade do pronunciamento de Saddam na TV na quinta-feira. Não se sabe se aquela gravação — porque foi uma gravação — foi feita no dia do primeiro ataque. É certo que ele se referiu ao dia 20, mas poderia haver várias gravações com referências a dias para serem reproduzidas a cada momento.

— O que se vê do hotel durante os bombardeios?

— Fico na janela do hotel com uma câmera na mão. A minha preocupação imediata é sempre olhar em todos os sentidos possíveis para obter a melhor imagem e não perder nenhum momento

APÊNDICE I   259

importante. Durante os bombardeios, há traços de luz e pequenas bolas de fogo nos céus de Bagdá em busca de alvos que não se vê. Os mísseis Tomahawk são extremamente silenciosos, e não se consegue visualizá-los. Ontem *(na noite de quinta-feira em Bagdá)*, vimos um clarão no céu que pode ter sido um míssil destruído.

— Algum prédio das redondezas foi atingido?

— A uma distância de cerca de 800 metros de onde me encontro neste momento — estou perto da janela —, ocorreu ontem a primeira explosão vista por mim e captada pelas câmeras da RTP. Foi uma explosão monumental. Eram cerca de 2h ou 3h *(7h ou 8h no horário de Brasília)*. Não vimos as baterias antiaéreas disparar para o ar e não vimos nenhum sinal de míssil ou aeronave. Agora *(17h10 de sexta-feira em Bagdá, 11h10 no horário de Brasília)*, ainda se vê fumaça saindo do edifício. Houve duas explosões relativamente perto do hotel, do outro lado do rio — um dos palácios de Saddam Hussein foi um dos alvos e outro pode ter sido o Ministério da Informação. Como todos os seres humanos, sentimos apreensão e esperamos que os mísseis não errem os alvos vindo em nossa direção.

— A RTP foi a primeira rede de TV a transmitir imagens do início dos ataques. Como vocês se sentem diante dessa realização?

— Essa foi a informação que nos chegou por parte de alguns colegas de Lisboa. Ficamos surpreendidos com a notícia. Nossa função é dar mais e melhor informação para Portugal e para o mundo. Estamos contentes, mas achamos que nossa missão aqui ainda não terminou. Ainda poderá correr muita água por este Rio Tigre, e não sabemos o que vai acontecer.

— Até quando vocês permanecerão em Bagdá?

— Ficaremos aqui enquanto nos deixarem ficar. Surgiram várias oportunidades de nos expulsar do Iraque, mas até agora isso não aconteceu. Renovamos os vistos por três vezes, o prazo expirou há cerca de três dias, e os homens do governo nos disseram que não é permitida uma quarta renovação. Mas essa situação não é exclusiva da equipe da RTP. Muitos outros jornalistas se encontram nessa mesma situação. Vamos ficar por aqui até nos expulsarem mesmo.

APÊNDICE II[1]

"As políticas que agora somos chamados a executar (em relação ao Iraque) são incompatíveis não apenas com os valores americanos mas com os interesses americanos." Assim o diplomata John Brady Kiesling justificou em carta ao secretário de Estado americano, Colin Powell, seu pedido de exoneração do Departamento de Estado a partir de 7 de março. A carta foi publicada por *The New York Review of Books* e pode ser lida em inglês no endereço http://www.nybooks.com/articles/16195.

Aos 45 anos, Kiesling serviu em Israel, na Armênia e no Marrocos durante 19 anos de carreira diplomática. De Atenas, onde ocupou seu último posto como conselheiro político da embaixada dos Estados Unidos, ele concedeu a seguinte entrevista por *e-mail* a *Zero Hora*:

— Quando exatamente o senhor se convenceu de que a política externa dos Estados Unidos havia se tornado incompatível com os interesses americanos?

— Minha preocupação se transformou em temor com o tratamento dado pelo governo George W. Bush ao Tribunal Penal Internacional e em setembro do ano passado, com o reconhecimento de que iríamos à guerra com o Iraque sem nenhum cálculo do custo que isso teria para nossas relações estratégicas ou para a opinião mundial. De meu posto na Grécia, um país com profundas simpatias pelo Oriente Médio, vi que já tínhamos perdido a confiança dos povos que nossa atuação, em princípio, beneficiaria. Sem essa confiança, iríamos despertar mais inimizade, não gratidão ou cooperação.

— O senhor escreveu em sua carta de exoneração: "Deveríamos nos perguntar por que falhamos em persuadir a maior parte do mundo de que uma guerra contra o Iraque era necessária". Qual é a sua resposta a essa pergunta?

— Falhamos em convencer que a guerra era necessária basicamente porque ela não era necessária. Nenhuma quantidade de diplomacia habilidosa poderia compensar a escassez de informação de inteligência que estávamos preparados para compartilhar. Essa informação, ainda que genuína e autorizada pelo histórico de uso de armas químicas e biológicas por Saddam Hussein, era muito indireta e incapaz de convencer alguém que já não estivesse convencido por razões ideológicas. Na ausência de ameaça documentada — não puramente hipotética —, nossos aliados concluíram que o custo moral e político da guerra, particularmente a previsível enxurrada de fotos de crianças mutiladas divulgada pela mídia, superava qualquer benefício. É claro que a França e a Rússia também se opuseram à guerra em razão de suas próprias aspirações de superpotência, especificamente sua determinação de reafirmar o Conselho de Segurança das Nações Unidas como uma efetiva inspetoria das ações americanas.

— Uma mudança de regime no Iraque seria possível sem guerra?

— Saddam é um tirano tenaz, e seu afastamento provavelmente não poderia ser obtido sem guerra. Porém, os EUA cometeram um sério erro tático ao não provar ao mundo que tínhamos feito tudo, por meio da intermediação dos Estados árabes ou de outro tipo de pressão internacional, para obter a partida voluntária de Saddam.

— Há um argumento disseminado contra sua posição: o de que há jovens americanos enfrentando a morte no Iraque e que, por isso, o dever dos americanos neste momento é sustentar o esforço de guerra e não criticar o governo. Qual é a sua opinião?

— O principal objetivo de posicionamentos como o meu é alertar os governantes para os custos de nossa política atual, com a intenção de obter uma correção dessa política. Seria errado criticar o comportamento de nossos soldados — tendo a acreditar que eles estão lutando tão limpa e humanamente quanto possível em tempo de guerra —, mas seu comandante em chefe civil *(o presidente George W. Bush)* não deveria tê-los mandado para o Iraque e deveria responder política e moralmente a críticos como eu. Meu protesto ajudou a lembrar o mundo que os EUA não são monolíticos e que muitos americanos estão falando contra uma política equivocada. Meu posicionamento não tem consequência se comparado com a torrente de horríveis (e em alguns casos desorientadoras) imagens do conflito na mídia.

— Qual foi o papel do presidente Bush no desenvolvimento da crise?

— Não sou um *insider* de Washington com conhecimento da mente do presidente Bush. Está claro que desde o início de 2002 ele adotou o afastamento de Saddam Hussein como uma cruzada pessoal, baseada na sua convicção de que Saddam é mau (na medida em que se possa acreditar que o presidente de um Estado laico faça uso adequado de termos como "bem" e "mal"), irracional e imprevisível (provavelmente uma opinião falsa).

— Sua carta exalta o papel do secretário Powell. Mas o senhor também diz a ele: "Sua lealdade ao presidente foi longe demais". O que o senhor pensa da posição de Powell no governo?

— O secretário Powell ainda tem uma posição chave no governo, graças a sua lealdade. Inquestionavelmente, se e quando nossa política se adaptar aos nossos interesses de longo prazo, seu caráter e habilidades diplomáticas serão muito úteis. Na atual política, seus talentos não são totalmente apreciados.

— O senhor alegou razões de consciência para pedir demissão. Isso é comum nos Estados Unidos? Como reagiram seus familiares? O que pretende fazer a partir de agora?

— O serviço diplomático dos Estados Unidos respeita a tradição de demissão por razões políticas. Demissões não ocorrem com frequência, mas, quando ocorrem, há forte apoio de colegas, se não pela política alternativa defendida, pelo menos em respeito à convicção pessoal de quem pede exoneração. Minha família compartilha minha opinião de que é preciso protestar contra nossa política e me deu muito apoio. Penso em usar minha nova liberdade para falar, para escrever e para retornar à universidade para cursar um doutorado a fim de ter credenciais para ensinar história. A melhor coisa que posso fazer é ajudar meus compatriotas a aprender mais com sua história.

NOTAS

INTRODUÇÃO

[1] Os brasileiros eram Sandra Fajardo Smith, Anne Marie Sallerin Ferreira e Ivan Kiryllos Fairbanks Barbosa.

[2] Traduzido e citado por Ivan Lessa. LESSA, Ivan. "Um mês depois". BBC Brasil, 12 out. 2001. http://www.bbc.co.uk/portuguese/noticias/2001/011012_ivan.shtml

[3] MILIBAND, David. "'War on terror' was wrong", *The Guardian*, 15 jan. 2009.

1. RUMO AO BINLADENISTÃO

[1] *Folha on Line*. "Cunhada brasileira de Bin Laden diz que situação está 'fogo' nos EUA", 23 set. 2001. http://www1.folha.uol.com.br/mundo/ult94u29819.shl

[2] Para a "contagem de barbas", BENNETT JONES, Owen. *Pakistan — eye of the storm*. New Haven: Yale University Press, 2002, p. 257.

2. OGIVAS E MADRASSAS

[1] Para a entrevista do pai de Musharraf, BENNETT JONES, Owen. *Pakistan*,op. cit., p. 19. Para a admiração por Atatürk, RASHID, Ahmed. *Descent into chaos: the United States and the failure of nation building in Pakistan, Afghanistan and Central Asia*. 2 ed. Londres: Penguin, 2009, pp. 44-45.

[2] Para uma reconstituição minuto a minuto do que se passou no dia 12 de outubro de 1999, BENNETT JONES, Owen. *Pakistan*, op. cit., pp. 34-55. Para uma visão do ambiente político no Paquistão antes e depois do golpe, COLL, Steve. *Ghost wars*. 2 ed. Londres: Penguin, 2005, pp. 478-485.

[3] BEARAK, Barry. "Pakistan, a shaky ally", *The New York Times*, 2 out. 2001.

[4] Para o encontro de Ahmad e Omar, RASHID, Ahmed. *Descent into chaos*, op. cit., p. 423.

[5] WOODWARD, Bob. *Bush at war*. 1. ed. Nova York: Simon & Schuster, 2002, p. 47.

[6] ARANTES JÚNIOR, Abelardo. "Entrevista", *Zero Hora*, 11 out. 2001.

3. O PRÍNCIPE NA CAVERNA

[1] Para os codinomes de Bin Laden, ver http://www.fbi.gov/mostwant/topten/fugitives/laden.htm e WEAVER, Mary Anne. "The real Bin Laden", *The New Yorker*, 24 jan. 2000.

[2] WRIGHT, Lawrence. "The man behind Bin Laden", *The New Yorker*, 16 set. 2002. Ver também WRIGHT, Lawrence. *The looming tower*. 1. ed. Londres: Allen Lane, 2006, p. 119.

[3] BURKEMAN, Oliver. "New video shows Bin Laden alive", *The Guardian*, 27 dez. 2001.

[4] Não se sabe ao certo se Bin Laden nasceu em 1957 ou 1958. Há dois registros, citados por Lawrence Wright, em que Bin Laden apresenta sua data de nascimento como "no mês de Ragab no ano 1377 da Hégira" pelo calendário islâmico, o que corresponderia a janeiro de 1958 pelo calendário ocidental. Em uma delas, ao repórter Jamal Ismail, da TV Al Jazeera, no programa *Osama bin Laden: The Destruction of the Base*, que foi ao ar no dia 10 de junho de 1999, Bin Laden diz que nasceu em 10 de março de 1958 pelo calendário ocidental, mas o registro não faz parte da transcrição. Peter L. Bergen e a Comissão do 11 de Setembro, entre outros, citam o ano de seu nascimento como 1957. WRIGHT. *The looming tower*, op. cit., pp. 72 e 393-394; BERGEN, Peter L. *Holy War, Inc.* 1. ed. Nova York: Free Press, 2001, p. 44; COLL, Steve. *Os Bin Laden – uma família árabe no século americano*. São Paulo: Globo, 2008, pp. 90 e 591; NATIONAL COMMISSION ON TERRORIST ATTACKS. *Final report of the National Commission on Terrorist Attacks upon the United States*. 1. ed. Nova York: W.W. Norton & Company, 2003, p. 55.

[5] O melhor panorama das origens dos Bin Laden foi traçado por Steve Coll. COLL, Steve. *Os Bin Laden*, op. cit., pp. 35-136.

[6] ROBINSON, Francis (ed.). *Cambridge ilustrated history of the islamic world*. 1. ed. Cambridge: Cambridge University Press, 2002, p. 85.

[7] MAYER, Jane. "The house of Bin Laden", *The New Yorker*, 12 nov. 2001.

[8] ROBINSON, Francis (ed.). *Cambridge ilustrated history of the islamic world*, op. cit., p. 108.

[9] Quando morreu, em 1967, Mohammed bin Laden deixou um patrimônio avaliado em US$ 150 milhões, distribuído em várias empresas, a maior delas a Mohammed Bin Laden Organization (depois Mohammed Bin Laden Company), sucessora da construtora fundada em 1931. Seus filhos criaram em 1989 o Saudi Binladin Group (SBG). Para um perfil do SBG, ver http://www.sbguae.com/backgrd.htm

[10] COLL, Steve. *Os Bin Laden*, op. cit., pp. 89-91.

[11] COLL, Steve. *Os Bin Laden*, op. cit., pp. 153-155.

[12] Ver http://www.sbguae.com/bckgrd.htm

[13] BERGEN, Peter L. *Holy War, Inc.*, op. cit., p. 46.

[14] THEATER, David; WHITAKER, Brian. "Bin Laden taint hurts family empire", *The Guardian*, 21 set. 2001.

[15] MAYER, Jane. *The house of Bin Laden*, op. cit.

[16] "Bin Laden – The groovy years", *Time*, 5 nov. 2001. v. 158, n. 18, p. 10. Para a ausência de Bin Laden na foto, COLL, Steve. *Os Bin Laden*, op. cit., p. 152.

[17] Para a atitude de Osama em relação às mulheres da família, ver, por exemplo, o testemunho de Carmen bin Laden, então casada com Yeslam bin Laden, um dos meios-irmãos de Osama. BIN LADIN, Carmen. *O reino sombrio – uma mulher na Arábia Saudita*. Osasco: Novo Século, 2005, pp. 86-88.

[18] COLL, Steve. *Os Bin Laden*, op. cit., pp. 153-168. Descrições bem documentadas, ainda que breves, da vida conjugal e familiar de Bin Laden são fornecidas por Coll e por Lawrence Wright. WRIGHT, Lawrence. *The looming tower*, op. cit., pp. 78-83 e 338. No momento em que escrevo, surge a notícia de que Najwa bin Laden, a primeira das esposas, que se divorciou de Bin Laden durante sua segunda passagem pelo Afeganistão, prepara um livro sobre a vida com o ex-marido famoso.

[19] Coll registra a ausência de provas de que Bin Laden tenha concluído a universidade. COLL, Steve. *Os Bin Laden*, op. cit., p. 227. Bergen afirma que ele se graduou em economia e administração pública, citando como fonte uma entrevista do próprio Bin Laden à TV Al Jazira em junho de 1999. BERGEN, Peter L. *Holy War, Inc*, op. cit., p. 47.

[20] WRIGHT, Lawrence. *The looming tower*, op. cit., pp. 80-1.

21 COLL, Steve. *Os Bin Laden*, op. cit., pp. 220 e 268. Ver também BERGEN, Peter L. *Holy War, Inc.*, op. cit., p. 47, e WRIGHT, Lawrence. *The looming tower*, op. cit., pp. 79 e 95-96.

22 Para a guerra do Yom Kippur e suas consequências, uma boa introdução pode ser encontrada no clássico de Albert Hourani. HOURANI, Albert. *Uma história dos povos árabes*. São Paulo: Companhia das Letras, 1994, pp. 416-431. Ver também BLUM, Howard. *The eve of destruction – the untold story of the Yom Kippur War*. Nova York: Harper & Collins, 2003. EIKAL, Mohammed. *The road to Ramadan*. Londres: Ballantine, 1976. O'BALLANCE, Edgar. *No victor, no vanquished – the Arab-Israeli War, 1973*. Novato: Presidio Press, 1996. A mais completa e bem escrita história da Guerra dos Seis Dias é obra de Michael Oren. OREN, Michael B. *Seis dias de guerra – junho de 1967 e a formação do Oriente Médio moderno*. 1. ed. Rio de Janeiro: Bertrand Brasil, 2004.

23 HOBSBAWM, Eric. *Era dos extremos – O breve século XX, 1914-1991*. 1. ed. São Paulo: Companhia das Letras, 1995, p. 442.

24 Para as raízes e os desdobramentos da revolução iraniana e a vida de Khomeini, ver DABASHI, Hamid. *Theology of discontent – the ideological foundation of the islamic revolution in Iran*. Nova York: Transaction Publishers, 2005. MOTTAHEDEH, Roy. *The mantle of the Prophet – religion and politics in Iran*. Oxford: Oneworld Publications, 2000. MOIN, Baqer. *Khomeini – life of the ayatollah*. Nova York: Thomas Dunne Books, 2000.

4. SEMEADORES DE MINAS

1 O número de minas terrestres deixadas pelos soviéticos no Afeganistão deu margem a variadas estimativas, algumas delirantes. *Le livre noir du communisme* (organizado por Stéphane Courtois) chega a calcular esse número em 20 milhões de minas — o que significaria que o Afeganistão abrigaria nada menos do que 28% a 33% do total de 60 a 70 milhões de minas terrestres do mundo inteiro. COURTOIS, Stéphane (org.). *Le livre noir du communisme*. Paris: Robert Laffont, 1997, p. 785. Adoto a estimativa mais realista da Unicef, segundo a qual o Afeganistão teria cerca de 10% desse total.

2 REZA, Mohammad Haidar. "Laying landmines to rest?", *Irin*, nov. 2004, http://www.irinnews.org/pdf/in-depth/Humanitarian-Mine-Action-IRIN-In-Depth.pdf

3 Para a história do "Grande Jogo", ver ARNEY, George. *Afghanistan*. Londres: Mandarin Paperbacks, 1990; DUPREE, Louis. *Afghanistan*. Karachi: Oxford University Press, 1997; RUBIN, Barnett. *The fragmentation of Afghanistan – state formation and collapse in the international system*. New Haven/Londres: Yale University Press, 1995. Uma síntese feita por um conhecedor da região pode ser encontrada em RASANAYAGAM, Angelo. *Afghanistan – a modern history*. 1. ed. Londres: I.B.Tauris, 2003. Para a expressão de Kipling, ARNEY, George. *Afghanistan*, op. cit., p. 7.

4 Para o memorando de Gorchakov, KISSINGER, Henry. *Diplomacia*. 1. ed. Rio de Janeiro: Francisco Alves, 1997, p. 162.

5 O principal biógrafo de Trotsky, Isaac Deutscher, diz que o então comissário da Guerra enviou em agosto de 1919 um memorando sobre o assunto ao Comitê Central bolchevique no qual propunha a criação de um "órgão dirigente da revolução na Ásia" e insistia que "o caminho da revolução até Paris e Londres poderia passar por Cabul, Calcutá e Bombaim". DEUTSCHER, Isaac. *Trotsky – o profeta armado*. 2. ed. Rio de Janeiro: Civilização Brasileira, p. 486.

6 Soviet Options in Afghanistan, Interagency Intelligence Memorandum, CIA, http://www.foia.cia.gov/search.asp?pageNumber=16&freqReqRecord=undefined&refinedText=undefined&freqSearchText=undefined&txtSearch=Soviet+Options+in+Afghanistan&exactPhrase=undefined&allWords=undefined&anyWords=undefined&withoutWords=undefined&documentNumber=undefined&startCreatedMonth=&startCreatedDay=&startCreatedYear=&endCreatedMonth=&endCreatedDay=&endCreatedYear=0&startReleasedMonth=&startReleasedDay=&startReleasedYear=&endReleasedMonth=&endReleasedDay=&endReleasedYear=0&sortOrder=DESC

7 RASANAYAGAM, Angelo. *Afghanistan*, op. cit., p. 79.

8 RASANAYAGAM, Angelo. *Afghanistan*, op. cit., pp. 79-80.

9 RASHID, Ahmed. *Taliban – Islam, fuel and the new Great Game in Central Asia*. 1. ed. Londres: I.B.Tauris, 2000, p. 37.

10 Transcript of CPSU CC Politburo discussions on Afghanistan. Cold War International History Project (CWIHP), www.cwihp.org, com permissão do Woodrow Wilson International Center for Scholars.

[11] Transcript of telephone conversation between Soviet premier Alexei Kosygin and Afghan prime minister Nur Mohammed Taraki, Cold War International History Project (CWIHP), www.cwihp.org, com permissão do Woodrow Wilson International Center for Scholars.

[12] MACEACHIN, Douglas. Predicting the Soviet invasion of Afghanistan: the inteligency community's record, https://www.cia.gov/library/center-for-the-study-of-intelligence/csi-publications/books-and-monographs/predicting-the-soviet-invasion-of-afghanistan-the-intelligence-communitys-record/predicting-the-soviet-invasion-of-afghanistan-the-intelligence-communitys-record.html#rfn51

[13] Exerpt from Politburo meeting, Cold War International History Project (CWIHP), www.cwihp.org, com permissão do Woodrow Wilson International Center for Scholars.

[14] Transcript of CPSU CC Politburo discussions on Afghanistan.

[15] Record of conversation between L. I. Brezhnev and N. M. Taraki, 20 March 1979, Cold War International History Project (CWIHP), www.cwihp.org, com permissão do Woodrow Wilson International Center for Scholars.

[16] Record of conversation between L.I. Brezhnev and N.M. Taraki.

[17] CPSU CC Politburo decision and instruction to Soviet ambassador in Afghanistan, 24 May 1979, Cold War International History Project (CWIHP), www.cwihp.org, com permissão do Woodrow Wilson International Center for Scholars.

[18] Gromyko-Andropov-Ustinov-Ponomarev report to CPSU CC on the situation in Afghanistan, 28 June 1979, Cold War International History Project (CWIHP), www.cwihp.org, com permissão do Woodrow Wilson International Center for Scholars.

[19] A CIA estima que, no final de 1978, havia 2 mil civis russos no Afeganistão. Soviet options in Afghanistan.

[20] BRZEZINSKI, Zibgniew. *Le Nouvel Observateur*, 15-21 January 1998, citado em www.globalresearch.ca/articles/BRZ110A.html

[21] ANDREW, Christopher e MITROKHIN, Vasili. *The sword and the shield*. New York: Basic Books, 1999. Citado em MACEACHIN, Douglas. "Predicting the Soviet invasion of Afghanistan: the inteligency community's record".

[22] RANAYAGAM, Angelo. *Afghanistan*, op. cit., p. 81.

[23] Transcript of Brezhnev-Honecker summit in East Berlin (excerpt on Iran and Afghanistan), September 16 1979, Cold War International History Project (CWIHP), www.cwihp.org, com permissão do Woodrow Wilson International Center for Scholars.

[24] Gromyko-Andropov-Ustinov-Ponomarev report to CC CPSU, October 29 1979, Cold War International History Project (CWIHP), www.cwihp.org, com permissão do Woodrow Wilson International Center for Scholars.

[25] Soviet options in Afghanistan.

[26] RASANAYAGAM, Angelo. *Afghanistan*, op. cit., p. 82.

[27] Meeting of Kosygin, Gromyko, Ustinov and Ponomarev with Taraki in Moscow, 20 March 1979, Cold War International History Project (CWIHP), www.cwihp.org, com permissão do Woodrow Wilson International Center for Scholars.

[28] KORNIENKO, Georgy. *The Cold War: testimony of a participant*. Moscou: Mezhdunarodnye Otnoshenya, 1994, citado em SAVRANSKAYA, Svetlana (ed.). The September 11th Sourcebooks v. II: Afghanistan: Lessons from the Last War – The Soviet Experience in Afghanistan: Russian Documents and Memoirs, 2001, www.gwu.edu/~nsarchiv/NSAEBB/NSAEBB57/soviet.html

[29] Personal memorandum Andropov to Brezhnev, 1 December 1979, Cold War International History Project (CWIHP), www.cwihp.org, com permissão do Woodrow Wilson International Center for Scholars.

[30] LYAKHOVSKY, Alexander. *The tragedy and value of Afghan*. Moscou: GPI Iskon, 1995, citado em SAVRANSKAYA, Svetlana (ed.). The September 11th Sourcebooks Volume II: Afghanistan: Lessons from the Last War – The Soviet Experience in Afghanistan: Russian Documents and Memoirs, 2001, www.gwu.edu/~nsarchiv/NSAEBB/NSAEBB57/soviet.html

[31] LYAKHOVSKY, Alexander. *The tragedy and value of Afghan*, op. cit.

[32] LYAKHOVSKY, Alexander. *The tragedy and value of Afghan*, op. cit.

[33] MACEACHIN, Douglas. *Predicting the Soviet invasion of Afghanistan*, op. cit.

[34] Para a versão de que Amin foi morto pelos russos, ver ANDREW, Christopher; GORDIEVSKY, Oleg. *Le KGB dans le monde*. Paris: Fayard, 1990, pp. 570-571. Para a hipótese de ter sido vítima de fogo afegão, ver FISK, Robert. *A grande guerra pela civilização*. São Paulo: Planeta do Brasil, 2007, p. 81.

[35] Hobsbawm escreveu: "A URSS retirou-se do Afeganistão em 1988, após oito anos nos quais forneceu ajuda militar ao governo para combater guerrilhas apoiadas pelos americanos e abastecidas pelo Paquistão". HOBSBAWM, Eric. *Era dos extremos*, pp. 234-5.

[36] MACEACHIN, Douglas. *Predicting the Soviet invasion of Afghanistan*, op. cit.

[37] BOULOUQUE, Sylvain. "Le communisme em Afghanistan", in COURTOIS, Stéphane (org.). *Le livre noir du communisme*. Paris: Robert Laffont, 1997, p. 780.

[38] FISK, Robert. *A grande guerra pela civilização*, op. cit., p. 75.

[39] O jornalista paquistanês Ahmed Rashid calcula que os soviéticos tenham gasto US$ 5 bilhões por ano na guerra afegã. RASHID, Ahmed. *Taliban*, op. cit., p. 18. Em 1980, a soma de toda a riqueza produzida em um ano no Afeganistão era de US$ 3,6 bilhões — ou seja, a produção nacional equivalia a 72% do valor investido em destruição pelo Kremlin.

[40] UNITED NATIONS. *World Economic and Social Survey, 1948-2007*. Nova York: United Nations, 2007.

[41] RASANAYAGAM, Angelo. *Afghanistan*, op. cit., p. 118.

[42] A ajuda anual americana aos *mujaheddin* saltou de US$ 30 milhões em 1980 a US$ 630 milhões em 1987. BERGEN, Peter L. *Holy war, Inc.*, p. 68.

[43] COLL, Steve. *Ghost wars*, p. 58.

[44] RASANAYAGAM, Angelo. *Afghanistan*, op. cit., p. 118.

[45] Para o papel de Turki, BERGEN, Peter L. *Holy war, Inc.*, op. cit., p. 55, e WRIGHT, Lawrence. *The looming tower*, pp. 84-100. Para a atuação de Kashoggi no Caso Irã-Contras, COLL, Steve. *Os Bin Laden*, p. 25.

[46] Para a origem e a formação de Zia, COLL, Steve. *Ghost wars*, p. 60.

[47] BENNETT JONES, Owen. *Pakistan*, op. cit., pp. 258-9.

[48] Na prática, a lei permite que qualquer um seja preso sem investigação prévia depois de ser denunciado como blasfemo. Isso permite que a religião sirva de pretexto para acertos de contas pessoais. A lei também é utilizada contra minorias religiosas. Um padre de Karachi me disse em outubro de 2001 que dois sacerdotes — um paquistanês e outro estrangeiro — tinham deixado o país havia pouco tempo depois de serem apontados como suspeitos de blasfêmia.

[49] Os partidos conhecidos como Sete Anões ou Gangue dos Sete eram Jamiat-e-Islam (Sociedade do Islã); Hizb-e-Islam (Partido do Islã, de Gulbuddin Hekmatyar); Hizb-e-Islam (do chefe tribal patane Yunus Khalis, em cujas fileiras o mulá Mohammed Omar, futuro chefe do Talibã, recebeu seu batismo de fogo e perdeu o olho direito); Mahaz-e-Mili Islam (Frente Nacional Islâmica, de Pir Said Ahmed Gailani); Harakat-e-Inqilab-e-Islami (Forças Revolucionárias Islâmicas, de Nabi Mohammadi, outro patane); e Jabha-i-Nijat-Mili (Frente Afegã de Libertação Nacional, de Sibgratullah Mojadidi). Para o número de milícias na metade dos anos 1980, WRIGHT, Lawrence. *The looming tower*, op. cit., p. 100.

[50] Para a origem e a formação de Rabbani, GOHARI, M.J. *The Taliban ascent to Power*. 2. ed. Karachi: Oxford University Press, 2001, pp. 11-16.

[51] Para a juventude e o exílio de Massud, GOHARI, M.J. *The Taliban ascent to Power*, op. cit., pp. 16-18. Para os laços com Rabbani, GALL, Carlota. "Ex-president says he'll back Afghan leader", *The New York Times*, 4 out. 2004.

[52] Para a origem de Hekmatyar, GOHARI, M.J. *The Taliban ascent to power*, op. cit., ps. 18-20. Para os laços com o Paquistão, COLL, Steve. *Ghost wars*, op. cit., pp. 181-3 e 210-1.

5. A CAPITAL DOS PATANES

[1] CAROE, Olaf. *The pathans*. 1. ed. Karachi: Oxford Press, 2001, p. 49. A Província da Fronteira Noroeste, cuja capital é Peshawar, é uma unidade administrativa criada em 1901 pelo vice-rei britânico Lorde Curzon para guarnecer a borda ocidental da Índia. Foi mantida pelo Paquistão como uma de suas províncias.

[2] FRIEDMAN, Thomas. *Longitudes & attitudes – Exploring the world after September 11*. 1. ed. Nova York: Farrar, Strauss and Giroux, 2002, p. 100.

[3] BERGEN, Peter L. *Holy war, Inc.*, p. 53.

[4] FISK, Robert. *A grande guerra pela civilização*, p. 33. Fisk anota que "Osama bin Laden mexera--se depressa" e se pergunta: "Como ia saber que, enquanto eu estava com Gavin naquela encosta, o próprio Bin Laden, com apenas 22 anos, estava a poucos quilômetros de nós, nessa mesma cadeia montanhosa, instando seus jovens combatentes árabes a juntarem-se a seus irmãos muçulmanos na guerra contra os soviéticos?". FISK, Robert. *A grande guerra pela civilização*, op. cit., p. 85.

[5] NATIONAL COMMISSION ON TERRORIST ATTACKS. *Final report of the National Commission on Terrorist Attacks upon the United States*. 1. ed. Nova York: W.W. Norton & Company, 2003, p. 55.

[6] Com base nos relatos de duas testemunhas, Coll narra uma visita a Bin Laden de seu meio-irmão mais velho, Salem, no início de 1985, em Peshawar. COLL, Steve. *Ghost wars*, pp. 22-24. WRIGHT, Lawrence. *The looming tower*, pp. 94-98.

[7] BERGEN, Peter L. *Holy war, Inc.*, op. cit., p. 50.

[8] RASHID, Ahmed. *Taliban*, p. 131.

[9] BERGEN, Peter L. *Holy war, Inc.*, op. cit., p. 55.

[10] WEAVER, Mary Anne. *The real Bin Laden*.

[11] BERGEN, Peter L. *Holy war, Inc.*, op. cit., p. 51.

[12] RASHID, Ahmed. *Taliban*, op. cit., p. 131.

[13] Para o contraste entre Azzam e Bin Laden, BERGEN, Peter L. *Holy war, Inc.*, op. cit., p. 51. Para os cavalos, WRIGHT, Lawrence. *The looming tower*, p. 105.

[14] Milt Bearden, ex-responsável da CIA em Islamabad, diz que, no total, o contingente de voluntários árabes não passava de 3 mil. Bergen, que registrou essa informação, diz que a guerra foi ganha "com sangue afegão e dinheiro saudita e americano". BERGEN, Peter L. *Holy war, Inc.*, op. cit., p. 55.

[15] Para a casa de Mohamed bin Laden e a passagem pela escola no Líbano, COLL, Steve. *Os Bin Laden*, pp. 107-8 e 156-7. Para a vivência política, pp. 220-1.

[16] AZZAM, Abdullah. Martyrs: the building blocks of nations. http://www.religioscope.com/info/doc/jihad/azzam_martyrs.htm#5

[17] WRIGHT, Lawrence. *The looming tower*, op. cit., p. 101.

[18] COLL, Steve. *Os Bin Laden*, op. cit., p. 307.

[19] AZZAM, Abdullah. "Defence of the muslim lands", http://www.religioscope.com/info/doc/jihad/azzam_defence_6_chap4.htm

6. O MULÁ E O IPHONE

[1] Para a adesão de Zaif ao iPhone, STRAZIUSO, Jason. "Afghan tech boom: Mullah embraces iPhone", *Associated Press*, 3 mar 2009. http://www.msnbc.msn.com/id/29495327/. Para a ficha em Guantánamo, *The New York Times*. "The Guantánamo docket", http://projects.nytimes.com/guantanamo?scp=3&sq=Guantanamo&st=cse

[2] Para os predecessores e as origens do wahhabismo, HOURANI, Albert. *Uma história dos povos árabes*, op. cit., pp. 80-81, 188-90 e 262-3. Para a concepção religiosa de Wahhab, GOHARI, M.J. *The Taliban ascent to Power*, op. cit., pp. 38-43.

[3] ROBINSON, Francis (ed.). *Cambridge ilustrated history of the islamic world*, op. cit., pp. 83-4.

[4] RASHID, Ahmed. *Taliban*, op. cit., p. 25.

[5] RASHID, Ahmed. *Taliban*, op. cit., p. 23.

[6] Para a frase de Hawali, MANSFIELD, Peter. *A history of the Middle East*. 2. ed. Nova York: Penguin, 2003, p. 388.

[7] A transcrição do discurso pode ser encontrada em http://millercenter.org/scripps/archive/speeches/detail/3430

[8] BAKER, Peter. "Conflicts shaped two presidencies", *The Washington Post*, 31 dez 2006. http://www.washingtonpost.com/wp-dyn/content/article/2006/12/30/AR2006123000663.html

[9] UNITED NATIONS. *World Economic and Social Survey, 1948-2007*. Nova York: United Nations, 2007.

[10] NATIONAL COMMISSION ON TERRORIST ATTACKS. *Final report*, op. cit., p. 60.

7. EU VI UM EXÉRCITO REZANDO

[1] BERNSTEIN, Richard. "Trail of the sheik – A special report"; "On trial: an Islamic cleric battles secularism", *The New York Times*, 8 jan. 1995.

[2] KOCIENIEWSKI, David. "An enigmatic personality whose mission was to punish", *The New York Times*, 6 set. 1996.

[3] BERGEN, Peter L. *Holy war, Inc.*, op. cit., p. 137.

[4] NATIONAL COMMISSION ON TERRORIST ATTACKS, *Final report*, op. cit., p. 110.

[5] RASANAYAGAM, Angelo. *Afghanistan*, op. cit., p. 142.

[6] SMUCKER, Philip. "How Bin Laden got away", *Christian Science Monitor*, 4 mar. 2002.

[7] RASHID, Ahmed. *Taliban*, op. cit., p. 22.

[8] Para o diálogo entre Bhutto e Kennedy, WOLPERT, Stanley. *Zulfi Bhutto of Pakistan – his life and times*. Nova York: Oxford University Press, 1993, p. 76.

[9] BHUTTO, Benazir. *Reconciliação – islamismo, democracia e o Ocidente.* 1. ed. Rio de Janeiro: Agir, 2008, p. 181.
[10] BHUTTO, Benazir. *Reconciliação,* op. cit., p. 49.
[11] BHUTTO, Benazir. *Daughter of destiny – an autobiography.* Nova York: Simon & Schuster, 1989, p. 350.
[12] RASHID, Ahmed. *Taliban,* op. cit., p. 29.
[13] Para a frase de Benazir: BHUTTO, BENAZIR. *Reconciliação,* op. cit., p. 199. A Al Qaeda não foi criada em 1997, mas em 1988.
[14] WEAVER, Mary Anne. *Pakistan – In the shadow of jihad and Afghanistan.* Nova York: Farrar, Straus and Giroux, 2002, p. 57.
[15] COLL, Steve. *Ghost wars,* op. cit., p. 61.
[16] AMIN, Agha Humayun. "Remembering our warriors – Babar, 'the great'", *Defence Journal,* abr. 2001, http://www.defencejournal.com/2001/apr/babar.htm
[17] COLL, Steve. *Ghost wars,* op. cit., p. 62.
[18] Para o número de madrassas, ROBINSON, Francis (ed.). *Cambridge ilustrated history of the islamic world,* op. cit., p. 244.
[19] RASHID, Ahmed. *Taliban,* op. cit., p. 91.
[20] CAROE, Olaf. *The pathans,* p. 255.
[21] BURNS, John F.; LEVINE, Steve. "How Afghans' stern rulers took hold", *The New York Times,* 31 dez. 1996.

8. "ESSES MENINOS TAMBÉM IRÃO PARA A JIHAD"

[1] WOODWARD, Bob. *Bush at war,* op. cit., p. 223.
[2] ARAUJO, Luiz Antônio. "A fronteira", *Zero Hora,* 14 out. 2001.
[3] COLL, Steve. *Ghost wars,* op. cit., p. 293.
[4] Statement by Robin Raphel, assistant secretary of State for South Asian Affairs before the Senate Foreign Relations Committee on Near Eastern and South Asian Affairs, mar. 7, 1995. http://dosfan.lib.uic.edu/ERC/bureaus/sa/950307RaphelUSPolicy.html
[5] NATIONAL COMMISSION ON TERRORIST ATTACKS. *Final report,* op. cit., p. 111. O funcionário citado é Marvin Weinbaum.
[6] *The New York Times,* "Guerrillas take Afghan capital as troops flee", 28 set. 1996.
[7] COLL, STEVE. *Ghost wars,* op. cit., p. 293.
[8] Para o texto do decreto, RASHID, Ahmed. *Taliban,* op. cit., pp. 217-219. Para o fechamento de escolas, GOHARI, M.J. *The Taliban ascent to power,* op. cit., pp. 108-109.
[9] GOHARI, M.J. *The Taliban ascent to power,* op. cit., p. 109.
[10] *The New York Times,* "Guerrillas take Afghan capital as troops flee", 28 set. 1996.
[11] ARAUJO, Luiz Antônio. "À margem da vida", *Zero Hora,* 4 nov. 2001.
[12] RASHID, Ahmed. *Taliban,* op. cit., pp. 105-116 e 217-219.
[13] BURNS, John F.; LeVINE, Steve. *How Afghans' stern rulers took hold.*
[14] U.S. DEPARTMENT OF STATE. "Dealing with Taliban in Kabul", 28 set. 1996, http://www.gwu.edu/~nsarchiv/NSAEBB/NSAEBB97/tal17.pdf
[15] U.S. EMBASSY (ISLAMABAD). "Afghanistan: Taliban official says that relations with Russia and Iran 'tense'". 29 set. 1996, http://www.gwu.edu/~nsarchiv/NSAEBB/NSAEBB97/tal18.pdf
[16] Para a opinião de Simons em relação à política americana para o Afeganistão, COLL, Steve. *Ghost wars,* op. cit., p. 309. Para a política de "o vencedor fica com tudo", U.S. EMBASSY (ISLAMABAD). "Ambassador meets Taliban", 12 nov. 1996, http://www.gwu.edu/~nsarchiv/NSAEBB/NSAEBB97/tal19.pdf
[17] RASHID, Ahmed. *Taliban,* op. cit., p. 178.

9. "SÃO INIMIGOS DO POVO HAZARA"

[1] ARAUJO, Luiz Antônio. "Os perseguidos de traços mongólicos", *Zero Hora,* 26 out. 2001.
[2] Para o Xia e as minorias, LEWIS, Bernard. *O Oriente Médio,* op. cit., pp. 70, 80 e 215, e ARMSTRONG, Karen. *O Islã.* São Paulo: Objetiva, 2001, p. 113. Para a Tumba de Ali, RASHID, Ahmed. *Taliban,* op. cit., p. 57. Para Mazari, GOHARI, M.J. *The Taliban ascent to power,* op. cit., pp. 23-25.
[3] Para Dostum, RASHID, Ahmed. *Taliban,* op. cit., p. 53.

[4] FRANTZ, Douglas. "Pakistan ended aid to Taliban only hesitantly", *The New York Times*, 8 dez 2001.

[5] Para o suborno, RASHID, Ahmed. *Taliban*, op. cit., p. 58.

[6] Para as lições de tiro, WRIGHT, Lawrence. *The looming tower*, op. cit., p. 229.

[7] COLL, Steve. *Ghost wars*, op. cit., pp. 341-342.

[8] CAROE, Olaf. *The pathans*, op. cit., p. 351.

[9] Para a oferta e a recusa, COLL, Steve. *Ghost wars*, op. cit., p. 341. A fonte do autor é o príncipe Turki al-Faisal. Em março de 1997, em entrevista a Robert Fisk, Bin Laden afirmou que havia recebido um convite de "um enviado da embaixada saudita em Islamabad" para retornar ao país. Ele teria apresentado como condição para negociar com o governo a libertação de um xeque saudita preso por críticas à família real, e os contatos teriam se interrompido. FISK, Robert. *A grande guerra pela civilização*, p. 55.

[10] Para os US$ 3 milhões, LeVINE, Steve. "Helping hand", *Newsweek*, 13 out. 1997. Coll cita também entrevistas com funcionários americanos, ressalvando que não está clara a existência de contribuições de Bin Laden ao Talibã em 1996. COLL, Steve. *Ghost wars*, op. cit., p. 332. Apesar de milionário, Bin Laden já não podia contar com os dividendos das empresas da família e perdera praticamente todo o dinheiro investido no Sudão.

[11] ROTH, John; GREENBURG, Douglas; WILLE, Serena. *Monograph on terrorist financing – staff report to the commission*, pp. 7 e 31. Para os árabes na tomada de Mazar, WRIGHT, Lawrence. *The looming tower*, op. cit., p. 268. Para o número de pessoas treinadas, NATIONAL COMMISSION, *Final report*, op. cit., p. 67.

[12] Para o telefone por satélite, COLL, Steve. *Os Bin Laden*, op. cit., p. 474.

[13] Para a entrevista à CNN, BERGEN, Peter L. *Holy war, Inc.*, op. cit., p. 88.

[14] Para a vibração de Scheuer e seu papel no foco em Bin Laden, NATIONAL COMMISSION. *Final report*, op. cit., p. 110. Para a localização e funcionamento da Alec Station, WRIGHT, Lawrence.*The looming tower*, op. cit., p. 3.

[15] Para o número de funcionários, U.S. SENATE SELECT COMMITTEE ON INTELLIGENCE AND U.S. HOUSE PERMANENT SELECT COMMITTEE ON INTELLIGENCE. *Report of the joint inquiry into intelligence community activities before and after the terrorist attacks of September 11, 2001*. Washington, 20 dez. 2002, http://www.gpoaccess.gov/serialset/ creports/pdf/fullreport_errata.pdf. Para o estado de espírito dos integrantes da Estação Alec, JOHNSTON, David; PURDUM, Todd S. "Missed chances in a long hunt for bin Laden", *The New York Times*, 25 mar. 2004.

[16] As informações sobre o processo contra Bin Laden são de UNITED STATES OF AMERICA V. OSAMA BIN LADEN ET. AL., S 98 Cr. 539, http://jya.com/usa-v-laden.htm. Para a descoordenação entre CIA e FBI, ver NATIONAL COMMISSION ON TERRORIST ATTACKS, op. cit., p. 110, WRIGHT, op. cit., pp. 4-5. Para a suspeita de conspiração, WRIGHT, op. cit., p. 5.

[17] COLL, Steve. *Ghost wars*, op. cit., p. 349.

[18] Para a rima e os laços de Vajpayee e Advani com a Rashtriya Swayamsevak Sangh (RSS), METCALF, Barbara D.; METCALF, Thomas R., *A concise history of India*, p. 271.

[19] Para Albright, RASHID, Ahmed. *Taliban*, op. cit., p. 65. Para Hillary, COLL, Steve. *Ghost wars*, op. cit., p. 363.

[20] Para a política das Nações Unidas, RASHID, Ahmed. *Taliban*, op. cit., p. 66.

[21] Para o convite de Omar e a promessa de suspender entrevistas, WRIGHT, Lawrence. *The looming tower*, op. cit., pp. 247-248. Para os projetos, COLL, Steve. *Ghost wars*, op. cit., p. 341.

[22] Para a localização da fazenda e o reconhecimento nas ruas, COLL, Steve. *Ghost wars*, op. cit., pp. 342 e 343. Para o número de prédios, o muro e a liberdade de movimentos, NATIONAL COMMISSION. *Final report*, op. cit., pp. 66 e 111. Para a falta de rede de água e os tanques, WRIGHT, Lawrence. *The looming tower*, op. cit., p 248.

[23] WRIGHT, Lawrence. *The looming tower*, op. cit., pp. 249-258, e WRIGHT, Lawrence. *The man behind Bin Laden*.

[24] Para a data em que Zawahiri iniciou a redação da fatwa, WRIGHT, Lawrence. *The looming tower*, op. cit., p. 259.

[25] Para a divisão na Jihad Islâmica, WRIGHT, Lawrence. *The man behind Bin Laden*, op. cit. Para a prisão e execução de Mohammed, WRIGHT, Lawrence. *The looming tower*, op. cit., p. 382.

[26] Para o texto da fatwa, GOHARI, M.J. *The Taliban ascent to power*, op. cit., pp. 137-139.

[27] RASHID, Ahmed. *Taliban*, op. cit., p. 73.

[28] ARAUJO, Luiz Antônio. "Os perseguidos de traços mongólicos".

10. "CAPTURÁ-LO OU MATÁ-LO"

[1] Para o grampo, COLL, Steve. *Os Bin Laden*, op. cit., p 474.
[2] WRIGHT, Lawrence. *The looming tower*, op. cit., p. 420.
[3] O depoimento do ex-coordenador de Contraterrorismo Richard A. Clarke, de 11 de junho de 2002, está em U.S. SENATE SELECT COMMITTEE ON INTELLIGENCE AND U.S. HOUSE PERMANENT SELECT COMMITTEE ON INTELLIGENCE. *Report of the joint inquiry into intelligence community activities before and after the terrorist attacks of September 11, 2001.* Washington, 20 dez. 2002, http://www.gpoaccess.gov/serialset/creports/pdf/fullreport_errata. pdf
[4] Para a demora, COLL, Steve. *Ghost wars*, op. cit., p. 191. Para o arquivamento, NATIONAL COMMISSION. *Final report*, op. cit., p. 114.
[5] Para as relações com Bartley e as complicações conjugais, CLINTON, Bill. *Minha vida*. 1. ed. São Paulo: Globo, 2004, pp. 751-2 e 764.
[6] Para o alerta, NATIONAL COMMISSION ON TERRORIST ATTACKS UPON THE UNITED STATES, Staff Statement n. 6, http://www.9-11commission.gov/staff_statements/staff_statement_6. pdf
[7] WRIGHT, Lawrence. *The looming tower*, op. cit., p. 285.
[8] NATIONAL COMMISSION. *Final report*, op. cit., p. 117. WRIGHT, Lawrence. *The looming tower*, op. cit., pp. 282-283. NATIONAL COMMISSION. Staff Statement n. 6, http://www.9-11commission.gov/staff_statements/staff_statement_6.pdf
[9] Para North, http://www.olivernorth.com
[10] NATIONAL COMMISSION ON TERRORIST ATTACKS. *Final report*, op. cit., p. 127. Para Al-Fawwaz, ATWAN, Abdel Bari. *A história secreta da Al Qaeda*. São Paulo: Larousse do Brasil, 2008, p. 17.
[11] Para a avaliação de Clarke, *The Man Who Knew*, exibido no programa Frontline, escrito, produzido e dirigido por Michael Kirk, 3 outubro 2002, rede PBS, http://www.pbs.org/wgbh/pages/frontline/shows/knew/interviews/clarke.html
[12] Para os barcos, COLL, Steve. *Ghost wars*, op. cit., p. 421. O afastamento de Scheuer é reconstituído em WRIGHT, Lawrence. *The looming tower*, op. cit., pp. 290-292.
[13] Para o perfil de Tenet, COLL, Steve. *Ghost wars*, op. cit., pp. 353-362, e TENET, George. *At the center of the storm: the CIA during America's time of crisis*. 2. ed. Nova York: Harper Perennial, 2008, p. 10. Para as avaliações sobre a burocratização da CIA, HERSH, Seymour M. *Cadeia de comando*. 1. ed. Rio de Janeiro: Ediouro, 2004, pp. 98-105. Para a mudança de atitude de Tenet, NATIONAL COMMISSION. *Final report*, op. cit., p. 133.
[14] Para o debate "talmúdico", COLL, Steve. *Ghost wars*, op. cit., p. 426. Para o depoimento de Berger, U.S. SENATE SELECT COMMITTEE ON INTELLIGENCE AND U.S. HOUSE PERMANENT SELECT COMMITTEE ON INTELLIGENCE. *Report of the joint inquiry into intelligence community activities before and after the terrorist attacks of September 11, 2001.* Washington, 20 dez. 2002, http://www.gpoaccess.gov/serialset/creports/pdf/fullreport_errata. pdf . Para o retorno à linguagem cautelosa, NATIONAL COMMISSION. *Final report*, op. cit., p. 133.
[15] UNITED STATES DEPARTMENT OF STATE, Confidential cable, Afghanistan: Taliban's mullah Omar's 8/22 contact with State Department, http://www.gwu.edu/~nsarchiv/NSAEBB/NSAEBB134/Doc%202.pdf
[16] REUTERS. "Taliban blame Clinton scam for attacks, 21 August 1998". Citado em RASHID, Ahmed. *Taliban*, op. cit., p. 75.
[17] RASHID, Ahmed. *Taliban*, op. cit., pp. 72 e 138.
[18] Para o encontro, COLL, Steve. *Ghost wars*, op. cit., p. 414. Para a passagem pela Fazenda Tarnak, WRIGHT, Lawrence. *The looming tower*, op. cit., p. 289.
[19] Para os contatos e o tribunal islâmico, UNITED STATES DEPARTMENT OF STATE, *Confidential report, U.S. engagement with the Taliban on Usama bin Laden, c. 16 de julho de 2001*, http://www.gwu.edu/~nsarchiv/NSAEBB/NSAEBB97/tal40.pdf. Para Richardson, COLL, Steve. *Ghost wars*, op. cit., pp. 385-386.
[20] Para a história do FBI, UNITED STATES FEDERAL BUREAU OF INVESTIGATION. *The FBI: A Centennial History, 1908-2008*. 1. ed. Washington: Government Print Office, 1998, pp. 1-15. Para o número de funcionários da área de contraterrorismo, NATIONAL COMMISSION. *Final report*, op. cit., pp. 74-80. Para a carência tecnológica, HERSH, Seymour M. *Cadeia de comando*, op. cit., p. 112, e UNITED STATES SENATE SELECT COMMITTEE ON INTELLIGENCE AND UNITED STATES HOUSE PERMANENT SELECT COMMITTEE ON INTELLIGENCE. *Report of the joint inquiry into intelligence community activities before*

and after the terrorist attacks of September 11, 2001. Washington, 20 dez. 2002, pp. 86-90, http://www.gpoaccess.gov/serialset/creports/pdf/fullreport_errata.pdf

[21] Para os abusos do FBI, NATIONAL COMMISSION ON TERRORIST ATTACKS. *Final report*, op. cit., p. 75. Para Clarke e Scowcroft, UNITED STATES SENATE SELECT COMMITTEE ON INTELLIGENCE AND UNITED STATES HOUSE PERMANENT SELECT COMMITTEE ON INTELLIGENCE. *Report of the joint inquiry into intelligence community activities before and after the terrorist attacks of September 11, 2001.* Washington, 20 dez. 2002, p. 70, http://www.gpoaccess.gov/serialset/creports/pdf/fullreport_errata.pdf

[22] Para uma reconstituição do diálogo por Clarke, *The Man Who Knew*, exibido no programa Frontline, escrito, produzido e dirigido por Michael Kirk, 3 outubro 2002, rede PBS, http://www.pbs.org/wgbh/pages/frontline/shows/knew/interviews/clarke.html

[23] WRIGHT, Lawrence. *The looming tower*, op. cit., pp. 202-8, 273-80, e *The Man Who Knew*, exibido no programa Frontline, escrito, produzido e dirigido por Michael Kirk, 3 outubro 2002, rede PBS, http://www.pbs.org/wgbh/pages/frontline/shows/knew/interviews/clarke.html

[24] Para a decisão de Clinton, CLINTON, Bill. *Minha vida*, op. cit., p. 752. Para a conclusão da Comissão do 11 de Setembro, NATIONAL COMMISSION. *Final report*, op. cit., pp. 341 e 343. Para o abandono do telefone por satélite, COLL, Steve. *Os Bin Laden*, op. cit., p. 476. Para os encontros no Afeganistão, WRIGHT, Lawrence. *The looming tower*, op. cit., p. 235.

11. COISAS PARA NOMEAR COM UMA PALAVRA SEM SENTIDO

[1] Parte das informações deste capítulo provém da Comissão de 11 de Setembro, a partir de relatórios de inteligência feitos com base nos interrogatórios de prisioneiros da Al Qaeda. Também foram entrevistadas pela Comissão testemunhas que conviveram com os sequestradores de 11 de setembro. NATIONAL COMMISSION. *Final report*, pp. 145-69 e 215-53. Em 2005, os Estados Unidos admitiram que pelo menos 14 desses prisioneiros foram submetidos ao que o governo George W. Bush chamou de "técnicas intensas de interrogatório" — um termo orwelliano que encobre alguns conhecidos métodos de tortura (vide Capítulo XV). O presidente Barack Obama proibiu o uso desses métodos e classificou pelo menos um deles, o *waterboarding*, de tortura. Isso lança evidente suspeição sobre a veracidade das informações fornecidas pelos prisioneiros a eles submetidos. Até o momento em que escrevo, o relatório da Comissão continua oferecendo a mais completa reconstituição dos atentados de 11 de setembro disponível ao público.

[2] Para os codinomes, UNITED STATES SENATE SELECT COMMITTEE ON INTELLIGENCE AND UNITED STATES HOUSE PERMANENT SELECT COMMITTEE ON INTELLIGENCE. *Report of the joint inquiry*, p. 129. Sheikh Mohammed afirma ter passado por Kuweit, Paquistão, Estados Unidos, Afeganistão, Bósnia, Catar, Filipinas, Hong Kong, Coreia do Sul, Sudão, Iêmen, Índia, Malaísia, Irã e Brasil.

[3] Para a trajetória, NATIONAL COMMISSION. *Final report*, op. cit., pp. 145-50. Para a foto, TENET, George. *At the center of the storm*, p. 252.

[4] O episódio é lembrado por Schiliro em *The Man Who Knew*, exibido no programa Frontline, escrito, produzido e dirigido por Michael Kirk, 3 outubro 2002, rede PBS, http://www.pbs.org/wgbh/pages/frontline/shows/knew/interviews/clarke.html

[5] SAID, Edward W. *Orientalismo*. 3. ed. São Paulo: Companhia das Letras, 1990, p. 30.

[6] Para Al Bayoumi, UNITED STATES SENATE SELECT COMMITTEE ON INTELLIGENCE AND UNITED STATES HOUSE PERMANENT SELECT COMMITTEE ON INTELLIGENCE. *Report of the joint inquiry*, op. cit., pp. 172-74. Para a recusa do pedido de desclassificação, JOHNSTON, David e JEHL, Douglas. "Bush refuses to declassify Saudi section of report", *The New York Times*, 30 jul 2003, http://www.nytimes.com/2003/07/30/national/30SAUD.html?scp=1&sq=Omar%20Bayoumi&st=cse

[7] COLL, Steve. *Ghost wars*, op. cit., p. 555.

12. A GUERRA ESQUISITA

[1] ARAUJO, Luiz Antônio. "Futuro afegão em debate", *Zero Hora*, 17 out. 2001.

[2] ARAUJO, Luiz Antônio. "A dor afegã nos hospitais", *Zero Hora*, 25 out. 2001.

[3] O episódio é narrado por Sérgio Dávila, único repórter brasileiro presente em Bagdá durante a invasão em 2003. DÁVILA, Sérgio; VARELA, Juca. *Diário de Bagdá – a guerra do Iraque segundo os bombardeados*. 1. ed. São Paulo: DBA, 2003.

[4] Em 21 de março de 2003, um dia depois de as imagens feitas por Patrício em Bagdá irem ao ar no mundo todo, liguei de Porto Alegre para seu telefone por satélite. A conversa está publicada no Apêndice I deste livro.

13. "ESTAMOS ACOSTUMADOS COM BOMBARDEIOS"

[1] ARAUJO, Luiz Antônio. "A intolerância", *Zero Hora*, 31 out. 2001.
[2] ARAUJO, Luiz Antônio. "Entrevista", *Zero Hora*, 31 out. 2001.
[3] LÉVY, Bernard-Henri. Quem matou Daniel Pearl?. São Paulo: A Girafa, 2003, p. 62.
[4] WOODWARD, Bob. *Bush at war*, op. cit., p. 49.
[5] Para as frases de Stufflebeem, RATNESAR, Romesh et al. "The new rules of engagement", *Time*, 5 nov. 2001.
[6] Para o relatório de Schroen e o memorando do DIA, WOODWARD, Bob. *Bush at war*, op. cit., pp. 265 e 268. Para a frase de Condoleezza, p. 275.
[7] WOODWARD, Bob. *Bush at war*, op. cit., p. 304.
[8] BURNS, John F. "P.O.W.'s were shot; question is how many?", *The New York Times*, 14 nov 2001.
[9] RASHID, Ahmed. *Descent into chaos*, pp. 91-2. Para os voos, FILKINS, Dexter; GALL, Carlotta. "Pakistanis again said to evacuate allies of Taliban", *The New York Times*, 24 nov 2001.
[10] A mais completa investigação disponível sobre o "comboio da morte" foi feita pela revista *Newsweek*. DEHGHANPISHEH, Babak; BARRY, John; GUTMAN, Roy. "The death convoy of Afghanistan", *Newsweek*, 26 ago 2002.
[11] Um relato acurado da batalha de Tarin Kout é reproduzido por Amerine e seus homens em *Campaign Against Terror*, exibido no programa Frontline, produzido e dirigido por Mark Anderson e Greg Baker, 8 setembro 2002, rede PBS, http://www.pbs.org/wgbh/pages/frontline/shows/campaign/etc/credits.html. Para uma versão na qual "as forças de Karzai repeliram o ataque do Talibã", TENET, George. *At the center of the storm*, p. 220.
[12] MUSHARRAF, Pervez. *In the line of fire*. 1. ed. Nova York: Free Press, 2006, p. 217.
[13] Para a Batalha de Tora Bora e a polêmica sobre a fuga de Bin Laden, COLL, Os Bin Laden, p. 567, TENET, *At the center of the storm*, op. cit., pp. 225-7, RASHID, Ahmed. *Descent into chaos*, op. cit., pp. 98-100, WOODWARD, *Bush at war*, op. cit., p. 315. Ver também WEAVER, Mary Anne. "Lost at Tora Bora", *The New York Times*, 11 set 2005, e MOUNT, Mike. "Document suggests bin Laden escaped at Tora Bora", *CNN*, 25 mar 2005. Para o interrogatório do prisioneiro da Al Qaeda, http://www.dod.mil/pubs/foi/detainees/csrt_mar05.pdf

14. O PESADELO NÃO ACABOU

[1] ARAUJO, Luiz Antônio. "Diário do conflito", *Zero Hora*, 3 out. 2001.
[2] TENET, George. *At the center of the storm*, p. 225.
[3] http://icasualties.org/OEF/Default.aspx
[4] O trabalho mais completo sobre as vítimas da Operação Liberdade Duradoura foi realizado pelo professor da Universidade de New Hampshire Marc Herold e pode ser consultado em www.cursor.org e http://pubpages.unh.edu/~mwherold
[5] CLARKE, Richard. *Against all enemies*. Nova York: Free Press, 2004, p.
[6] WEAVER, Mary Anne. *Lost at Tora Bora*.
[7] RASHID, Ahmed. *Descent into chaos*, p. 21.
[8] CENTER FOR AMERICAN PROGRESS. *U.S. aid to Pakistan by the numbers*. 21 ago 2008. http://www.americanprogress.org/issues/2008/08/pakistan_aid_numbers.html
[9] Para os resultados, www.elections.com.pk
[10] O governo Bush anunciou em 2002 que, dos 2,7 mil suspeitos de integrar a Al Qaeda presos em 60 países, cerca de 500 haviam sido capturados no Paquistão. RASHID, Ahmed. *Descent into chaos*, op. cit., p. 225.
[11] ARAUJO, Luiz Antônio. "O regresso de Lady B", *Zero Hora*, 19 out. 2007,
[12] NATIONAL COUNTERTERRORISM CENTER OF THE UNITED STATES. *National report on terrorism*. 30 abr 2009. http://wits.nctc.gov/ReportPDF.do?f=crt2008nctcannexfinal.pdf

15. DA CURA DA ÁGUA AO WATERBOARDING

[1] INTERNATIONAL RED CROSS. ICRC report on the treatment of fourteen "high value detainees" in CIA custody. Publicado em DANNER, Mark. "The Red Cross torture report: what it means", *The New York Review of Books*, v. 56, n° 7, 30 abr. 2009. Além de asfixia com água, Sheikh Mohammed relatou ter sido submetido a permanência prolongada em posição estressante, choques contra uma parede por meio de puxões em um colar colocado no pescoço, batidas no corpo, na cabeça e no rosto, imposição de nudez prolongada, exposição a música em alto volume para impedir o sono, imobilização por meio de amarras, dieta líquida forçada durante um mês.

[2] Para a carta de Miller, KRAMER, Paul. "The water cure: debating torture and counter-insurgency – a center ago", *The New Yorker*, 25 fev. 2008. Para os julgamentos de Glenn e Hickman, WALLACH, Evan. *Drop by drop: forgetting the history of water torture in US courts*. Nova York: The Columbia Journal of Transnational Law, 2007. Para Twain e Roosevelt, SAFIRE, William. "Waterboarding", *The New York Times*, 9 mar. 2008.

[3] Devo a descrição das técnicas de tortura das ditaduras latino-americanas a Nilson Mariano.

[4] WALLACH, Evan. *Drop by drop: forgetting the history of water torture in US courts*, op. cit.

[5] Para a fotografia, PINCUS, Walter. "Waterboarding historically controversial", *The Washington Post*, 5 out. 2006, p. A17. Para a corte marcial e a condenação, REJALI, Darius. *Torture and democracy*. Princeton: Princeton University Press, 2007, p. 172. Para as condenações por cortes americanas, WALLACH, Evan. "Waterboarding used to be a crime", *The Washington Post*, 4 nov. 2007, p. B01.

[6] O Protocolo I da Convenção de Genebra, que entrou em vigor em 1977 e era considerado pelos Estados Unidos como parte da lei internacional, proíbe "tortura de todos os tipos, física ou mental", "punição corporal", "abusos contra a dignidade pessoal, em particular tratamento degradante e humilhante".

[7] Baumgartner disse também que repassou dados a outra agência governamental sobre o Sere. A identificação da agência permanecia classificada até maio de 2009. US SENATE. *Senate armed services committee into the treatment of detainees in US custody*. Washington, dez. 2008, http://armed-services.senate.gov/Publications/EXEC%20SUMMARY-CONCLUSIONS_For%20Release_12%20December%202008.pdf

[8] COMITÊ ESPECIAL DE INTELIGÊNCIA DO SENADO DOS ESTADOS UNIDOS. *OLC opinions on the CIA detention and interrogation program*. Desclassificado em 22 abril 2009.

[9] BYBEE, Jay S. "Memorandum for Alberto R. Gonzales", 1° ago. 2002. http://fl1.findlaw.com/news.findlaw.com/nytimes/docs/doj/bybee80102mem.pdf

[10] BYBEE, Jay S. "Memorandum for John Rizzo", 1° ago. 2002. http://www.foxnews.com/projects/pdf/042809_memo1.pdf

[11] US SENATE. "Senate armed services committee into the treatment of detainees in US custody", Washington, dez. 2008, http://armed-services.senate.gov/Publications/EXEC%20SUMMARY-CONCLUSIONS_For%20Release_12%20December%202008.pdf

[12] RASHID, Ahmed. *Descent into chaos: the United States and the failure of nation building in Pakistan, Afghanistan and Central Asia*. 2. ed. Londres: Penguin, 2009, p. 297. Para a declaração pública, LEWIS, Neil A. "Red Cross criticizes indefinite detention in Guantánamo Bay", *The New York Times*, 10 out. 2003.

[13] Para as reclamações de agentes da CIA e do FBI, HERSH, Seymour M. *Cadeia de comando*. 1. ed. Rio de Janeiro: Ediouro, 2004, pp. 21-32. Para os maus tratos e mortes, RASHID, Ahmed. *Descent into chaos*, pp. 298-301.

[14] Para a reportagem do *The New York Times* e o artigo de Dershowitz, SAFIRE, William. "Waterboarding", *The New York Times*, 9 mar. 2008.

[15] Para o perfil de Goldsmith, GOLDSMITH, Jack. *The terror presidency – law and judgement inside the Bush administration*. Nova York: W. W. Norton & Co., pp. 19-20.

[16] PRIEST, Dana. "CIA holds terror suspects in secret prisons", *The Washington Post*, 2 nov. 2005.

[17] PINCUS, Walter. "Waterboarding historically controversial", *The Washington Post*, 5 out. 2006.

POSFÁCIO

[1] Desde janeiro de 2008, último ano da administração Bush, as forças americanas no Afeganistão têm tido um crescimento sustentado, com pequenas oscilações. Naquele mês, havia 26.607 soldados americanos no país. Em maio, essa cifra quase duplicou, atingindo a marca de 49 mil soldados. Em 1º de junho de 2008, havia 48.250 soldados dos Estados Unidos no Afeganistão — 37.700 deles da ativa do exército, da marinha, da força aérea e dos *marines*. CRS REPORT FOR CONGRESS. "US Forces in Afghanistan" 15 jul. 2008. http://fas.org/sgp/crs/natsec/RS22633.pdf

[2] FILKINS, Dexter. "Tribal leaders say Karzai's team forged 23,900 votes", *The New York Times*, 1 set. 2009..

APÊNDICE I

[1] ARAUJO, Luiz Antônio. Entrevista: Nuno Patrício, cinegrafista português enviado a Bagdá pela rede RTP. "Vamos ficar até nos expulsarem", *Zero Hora*, 23 mar. 2003.

APÊNDICE II

[1] ARAUJO, Luiz Antônio. Entrevista: John Brady Kiesling, ex-diplomata dos Estados Unidos. "Os EUA cometeram um sério erro tático", *Zero Hora*, 6 abr. 2003.

PROTAGONISTAS E TERMOS

Ali – Ali bin Abi Talib era sobrinho e genro de Maomé (casou-se com sua filha Fátima). É um dos líderes da guerra civil árabe que se segue à morte do Profeta por sua sucessão. Assassinado em 661. Sua viúva e seus dois filhos criam uma facção — Xia at'Ali, o partido de Ali, ou simplesmente Xia — que dá origem ao ramo xiita do Islã.

Andropov, Yuri – Secretário-geral do Partido Comunista da União Soviética (1982-1984). Como chefe da KGB, a polícia secreta soviética, teve papel chave na invasão do Afeganistão (1979).

Atatürk, Kemal – General e político turco. Em 1919, lidera um governo nacional oposto ao sultão. Presidente da assembleia nacional em 1920. Promove a modernização do Estado turco.

Azzam, Abdullah – Erudito islâmico, de origem palestina, um dos principais líderes da resistência contra a invasão soviética do Afeganistão.

Babar, Nasirullah Khan – General paquistanês, governador da Província da Fronteira Noroeste. Ministro do Interior no segundo governo de Benazir Bhutto (1993-1996). Patrocinou o apoio paquistanês ao Talibã.

Bin Laden, Osama – Líder da rede terrorista Al Qaeda. Idealizador de atentados terroristas contra os Estados Unidos e outros países, como o bombardeio das embaixadas americanas no Quênia e na Tanzânia, em 1998, do destroier USS Cole no porto de Áden, Iêmen, em 2000, e do World Trade Center, em Nova York, e do Pentágono, em Washington, em 2001. Foragido.

Bin Saud, Abdul Aziz – Fundador e primeiro rei da Arábia Saudita.

Bin Saud, Faisal bin Abdul Aziz – Rei da Arábia Saudita, filho de Abdul Aziz,

Bin Saud, Turki bin Faisal – Filho caçula do rei Faisal, ex-chefe da inteligência saudita. Hoje é embaixador nos Estados Unidos.

Bhutto, Benazir – Primeira-ministra do Paquistão por dois mandatos (1988-1990 e 1993-1996) e primeira mulher a ocupar a chefia de governo de um país muçulmano. Líder do Partido do Povo do Paquistão (PPP). Assassinada durante campanha eleitoral de seu partido. Filha de Zulfikar Ali Bhutto.

Bhutto, Zulfikar Ali – Primeiro-ministro do Paquistão (1971-1977). Derrubado em 1977, condenado e executado em 1979.

Brejnev, Leonid – Secretário-geral do Partido Comunista da União Soviética (1964-1982). Ordenou a invasão do Afeganistão.

Bush, George Walker – 43º presidente dos Estados Unidos (2001--2004 e 2005-2008). Ordenou as invasões do Afeganistão (2001) e do Iraque (2003).

Clinton, Bill – 42º presidente dos Estados Unidos (1993-1996 e 1997-2000). Em seu segundo mandato, ordenou o primeiro bombardeio do Afeganistão pelos Estados Unidos em resposta ao ataque da Al Qaeda às embaixadas no Quênia e na Tanzânia.

Corão – Livro sagrado do Islã. Os muçulmanos creem que foi ditado por Deus, em árabe, a Maomé.

Dostum, Abdul Rashid – Oficial do exército afegão no final dos anos 70, de origem uzbeque, caudilho da cidade de Mazar--e-Sharif. Aliado dos governos de Mohammed Najibullah, de Ahmed Shah Massud e do Talibã. Integrante da Aliança do Norte. Faz parte hoje do governo de Hamid Karzai.

Gorbachev, Mikhail – Secretário-geral do Partido Comunista da União Soviética (1985-1991). Ordenou a retirada do Afeganistão (1989).

Gromyko, Andrei – Chanceler da União Soviética (1957-1985). Embaixador em Washington (1943-1946).

Haq, Abdul – Chefe tribal patane, lutou na guerra contra a invasão soviética. Morto em 2001 enquanto tentava insuflar a rebelião contra o Talibã entre os patanes.

Hekmatyar, Gulbuddin – Chefe tribal patane, líder do Hizb-e-Islami (Partido do Islã). Retornou do exílio no Irã depois de 2001 e, desde então, está em armas contra o governo de Hamid Karzai.

Islã – Literalmente, submissão (a Deus). Nome dado por Maomé a sua religião.

Jinnah, Mohammed Ali – Líder dos muçulmanos da Índia britânica e fundador do Paquistão.

Karzai, Hamid – Chefe tribal patane da tribo Popalzai, da província de Helmand. Inicialmente aliado e depois adversário do Talibã. Escolhido em 2001 presidente interino do Afeganistão.

Khalis, Yunus – Maulana (erudito religioso) de origem patane em Jalalabad, no Afeganistão. Chefe do Hiz-e-Islami, que se cindiu do grupo de Hekmatyar. O líder do Talibã, mulá Mohammed Omar, recebeu batismo de fogo em seu grupo durante a guerra contra a invasão soviética. Amigo e protetor de Osama bin Laden.

Khomeini, Ruhollah – Aiatolá, líder da Revolução Iraniana e presidente do Irã (1979-1989). Adversário do regime do xá Reza Pahlevi, especialmente das medidas laicizantes e da reforma agrária de 1962. É preso e forçado ao exílio na Turquia e no Iraque em 1963. Da França, ele apela pela sublevação contra a monarquia. Volta ao Irã em fevereiro de 1979 e se coloca à frente da revolução.

Maomé – Profeta do Islã.

Massud, Ahmed Shah – Chefe tribal afegão, de origem tajique. Um dos principais comandantes guerrilheiros contra a invasão soviética. Ministro da Defesa entre 1992 e 1996. Depois da tomada do poder pelo Talibã, líder da Aliança do Norte.

Mohammed, Khaled Sheikh – Um dos líderes da Al Qaeda. Inspirador dos atentados de 11 de setembro em Nova York e Washington. Preso na Prisão Militar de Guantánamo, Cuba.

Mubarak, Hosni – Presidente do Egito (1981-). Piloto de caça da força aérea egípcia na Guerra dos Seis Dias (1967). Escapou de um atentado promovido pela Jihad Islâmica em 1995 em Addis Adeba, Etiópia.

Musharraf, Pervez – General e ditador do Paquistão (1999-2008).

Najibullah, Mohammed – Presidente do Afeganistão (1986-1992).

Obama, Barack – 44° presidente dos Estados Unidos (2009-).

Omar, Mohammed – Líder da milícia Talibã.

Pahlevi, Mohammed Reza – Xá do Irã.

Rabbani, Burhanuddin – Presidente do Afeganistão (1992-1996). Líder da Aliança do Norte. Hoje é deputado na assembleia nacional afegã.

Rehman, Fazlur – Mulá, líder do Jamiat-e-Ulema-e-Islami (JUI), um dos principais partidos religiosos do Paquistão. Apoiador do Talibã no Afeganistão.

Sharia – Lei islâmica.

Sharif, Nawaz – Primeiro-ministro do Paquistão (1996-1999).

Zawahiri, Ayman al – Líder da Jihad Islâmica e segundo no comando da rede terrorista Al Qaeda. Foragido.

Zia ul Haq, Mohammed (Jullundur, 1924-num desastre aéreo, 1988) – Ditador militar do Paquistão (1977-1988). Liderou o golpe militar que depôs o primeiro-ministro Zulfikar Ali Bhutto em 1977.

CRONOLOGIA

610 – O profeta Maomé recebe a revelação do Corão.

636-40 – Exércitos muçulmanos derrotam os romanos na Síria, na Mesopotâmia, no Egito e na Líbia.

656 – Ali, genro de Maomé, é eleito o quarto califa. Parte da comunidade se rebela contra o novo chefe e se inicia uma guerra civil.

661 – Ali é assassinado.

680 – Hussein, filho de Ali e neto de Maomé, é assassinado na Batalha de Kerbala, hoje no Iraque.

696-711 – Exércitos muçulmanos tomam o norte da África e a Espanha.

732 – Charles Martel derrota os muçulmanos na Batalha de Tours e impede que a França caia sob domínio islâmico.

762 – É fundada Bagdá.

1030 – Mohammed de Ghazni, general do califado de Bagdá, estabelece uma dinastia muçulmana no Punjab em 1030.

1096-1192 – Três primeiras Cruzadas. Tomada de Jerusalém, que é retomada pelo general curdo Saladino em 1187.

1202-1204 – Quarta Cruzada. Tomada de Constantinopla pelos cruzados.

1224-1391 – Depois de dominar a Ásia Central, os mongóis da Horda Dourada se convertem ao Islã.

1304-1308 – Na *Divina Comédia*, Dante Alighieri retrata Maomé no Inferno.

1326 – Os turcos otomanos derrotam as forças bizantinas na Ásia Menor e fundam o Império Turco Otomano, que perdurará por quase 600 anos.

1453 – Os turcos tomam Constantinopla, rebatizada de Istambul.

1492 – Reconquista da Espanha pelos cristãos.

1494 – O Tratado de Tordesilhas divide o mundo entre Espanha e Portugal.

1488 – Bartolomeu Dias chega ao Cabo da Boa Esperança.

1500 – Pedro Álvares Cabral chega ao Brasil.

1507 – Os portugueses se estabelecem em Hormuz, na Pérsia.

1517 – Martinho Lutero lança a Reforma.

1521 – Hernán Cortez desmonta o Império Asteca.

1526 – Império mogol em Délhi. Babur, descendente de Gengis Khan, é o primeiro imperador.

1545-1563 – Concílio de Trento. Pressionada pela Reforma, a Igreja de Roma desautoriza abusos do clero.

1571 – Batalha de Lepanto, na costa da Grécia. Miguel de Cervantes, futuro autor de *Dom Quixote*, perde a mão.

1600 – Britânicos fundam a Companhia das Índias Orientais.

1683 – Exércitos otomanos são detidos às portas de Viena.

1747 – Surge o primeiro Estado afegão centralizado, sob Ahmad Shah Durrani.

1789 – Revolução Francesa.

1798-1801 – Napoleão no Egito.

1830 – Franceses na Argélia.

1839 – Os britânicos ocupam o porto de Aden, hoje no Iêmen.

1838-1842 – Primeira Guerra Anglo-Afegã.

1857 – Grande Motim (rebelião) contra o poder britânico na Índia.

1877 – A rainha Vitória, da Grã-Bretanha, é proclamada Imperatriz da Índia.

1878 – Segunda Guerra Anglo-Afegã.

1885 – É fundado o Partido do Congresso na Índia.

1897 – O primeiro congresso sionista em Basileia propõe a criação de um Estado judeu na Palestina.

1914 – Eclode a Primeira Guerra Mundial.

1917 – Revolução soviética na Rússia. Grã-Bretanha apoia, por meio da Declaração Balfour, a causa sionista na Palestina.

1920 – É divulgado o acordo Sykes-Picot, entre Grã-Bretanha e França, pelo qual os domínios do Império Otomano são divididos entre as duas potências.

1921 – Kemal Atattürk cria um Estado turco independente. Reza Khan funda a dinastia Pahlevi no Irã. Gandhi comanda as primeiras campanhas de desobediência civil contra o domínio inglês na Índia. Terceira Guerra Anglo-Afegã.

1932 – Criação da Arábia Saudita.

1939-1945 – Segunda Guerra Mundial.

1947 – Partilha da antiga Índia Britânica entre Índia e Paquistão.

1948 – Fim do mandato britânico na Palestina e criação do Estado de Israel. Cinco países árabes atacam Israel. Palestinos deixam seus lares no novo Estado e não têm permissão de voltar.

1950 – Primeiro tratado comercial soviético-afegão.

1952 – Os Oficiais Livres liderados pelo coronel Gamal Abdel Nasser depõe o rei Faruk e instaura a república no Egito.

1953 – Um golpe apoiado pela CIA depõe o governo democrático de Mohammed Mossadegh, que nacionalizara o petróleo do Irã, e reconduz o xá Reza Pahlevi ao trono.

1956 – Nasser nacionaliza o Canal de Suez.

1963 – Inspirada na Revolução Cubana, a Frente de Libertação Nacional toma o poder na Argélia.

1967 – Guerra dos Seis Dias.

1970 – Morre Nasser.

1973 – Guerra do Yom Kippur.

1977 – O general Zia ul Haq toma o poder no Paquistão.

1979 – Revolução no Irã. Reféns americanos são mantidos prisioneiros até 1981 em embaixada em Teerã. Invasão soviética do Afeganistão. Fundamentalistas ocupam a Grande Mesquita, em Meca, e são massacrados por forças sauditas com apoio da França.

1982 – Invasão israelense do Líbano.

1981 – Assassinato do presidente Anuar el Sadat, sucessor de Nasser no Egito.

1985 – Mikhail Gorbachev torna-se secretário-geral do Partido Comunista da União Soviética.

1987 – Primeira intifada (levante) dos palestinos contra Israel na Cisjordânia e na Faixa de Gaza.

1988 – Osama bin Laden funda a Al Qaeda em Peshawar, Paquistão.

1989 – O aiatolá Khomeini emite uma *fatwa* (decreto religioso) punindo com a morte o escritor indo-britânico Salman Rushdie por blasfêmia contra o Profeta no romance *Versos satânicos*. Os soviéticos deixam o Afeganistão.

1990 – O Iraque anexa o Kuweit.

1991 – Guerra do Golfo. Fim da União Soviética.

1992-1999 – Nacionalistas sérvios e croatas desencadeiam limpeza étnica de bósnios muçulmanos na ex-Iugoslávia. O Jamiat--e-Islami (JI) de Burhanuddin Rabbani, que combatera os soviéticos, assume o poder no Afeganistão, sem interromper a guerra civil.

1993 – Bill Clinton assume a presidência dos Estados Unidos pela primeira vez. Israel e a Organização para Libertação da Palestina (OLP) assinam os Acordos de Oslo.

1994 – O presidente Itzhak Rabin é assassinado por um extremista judeu de direita contrário aos Acordos de Oslo.

1996 – O Talibã toma Cabul.

1998 – Osama bin Laden declara "guerra aos judeus e cruzados". Duas embaixadas americanas na África são atacadas simultaneamente pela Al Qaeda.

2000 – O destroier americano *Cole* é atacado em Áden, no Iêmen, e quase vai a pique.

2001 – A Al Qaeda ataca o World Trade Center, em Nova York, e o Pentágono, em Washington. Os Estados Unidos retaliam e derrubam o governo do Talibã no Afeganistão.

AGRADECIMENTOS

Partes deste livro foram publicadas entre 2001 e 2008 em *Zero Hora*. Como enviado especial do jornal e dos veículos da RBS, da qual *ZH* faz parte, acompanhei durante 29 dias entre outubro e novembro de 2001, a partir do Paquistão, o início do ataque dos Estados Unidos e da Grã-Bretanha ao Afeganistão em resposta ao 11 de setembro. Pelo apoio e pela inspiração, agradeço ao diretor-presidente da RBS, Nelson Sirotsky, ao presidente emérito, Jayme Sirotsky, e a todo o seu Comitê Editorial. Por intermédio deles, presto meu reconhecimento a todos os colegas que colaboraram com este trabalho.

As reportagens que constituem a espinha dorsal deste livro puderam vir a lume graças ao talento e ao profissionalismo da redação de *Zero Hora*. O então diretor de redação, Marcelo Rech, e os então editores-chefes Marta Gleich e Ricardo Stefanelli me deram a oportunidade de executar este trabalho, além de estímulo e aconselhamento em todos os momentos. A cobertura do 11 de setembro e de seus desdobramentos em *Zero Hora* ficou a cargo de uma equipe experiente: o editor de Mundo, Luciano Peres, Rosane Torres, Letícia Sander, Ana Flor, Paulo Homero, Maria Isabel Hammes, Itamar Pelizzaro, Cláudia Coutinho, Paulo Figueiredo, Rodrigo Lopes, Márcio Câmara, Maria Carolina Frohlich, Carlos

André Moreira, Jones Lopes da Silva, Nilson Mariano, Fabiane Dal-Ri, Carlos Wagner, Humberto Trezzi, Marcelo Fleury, Moisés Mendes e Rosane Tremea. Os então gerentes de jornalismo da Rádio Gaúcha, Armindo Antonio Ranzolin, e da RBS TV, Raul Costa Júnior, me deram o benefício de seu apoio e paciência para realizar uma cobertura multimídia.

Diante de dezenas de entrevistados e num sem-número de situações, quatro paquistaneses me ajudaram a revelar as opiniões e sentimentos de uma parcela de sua nação: Imran, Hariz, Nadir e Benny. Foram meus guias, tradutores, motoristas — no caso de Hariz — e companheiros de rodadas de *tchai* em beira de estrada. Ficarei feliz se puderem um dia ler o que resultou de seu trabalho.

Dezenas de pessoas deixaram de lado seus afazeres no Paquistão para me auxiliar nesta cobertura. Muitos aparecem neste livro como entrevistados ou citados: Ata ur Rehman, Azhar Shakeel Hussam e equipe da Savera Counselling Service, Fayyaz Khan Nurzai, Rabia Ijaz e equipe da Society for Human Rights and Prisoner's Aid (Sharp), Shazia Azhar, Scott Heidler, Rafiq Ahmed Dahar, Najibullah Khan, Abdul Malik, Fatumata Kaba, Syed Hadi Hassan, Mariam Rawi, Rahmat Shah, Mushtaq Mohammad, Abelardo Arantes Júnior, Eunice Antunes e Zia ul Haq.

Convivi no Paquistão com colegas que viram nascer muitas das reportagens que deram origem a este livro: Ernesto Paglia, Hernani Carvalho, Nuno Patrício, Richard Lloyd Parry, Don Bartletti, Hacène Zitouni, Kochakorn Seethasang e Javier Mellado Tavera. Foi bom contar com sua experiência e seu companheirismo. Antes de minha partida, Kennedy Alencar, já então enviado à região, me deu dicas detalhadas e preciosas. Pablo Sigismondi — a quem cheguei por intermédio de Edgardo Litvinoff — e Cibele Verani, ambos de fora do universo do jornalismo, dividiram gentilmente comigo seu profundo conhecimento da região.

Outros colaboraram com minha pesquisa depois da volta ao Brasil. William Dalrymple indicou-me leitura indispensável sobre a história da Índia. Sandit Gandhi e a equipe do National Security Archive, da Universidade George Washington, Washington, D.C., responderam rapidamente a meus pedidos de informação e orientação em meio a seu abundante material de pesquisa. Darius Rejali brindou-me com sua erudição a respeito de um tema árido, a história da tortura, enquanto Nilson Mariano compartilhou comigo seus conhecimentos de repórter e autor de livros sobre o assunto.

O Instituto Goethe da Alemanha e o InterNaziones deram-me a oportunidade de percorrer 16 cidades alemãs em outubro e novembro de 1999 — entre elas Hamburgo, onde três dos quatro pilotos do 11 de setembro se preparavam para viajar ao Afeganistão, como se soube depois. Em Berlim, Helga Dressel e Gisela Blanco me ajudaram a entender o ambiente cultural e político do país 10 anos depois da queda do Muro.

Moacyr Scliar, Paulo Visentini, David Coimbra, Dione Kuhn e Mário Magalhães leram trechos ou a totalidade dos originais deste livro e me deram a honra de dispor de seus comentários e críticas. Erros e omissões são de minha exclusiva responsabilidade.

Tive a felicidade de contar com a amizade e o estímulo de Eda Nagayama e de Cíntia Moscovich quando concluía este trabalho. Às duas, toda a minha gratidão.

À frente da equipe da Editora Iluminuras, Samuel Leon e Beatriz Costa acolheram este projeto e deixaram nele a marca de sua competência e sabedoria.

Enquanto trabalhei nesta obra, nenhum apoio foi maior do que o de meus familiares. Meus sogros, Rosemari e Iasson, me deram cobertura dos preparativos da viagem à finalização dos originais e toleraram minhas maratonas de leitura e escrita por muitos veraneios. Minha irmã, Ana Lucia, e meu tio Paulo Roberto — meu primeiro e maior mestre de jornalismo — fizeram observações decisivas em momentos importantes.

Meus pais, Syrlei e Gilberto, me abasteceram de solidariedade e carinho desde sempre e me tornaram capaz de perseguir sonhos, entre os quais este livro não foi o menor. Meu trabalho tem sido também uma forma cotidiana de lhes agradecer por tudo.

Minha mulher, Alessandra, me acompanhou em cada passo desta viagem. Foi primeira leitora, revisora, pesquisadora, técnica de informática, preparadora de originais, torcedora e acima de tudo, mãe dedicada de nossos filhos, Lucas e Tiago. Este livro é para os três.

REFERÊNCIAS BIBLIOGRÁFICAS

Livros

ALI, Tariq. *Confronto de fundamentalismos*. 1. ed. Rio de Janeiro: Record, 2002.

ANDREW, Christopher; GORDIEVSKY, Oleg. *Le KGB dans le monde – 1917--1990*. Paris: Fayard, 1990.

ARMSTRONG, Karen. *Em nome de Deus*. 1. ed. São Paulo: Companhia das Letras, 2001.

_____. *O Islã*. 1. ed. Rio de Janeiro: Objetiva, 2001.

_____. *Jerusalém*. 2. ed. São Paulo: Companhia das Letras, 2000.

ARNEY, George. *Afghanistan*. Londres: Mandarin Paperbacks, 1990.

ATWAN, Abdel Bari. *A história secreta da Al Qaeda*. São Paulo: Larousse do Brasil, 2008.

BARBER, Benjamin R. *O império do medo*. 1. ed. Rio de Janeiro: Record, 2005.

BENNETT JONES, Owen. *Pakistan – eye of the storm*. New Haven: Yale University Press, 2002.

BERGEN, Peter L. *Holy War, Inc*. 1. ed. Nova York: Free Press, 2001.

BHUTTO, Benazir. *Daughter of destiny – an autobiography*. Nova York: Simon & Schuster, 1989, p. 350.

_____. *Reconciliação – islamismo, democracia e o Ocidente*. 1. ed. Rio de Janeiro: Agir, 2008.

BIN LADIN, Carmen. *O reino sombrio*. 1. ed. Osasco: Novo Século, 2005.

BLUM, Howard. *The eve of destruction – the untold story of the Yom Kippur War*. Nova York: Harper & Collins, 2003.

BRAUDEL, Fernand. *Gramática das civilizações*. 3. ed. São Paulo: Martins Fontes, 2004.

BODANSKY, Iossef. *Bin Laden – o homem que declarou guerra à América*. 2. ed. São Paulo: Prestígio Editorial, 2001.

BURKE, Jason. *Al Qaeda – a verdadeira história do radicalismo islâmico*. 1. ed. Rio de Janeiro: Jorge Zahar, 2007.

CAROE, Olaf. *The pathans*. 1. ed. Karachi: Oxford Press, 2001.

CLINTON, Bill. *Minha vida*. 1. ed. São Paulo: Globo, 2004.

COLL, Steve. *Os Bin Laden*. São Paulo: Globo, 2008.

_____. *Ghost wars*. 2. ed. Londres: Penguin, 2005.

COURTOIS, Stéphane (org.). *Le livre noir du communisme*. Paris: Robert Laffont, 1997.

DABASHI, Hamid. *Theology of discontent – the ideological foundation of the islamic revolution in Iran*. Nova York: Transaction Publishers, 2005.

DÁVILA, Sérgio; VARELA, Juca. *Diário de Bagdá – a guerra do Iraque segundo os bombardeados*. 1. ed. São Paulo: DBA Artes Gráficas, 2003.

DEUTSCHER, Isaac. *Trotsky – o profeta armado*. 2. ed. Rio de Janeiro: Civilização Brasileira, p.486.

DUPREE, Louis. *Afghanistan*. Karachi: Oxford University Press, 1997.

EIKAL, Mohammed. *The road to Ramadan*. Londres: Ballantine Books, 1976.

UNITED STATES FEDERAL BUREAU OF INVESTIGATION. *The FBI: A Centennial History, 1908-2008*. 1. ed. Washington: Government Print Office, 1998.

FISK, Robert. *A grande guerra pela civilização*. São Paulo: Planeta do Brasil, 2007.

FRIEDMAN, Thomas. *De Beirute a Jerusalém*. 1. ed. Rio de Janeiro: Bertrand Brasil, 1989.

_____. *Longitudes & attitudes – Exploring the world after September 11*. 1. ed. Nova York: Farrar, Strauss & Giroux, 2002.

_____. *O mundo é plano – Uma breve história do século XXI*. 1. ed. Rio de Janeiro: Objetiva, 2005.

GOHARI, M.J. *The Taliban ascent to power*. 2. ed. Karachi: Oxford University Press, 2001.

HERÓDOTO. *Los nueve libros de la historia*. 1. ed. Cidade do México: Editorial Porrúa, 1997.

HERSH, Seymour M. *Cadeia de comando*. 1. ed. Rio de Janeiro: Ediouro, 2004.

HOBBES, Thomas. *Leviatã*. 1. ed. São Paulo: Martins Fontes, 2003.

HOBSBAWM, Eric. *Era dos extremos – O breve século XX, 1914-1991*. 1. ed. São Paulo: Companhia das Letras, 1995.

HOURANI, Albert. *Uma história dos povos árabes*. 1. ed. São Paulo: Companhia das Letras, 1994.

HUNTINGTON, Samuel P. *O choque de civilizações*. 1. ed. Rio de Janeiro: Objetiva, 2004.

KIPLING, Rudyard. *Kim*. Londres: Penguin, 1994.

KISSINGER, Henry. *Diplomacia*. 1. ed. Rio de Janeiro: Francisco Alves, 1997.

LACOSTE, Yves. *Ibn Khaldun*. São Paulo: Ática, 1991.

LESSA, Carlos; COSTA, Darc; EARP, Fábio Sá. *Depois do atentado – a crise internacional e o Brasil*. Rio de Janeiro: Garamond, 2002.

LEWIS, Bernard. *O Oriente Médio*. 1. ed. Rio de Janeiro, Jorge Zahar, 1996.

_____. *O que deu errado no Oriente Médio?*. 1. ed. Rio de Janeiro: Jorge Zahar, 2002.

_____. *Os assassinos*. 1. ed. Rio de Janeiro: Jorge Zahar, 2003.

LÉVY, Bernard-Henri. *Quem matou Daniel Pearl?*. 1. ed. São Paulo: A Girafa, 2003.

MALEY, William. *The Afghanistan wars*. 1. ed. Nova York: Palgrave Macmillan, 2002.

MANSFIELD, Peter. *A history of the Middle East*. 2. ed. Nova York: Penguin, 2003.

MAZOWER, MARK. *Continente sombrio – A Europa no século XX*. São Paulo: Companhia das Letras, 2001.

METCALF, Barbara D.; METCALF, Thomas R. *A concise history of India*. 2. ed. Cambridge University Press, 2002.

MOIN, Baqer. *Khomeini – Life of the ayatollah*. Nova York: Thomas Dunne Books, 2000.

MOTTAHEDEH, Roy. *The mantle of the Prophet – religion and politics in Iran*. Oxford: Oneworld Publications, 2000.

OBAMA, Barack. *A audácia da esperança*. 1. ed. São Paulo, Larousse do Brasil, 2007.

O'BALLANCE, Edgar. *No victor, no vanquished – the Arab-Israeli War, 1973*. Novato: Presidio Press, 1996.

OREN, Michael B. *Seis dias de guerra – junho de 1967 e a formação do Oriente Médio moderno*. 1. ed. Rio de Janeiro: Bertrand Brasil, 2004.

PEARL, Mariane. *Coração valoroso*. 1. ed. Rio de Janeiro: Objetiva, 2004.

RASANAYAGAM, Angelo. *Afghanistan – a modern history*. 1. ed. Londres: I.B. Tauris, 2003.

RASHID, Ahmed. *Descent into chaos: the United States and the failure of nation building in Pakistan, Afghanistan and Central Asia*. 2. ed. Londres: Penguin, 2009.

_____. *Jihad – a ascensão do islamismo militante na Ásia Central*. 1. ed. São Paulo: Cosac & Naify, 2003.

_____. *Taliban – Islam, fuel and the new Great Game in Central Asia*. 1. ed. Londres: I.B. Tauris, 2000.

ROBINSON, Francis (ed.). *Cambridge ilustrated history of the islamic world*. 1. ed. Cambridge: Cambridge University Press, 2002.

RODINSON, Maxime. *Muhammad*. 2. ed. Londres: I.B. Tauris, 2002.

RUBIN, Barnett. *The fragmentation of Afghanistan – state formation and collapse in the international system*. New Haven/Londres: Yale University Press, 1995.

SAID, Edward W. *Orientalismo*. 3. ed. São Paulo: Companhia das Letras, 1990.

SANT'ANNA, Lourival. *Viagem ao mundo dos taleban*. São Paulo: Geração Editorial, 2002.

SCHOFIELD, Victoria. *Kashmir in conflict – India, Pakistan and the unending war*. 2. ed. Londres: I.B. Tauris, 2003.

SEIERSTAD, Asne. *101 dias em Bagdá*. 2. ed. Rio de Janeiro: Record, 2003.

TENET, George. *At the center of the storm: the CIA during America's time of crisis*. 2. ed. Nova York: Harper Perennial, 2008.

WEAVER, Mary Anne. *Pakistan – In the shadow of jihad and Afghanistan*. Nova York: Farrar, Straus & Giroux, 2002.

WRIGHT, Lawrence. *The looming tower*. 1. ed. Londres: Allen Lane, 2006.
WOLPERT, Stanley. *Zulfi Bhutto of Pakistan – his life and times*. Nova York: Oxford University Press, 1993.
WOODWARD, Bob. *Bush at war*. 1. ed. Nova York: Simon & Schuster, 2002.

GUIAS E MANUAIS

ANDREWS, John. *Pocket Asia*. 6. ed. Londres: The Economist - Profile Books, 2001.
WINTER, Dave; MANNHEIM, Ivan. *Pakistan handbook*. 2. ed. Bath: Footprint, 1999.

COLEÇÕES, DOCUMENTOS E RELATÓRIOS

NATIONAL COMMISSION ON TERRORIST ATTACKS. *Final report of the National Commission on Terrorist Attacks upon the United States*. 1 ed. Nova York: W.W. Norton & Company, 2003.
UNITED NATIONS. *World Economic and Social Survey, 1948-2007*. Nova York: United Nations, 2007.
UNITED STATES SENATE SELECT COMMITTEE ON INTELLIGENCE AND UNITED STATES HOUSE PERMANENT SELECT COMMITTEE ON INTELLIGENCE. *Report of the joint inquiry into intelligence community activities before and after the terrorist attacks of September 11, 2001*. Washington, 20 dez. 2002, http://www.gpoaccess.gov/serialset/creports/pdf/fullreport_errata.pdf
US SENATE. *Senate armed services committee into the treatment of detainees in US custody*. Washington, dezembro 2008, http://armed-services.senate.gov/Publications/EXEC%20SUMMARY-CONCLUSIONS_For%20Release_12%20December%202008.pdf
WORLD BANK. *Globalization, growth and poverty – a World Bank policy research report*. 1. ed. Nova York: World Bank e Oxford University Press, 2002.

PROGRAMAS DE TELEVISÃO E DOCUMENTÁRIOS

"Campaign Against Terror", exibido no programa *Frontline*, produzido e dirigido por Mark Anderson e Greg Baker, 8 setembro 2002, rede PBS, http://www.pbs.org/wgbh/pages/frontline/shows/campaign/etc/credits.html
"The Man Who Knew", exibido no programa *Frontline*, escrito, produzido e dirigido por Michael Kirk, 3 outubro 2002, rede PBS, http://www.pbs.org/wgbh/pages/frontline/shows/knew/interviews/clarke.html

JORNAIS E REVISTAS

Asia Times Online, Folha de S.Paulo, Le Nouvel Observateur, Newsweek, The Guardian, The New Yorker, The New York Review of Books, The New York Times, The Washington Post, Time, Zero Hora.

OUTROS TÍTULOS DESTA EDITORA

ARRAES
Tereza Rozowykwiat

A CULTURA E SEU CONTRÁRIO
Paul Tolila

CULTURA FLUTUANTE
Teixeira Coelho

DA CLAUSURA DO FORA AO FORA DA CLAUSURA
Peter Pál Pelbart

DAQUILO QUE EU SEI
Fernando Lyra

DICIONÁRIO CRÍTICO DE POLÍTICA CULTURAL
Teixeira Coelho

A GLOBALIZAÇÃO IMAGINADA
Néstor García Canclini

GUERRAS CULTURAIS
Teixeira Coelho

A ILHA DESERTA
Gilles Deleuze

LATINO-AMERICANOS À PROCURA DE UM LUGAR NESTE SÉCULO
Néstor García Canclini

LEITORES, ESPECTADORES E INTERNAUTAS
Néstor García Canclini

O MEDO AO PEQUENO NÚMERO
Arjun Appadurai

MODERNO PÓS MODERNO
Teixeira Coelho

A REPÚBLICA DOS BONS SENTIMENTOS
Michel Maffesoli

A VERTIGEM POR UM FIO
Peter Pál Pelbart

VIDA CAPITAL
Peter Pál Pelbart

Este livro foi composto em Sabon e Goudy pela
Iluminuras e terminou de ser impresso no dia 27 de
outubro de 2009 nas oficinas da *Prol Gráfica*, em
Tamboré, SP, em papel Pólen 70 g.